本书获河南教育统计研究中心的资助

我国高技术产业
技术创新能力和竞争力研究

A STUDY ON TECHNOLOGICAL INNOVATION CAPACITY AND COMPETITIVENESS
OF CHINA'S HIGH-TECH INDUSTRY

符想花 / 著

经济管理出版社
ECONOMY & MANAGEMENT PUBLISHING HOUSE

图书在版编目（CIP）数据

我国高技术产业技术创新能力和竞争力研究／符想花著. —北京：经济管理出版社，2020.1

ISBN 978-7-5096-7051-4

Ⅰ. ①我… Ⅱ. ①符… Ⅲ. ①高技术产业—技术革新—研究—中国 ②高技术产业—竞争力—研究—中国 Ⅳ. ①F279.244.4

中国版本图书馆 CIP 数据核字（2020）第 024240 号

组稿编辑：杨　雪

责任编辑：杨　雪　董必俊

责任印制：黄章平

责任校对：陈　颖

出版发行：经济管理出版社

　　　　　（北京市海淀区北蜂窝 8 号中雅大厦 A 座 11 层　100038）

网　　　址：www. E-mp. com. cn

电　　　话：(010) 51915602

印　　　刷：三河市延风印装有限公司

经　　　销：新华书店

开　　　本：720mm×1000mm/16

印　　　张：15.5

字　　　数：323 千字

版　　　次：2020 年 5 月第 1 版　　2020 年 5 月第 1 次印刷

书　　　号：ISBN 978-7-5096-7051-4

定　　　价：59.00 元

前　言

　　高技术产业是国民经济的战略性先导产业，是推动产业结构升级和经济增长方式转变的重要力量。高技术产业的发展水平已成为一个国家或地区综合竞争力的重要体现。1986年我国制定了以生物技术、航天技术、信息技术、激光技术、自动化技术、能源技术、新材料技术7个领域15个项目为主攻目标的高技术研究发展计划，即"863计划"。我国高技术产业进入全面发展的标志是1999年8月在北京召开的全国技术创新大会，会议的主要任务是部署贯彻落实《中共中央、国务院关于加强技术创新，发展高新技术，实现产业化的决定》，决定指出：在以经济实力、国防实力和民族凝聚力为主要内容的日趋激烈的综合国力竞争中，能否在高新技术及其产业领域占据一席之地已经成为竞争的焦点，成为维护国家主权和经济安全的命脉所在。从此，我国学术界及实际工作部门拉开了高技术产业发展方面研究的序幕，其中对高技术产业技术创新及竞争力方面的研究居多，这些研究既有理论方面的，也有方法方面的，还有理论、方法与实证结合方面的。在方法及实证方面的研究中，通常是先构建指标体系，然后用统计分析方法尤其是多元统计分析方法分析问题，但由于研究者对高技术产业的认知不同，所站角度不同，构建的指标体系也存在一定的差异，指标体系不同，分析问题的方法不同，得出的分析结论也就不同。那么通过哪些指标来反映高技术产业技术创新能力及竞争力的发展状况、通过什么方法对其进行分析比较，这是最为关键的问题。笔者长期关注并研究这些问题，在本书中，笔者本着层次性、科学性、系统性、可行性、可比性、同向性、总量指标和相对指标或平均指标相结合的原则，在借鉴他人研究成果的基础上，从高技术产业技术创新投入、技术创新产出、技术创新效益、技术创新环境支撑四个方面，经过理论遴选和鉴别能力分析，选取18项指标构成反映技术创新能力指标体系。从高技术产业投入、产出、效益三个方面，经过理论遴选和鉴别能力分析，选取17项指标构成反映竞争力的指标体系，但在各地区分行业竞争力比较研究中，选取16项指标进行分析比较。运用构建的指标体系以及综合指数等方法对问题进行动态分析，运用主成分分析、聚类分析、对应分析、熵值法等方法进行静态分析。

　　本书共分为三篇：第一篇为高技术产业的基本范畴，共两章内容，第一章介绍高技术的定义及高技术的特点，第二章介绍高技术产业的定义及国内外高技术产业范围的界定及高技术产业的特征。第二篇为高技术产业技术创新能力研究，共五章内容，第三章介绍技术创新理论，第四章在借鉴他人研究成果的基础上，按照指标体系构建的原则，构建反映高技术产业技术创新能力的评价指标体系，第五章至第七章为各地区、各行业以及分地区分行业技术创新能力的测算与分析。第三篇为高技术产业竞争力研究，共四章内容，第八章介绍竞争力理论，第九章同样在借鉴他人研究成果的基础上，按照指标体系构建的原则，构建反映高技术产业竞争力的评价指标体系，第十章和第十一章为各地区及分地区、分行业竞争力的测算与分析。

由于笔者水平有限，书中难免有不足之处，恳请读者批评指正。

符想花

2019 年 8 月

目　录

第一篇　高技术产业的基本范畴

第一章　高技术的基本范畴 ……………………………………… 3

一、高技术的定义 ……………………………………………… 3

二、高技术的特点 ……………………………………………… 4

第二章　高技术产业的基本范畴 ………………………………… 5

一、高技术产业的定义 ………………………………………… 5

二、国外高技术产业范围的界定 ……………………………… 6

三、我国高技术产业范围的界定 ……………………………… 12

四、高技术产业的特征 ………………………………………… 20

第二篇　高技术产业技术创新能力研究

第三章　技术创新理论 …………………………………………… 25

一、技术创新概念的界定 ……………………………………… 25

二、熊彼特创新理论的发展 …………………………………… 27

三、技术创新理论学派 ………………………………………… 30

四、技术创新理论的贡献与启迪 ……………………………… 34

第四章　高技术产业技术创新能力评价指标体系的构建 ……… 36

一、高技术产业技术创新能力的概念 ………………………… 36

二、高技术产业技术创新能力评价文献综述 ………………… 37

三、已有的高技术产业技术创新能力指标体系 ………………………………… 38

四、构建新的高技术产业技术创新能力评价指标体系的原则 ……………… 42

五、构建新的高技术产业技术创新能力的统计指标体系 ……………………… 43

第五章　高技术产业各地区技术创新能力的测度与分析 ……………………… 50

一、各省份高技术产业技术创新能力综合指数的编制与分析 …………… 50

二、用主成分分析法对各地区高技术产业技术创新能力测度与分析 …… 58

三、用聚类分析对各地区技术创新能力进行分析 ………………………… 67

四、各地区高技术产业技术创新能力各层次主成分分析与评价 ………… 68

第六章　高技术产业各行业技术创新能力的测度与分析 ……………………… 72

一、高技术产业各行业技术创新能力综合指数的测度与分析 …………… 72

二、用熵值法对各行业技术创新能力测度与分析 ………………………… 78

三、用聚类分析对各行业技术创新能力进行分析 ………………………… 84

第七章　高技术产业各地区分行业技术创新能力的测度与分析 ……………… 86

一、各地区医药制造业技术创新能力的测度与分析 ……………………… 86

二、各地区航空、航天器及设备制造业技术创新能力的测算与分析 …… 96

三、各地区电子及通信设备制造业技术创新能力测算与分析 …………… 105

四、各地区计算机及办公设备制造业技术创新能力的测算与分析 ……… 114

五、各地区医疗仪器设备及仪器仪表制造业技术创新能力的测算与分析 … 123

六、各地区信息化学品制造业技术创新能力的测算与分析 ……………… 132

第三篇　高技术产业竞争力研究

第八章　竞争力理论 ………………………………………………………………… 139

一、当代关于竞争力问题的各种学说 …………………………………… 139

二、关于竞争力问题的其他观点 ………………………………………… 141

第九章　高技术产业竞争力评价指标体系的构建 ……………………………… 145

一、竞争力的概念 ………………………………………………………… 145

二、高技术产业竞争力评价文献综述 …………………………………… 147

三、已有的高技术产业竞争力评价指标体系 ·· 149

四、构建新的高技术产业竞争力的评价指标体系 ······························ 155

第十章　高技术产业各地区竞争力的测度与分析 ································ 161

一、各省份高技术产业竞争力综合指数 ·· 161

二、用主成分分析法对各地区高技术产业竞争力进行测度与分析 ·········· 167

三、用聚类分析对各地区高技术产业竞争力进行分析 ························· 173

四、各地区高技术产业竞争力各层次主成分分析与评价 ····················· 175

第十一章　高技术产业各地区分行业竞争力的测算与分析 ··············· 178

一、各地区医药制造业竞争力的测算与分析 ····································· 178

二、各地区航空、航天器及设备制造业竞争力的测算与分析 ················ 187

三、各地区电子及通信设备制造业竞争力的测算与分析 ····················· 195

四、各地区计算机及办公设备制造业竞争力的测算与分析 ·················· 203

五、各地区医疗仪器设备及仪器仪表制造业竞争力的测算与分析 ··········· 211

六、各地区信息化学品制造业竞争力的测算与分析 ·························· 219

参考文献 ·· 237

第一篇

高技术产业的基本范畴

第一章　高技术的基本范畴

一、高技术的定义

"高技术"（high technology）这一名称最早出现于美国，20 世纪 70 年代初期，由美国国家科学院在《技术与国家贸易》一书中首次明确提出，从 20 世纪 70 年代开始，"高技术"一词的使用日益频繁，泛指大批新型技术及其引发的产品。1981年，美国开始出现以高技术命名的月刊。1983 年，高技术作为一个词条被收入美国出版的《韦氏国际词典增补 9000 词》中，表明这一词已经得到国际经济学界和科技界的公认。高技术本身是一个动态发展的概念，随着时间和地点的变迁而有不同的内涵，这一动态的特征也造成了高技术至今没有统一的界定的问题。

20 世纪 80 年代初，中国科技情报研究所、中国科学院科技政策与管理科学研究所、国防科技成果办公室等单位的有关研究人员率先把国外高科技及其产业的概念介绍到国内。

国内外学者从经济、技术等不同角度剖析了这一概念的内涵，深入挖掘其对国家（或地区）经济发展、技术进步、政治变革、军事实力提升等方面的战略意义。对于什么是高技术，人们从不同角度和不同出发点给出了不同的定义，现给出如下几种观点。

1983 年出版的《韦氏国际词典增补 9000 词》是这样定义的：使用或包含尖端方法或仪器用途的技术。美国国会图书馆提供的《科学政策工作词汇汇编》中标明：高技术是指一些比其他技术具有更高科学输入的某些技术创新。可见高技术是尖端的、新兴的、前沿的技术，是以科学最新成就为基础的技术。这种定义突出了科学与技术的关系。

日本的津曲辰一郎认为，高科技是下列技术的总称：为提高现有商品功能的必要的中心技术，具有能赋予新的产品以新的功能的主导技术，构成下一代产品基础的技术。这种定义突出了高技术在经济发展中的作用。

有的学者用实际存在的各种高技术产业、产品来体现较为抽象的高技术的概念。例如，罗匡（1993）认为，高科技是对知识密集与技术密集这一类产品或产业的统称。在经济范畴中，高技术不再是实验室或理论上的纯技术，而是能够推动经济发展的应用技术，而高技术只有形成产业或产品才能发挥这种作用，因此，人们在使用"高技术"一词时，已不仅限于字面上的技术含义。这样，高技术、高技术产品、高技术产业可以互换使用。美国国家科学基金会所定义的高科技是每千名员工中有

25 名以上科学家和工程师，并且产品净销售额的 3.5% 以上用于研发企业所生产的任何产品。美国商务部把研究密集度（研发经费占销售收入的比重）最高的 10 个工业部门所覆盖的技术领域中的产品称为高科技产品。

王大珩（2000）的《高技术词典》中对高技术的定义为：以最新科学成就为基础，对社会生产力发展起主导作用的知识密集型技术，或者说是基于科学的发现和创新而产生的技术。

中国国家科技成果办公室通过征询国内 76 名专家的意见，提出了我国高科技的定义：建立在综合科学研究基础上，处于当代科学技术前沿的，对发展生产力、促进社会文明、增强国家实力起先导作用的新技术群，它的基本特征是具有明显的战略性、国际性、增值性和渗透性，是知识、人才和投资密集的新技术群。这一定义与其他几种定义相比，更综合、更透彻。

可见，对高技术概念的不同理解，实际上来源于人们对高技术的不同角度和不同阶段的多维认识。由于人们的认识角度不同，对高技术的定义很难在一个层次上达成一致。本书认同中国国家科技成果办公室对高技术的定义。

高技术与新技术的外延是不同的，高技术的外延要小于新技术的外延，高技术一般是新技术，但新技术不一定是高技术。我国新闻界、理论界和企业界对高新技术概念应用比较广泛。但本书采用高技术的概念，因为高技术的内涵和外延相对清晰，产业活动范围的确定比较容易，而且也是国际上通用的提法。

二、高技术的特点

（1）高技术是技术复杂程度高的技术。即高技术本身的技术等级高、攻克难度大，是现阶段的先进技术和尖端技术，其主要原理是建立在人类最新科学技术成就的基础上。

（2）高技术是新兴的技术。指近几十年来才兴起并得到实际应用的技术，如电子计算机从 1946 年开始的第一代，经过 70 多年的发展，已发展到了超大规模集成电路计算机和微型计算机时代。

（3）高技术是实在的技术。指那些可以直接利用并能够在现在或将来转化为商品、形成产业、创造巨大经济效益的技术，因此，高技术与市场紧密地联系在一起。

（4）高技术是一个具有时间性的动态概念。指不同的时代会有不同的高技术，某一项技术只在一定时间内属于高技术范畴。如蒸汽机、电力、汽车都曾是高技术，而现在却成了传统产业。

第二章 高技术产业的基本范畴

一、高技术产业的定义

关于高技术产业，由于各国发展情况存在较大差异，国际上尚无严格、科学、统一的定义。在此也给出以下几种：

美国学者 R. 纳尔逊（Nalson）在《高技术政策的五国比较》一书中指出：所谓高技术产业，是指那些大量投入研究开发资金，并以迅速的技术进步为标志的产业，是具备现代化科学技术最高水平的技术产业群，即以信息技术、生物工程、新材料和新能源等新兴技术领域为核心发展起来的新兴产业。美国麻省理工学院的厄特巴克认为：高技术是指花了很大资金，对很复杂的事物进行研究的那些产业。美国的 D. 戴曼斯叔（Dimancescu）在《高技术》杂志上指出：对高技术企业的定义，主要根据两大特点：一是专业技术人员比例高；二是销售收入中用于研究与开发的投资比例高。这两大特点又反映了一个共同的内容，即"知识密集"，这是高技术产品的一个必要成分，也是技术继续创新的必需条件。朗瑞德格（Lanr Dege）等学者认为能够生产高技术产品的产业就是高技术产业，而不是仅仅使用了高技术生产产品的产业。

法国的大多数学者认为，高技术产业是高素质劳动力使用标准生产线生产新产品的产业，产业特点是拥有较强的市场能力，能够形成新的产业分支。

英国学界将使用信息、生物学等尖端技术的产业群定义为高技术产业。

日本将高技术产业界定为使用尖端科技生产高技术产品的产业。

我国台湾地区《国际贸易金融大辞典》（1997）中高技术产业条目规定：高科技产业必须以利用电脑、超大型集成电路等最尖端科技产物为基础，并投入较高的研究开发经费，从事生产的智慧密集型企业。

经济发展与合作组织（OECD）于 1986 年第一次正式给出高技术产业的定义，它用 R&D 经费强度（R&D 经费支出占制造业总产值的比重）作为界定高技术产业的标准，OECD 对当时的 13 个成员国的 22 个制造部门的 R&D 经费强度做出分析研究，把相对于其他部门而言 R&D 经费强度较高的六个产业划分为高技术产业。1992 年，OECD 依据新的数据，重新计算了 R&D 经费强度，但结果未变。由于 20 世纪 80 年代以来科学技术迅速发展，各个产业的 R&D 经费强度发生了很大的变化，1994 年 OECD 利用 10 个成员国的 22 个产业的数据，调整了 R&D 经费强度的计算方法，考虑到间接的 R&D 经费，重新计算了 R&D 经费强度，根据新的计算结果，OECD 将高技术产业调整为四大类（具体见 OCED 高技术产业范围的界定）。

从 20 世纪 80 年代开始，我国有关专家对国外高技术产业发展动态进行了研究。我国高技术产业的初始概念，则可追溯到《高技术研究发展计划纲要》，即"863 计划"。

袁志生（1999）将高技术产业定义为：以当代最新的尖端科学技术为基础的新产业，主要指生物技术、信息技术、新材料技术、空间技术、海洋技术及新能源六大领域。高技术产业一方面具有创造功能，即用尖端技术创造产品、市场和竞争优势；另一方面又具有示范、扩散与渗透功能，利用高技术产业的效能优势，为传统产业发展造成外部压力从而带动传统产业革新。

马颂德、谢章澍、朱斌、刘辉、余永跃等专家和学者在文献中也引用了"高技术产业"这一名词，有的也给出了高技术产业的定义。我国学界普遍认为高技术产业是利用当代尖端技术进行高技术产品生产的产业群。

虽然世界各国对高技术产业概念的认识不一，但各种定义却有着共同的、一般意义上的理解，即用当代尖端科技（包括生物技术、信息技术、新材料技术、新能源技术、空间技术、海洋技术等技术领域）生产高科技产品的产业群。可见，高技术产业应具备的条件是：产品的技术性能复杂，科技人员在职工中的比重大，研发成本高、风险大，设备、生产工艺建立在尖端技术基础上，潜在收益率高。

二、国外高技术产业范围的界定

由于人们对高技术产业的不同角度和不同阶段的多维认识，便产生了对高技术产业部门划分的多种标准。这些标准包括：产业增长率、产品技术性能的复杂程度、研究与开发经费占总销售量的百分比以及劳动力的性质等。

1. 国外高技术产业界定的目的、方法和指标

高技术产业的崛起与发展，给世界经济带来了革命性的变化，高技术产业界定的重要性日益凸显。对高技术产业的界定并不是一个国家或地区的事情，为了能够准确评价各国在国际贸易中的地位和作用，或提高本国国际竞争力、增强综合国力，经济合作与发展组织（OCED）以及美英等发达国家都进行了大量而广泛的定量研究工作。

界定高技术产业的方法通常分为两种：一种是定性判断，即对产业的内容和特点进行比较分析，进而判断是不是高技术企业。日本长期信用银行使用的就是这种方法。它对高技术产业的定性描述是：技术密集度高、创新周期短、具有较强增长性、资源和能源消耗小、具有一定市场规模，并且对其他产业具有较强渗透作用的产业，但国际上很少使用这种方法。另一种是定量指标界定，即使用最具典型性的、能够准确反映高技术产业本质特征的指标对其进行定量描述。技术密集度是使用频率最高的量化指标，因为一个产业能被认为是高技术产业，它一定具有国际领先的技术水平。虽然，经济发展阶段不同，高技术产业的内容和范围也会不尽相同，但无论划分标准如何变化，都有一个共同点，就是技术含量或密集度高。

高技术产业密集度指标主要分为两类：一类是 R&D 经费支出占工业总产值、增加值的比重，也就是 R&D 经费强度；另一类是科技人员、科学家与工程师或熟练工人等占全体职工的比重。

采用定量方法定义高技术产业时，通常就是将上述指标进行排列组合。在这里，高技术产业是一个集合概念，集合的特征是技术密集度远高于其他行业或者是制造业平均值，这样的产业集合被称为高技术产业。

同时，也有学者主张将产品技术复杂度作为高技术产业界定的标准。这种界定方法理论上也是可行的。因为高技术产业的一个重要特征就是产品技术复杂度高。但是，这种方法只考虑产品本身，而实际上产品的技术和制作工艺通常是密切联系的，无法进行严格的区分。目前，衡量产品技术复杂程度主要采用专家调查法确定，但这种方法是依靠专家的经验进行主观判断，标准很难进行量化，结果会由于调查目的、调查范围及调查对象的制约或限制而产生偏差。比较而言，产业 R&D 经费支出能够在不同国家和产业之间获得相对一致的定义和统计范围，具有更加规范、通用的优越性。因此，R&D 经费强度作为高技术产业界定的定量指标被广泛使用。

2. 界定的切入点及界定的结果

由于制定国家政策和评价贸易的需要不同，通常将高技术产业界定的切入点分为基于产业和基于产品两种方式。

基于产业的方式是指使用能够对产业整体进行直接描述的宏观指标对高技术产业进行界定。这种界定方法特点是简便可行，但较为笼统，并不精确。美国商务部（DOC）DOC1 分类法，英国、意大利和欧盟的界定方法等均属于这种方法。

基于产品的方式是指利用量化指标先对产品进行划分，确定高技术产品群的范围，再在这个确定范围内划分高技术产业。这种界定方法中最具代表性的就是美国的 DOC2 和 DOC3。该界定方法的优势是比较精确，但复杂、繁琐、成本高。特别需要指出的是，美国 DOC3 分类界定方法引入了"间接 R&D 经费"的概念，在计算 R&D 经费强度时，把本行业投入的 R&D 经费与中间投入和资本货物中包含的 R&D 经费统筹考虑，极大地提高了高技术产业界定的科学性和精确性。

在进行高技术产业界定时，大多数发达国家都采用本国的产业分类，因此，不同国家的高技术产业在类别、内容和范围上都有所区别。然而，通过对英美等发达国家以及欧盟和经济合作与发展组织（OCED）对高技术产业的定义的分析可以看出，虽然使用的界定方法不同，但所界定的内容和范围大体一致，其共同特点就是技术密集度高，主要包括航空、航天、电子、通信、计算机、医药等领域。

3. 美国和加拿大的高技术产业的范围界定

美国学者 A. 马库森（Markusen）、A. 格拉斯梅尔（Glasmeier）和 P. 霍尔（Hall）三人合作，在 1983 年和 1986 年的两篇文章中均根据科技人员密度来定义高技术产业。E. J. 马列基（Malecki）在 1984 年和 1985 年的两篇文章中都提出用研究与开发经费密度和专业科技人员密度作为综合指标来划分高技术产业。德国学者巴塞尔特（Bathelt）1989 年在研究北美高技术中心的演变时，根据以上两项指标分别高于制造业的平均值而划分出美国和加拿大的高技术产业部类（见表 2-1）。

表 2-1　美国和加拿大的高技术产业部类（SIC 产业部门）

美国	加拿大
282 可塑材料、合成树脂、合成橡胶和除玻璃以外的其他人造纤维	373 塑料和合成树脂工业
283 药物	374 制药和医疗设备工业
357 办公室计算机和计数器	336 办公室、商店自动化设备工业
361 输电和配电设备	337 电力设备工业
362 电力工业设备	332 主要器械工业
364 电光源和电线设备	333 电光源工业
365 除通信用以外的无线电和电视接收设备	334 录音机、收音机和电讯接收机工业
366 通信设备	338 通信和能源金属导线和电缆工业
367 电子零件和附件	335 通信和其他电子设备工业
369 各种电子机械设备和供应品	339 其他电力产品工业
372 飞机和零件	321 飞机和飞机零件工业
376 导弹和空间飞行器及零件	391 科学和职业设备工业
381 工程实验室、科研仪器及有关设备	
382 量度和控制设备、仪器	
383 光学仪器和镜片	
384 外科、内科和牙科仪器和供应品	

注：标准产业分类法（SIC）由大部门逐渐细分到小部门，例如 3 为制造业，35 为机械，354 为金属机械，3541 为机床。三位数部门表示细分到三位数的部门。

数据来源：Bathelt H. The Evolution of Key Technology Centers in North America. A Comparative Analysis [J]. Geographische Zeitschrift, 1989, 77 (2): 89-107.

　　由于将两项密度指标的切分点放在全国制造业的平均值上的方法可能把一些其他工业，如炼油、化工和机械等都包括在内，从而不能反映高技术产业的特点，美国劳动统计局用研究开发经费密度和专业科技人员密度指标 2 倍于全国制造业的平均值的方法，从 977 个产业部门中划分出 36 个高技术产业部门。此外，把研究与开发经费密度和专业科技人员密度高于全国制造业平均值的其他 56 个部门称为"高技术密集型"（high-techintensive）产业，以区别于"高技术"（high-tech）产业。

丹宁（Dunning）和波斯（Pearce）两位美国学者，在一份国际研究报告中用三分法来对产业进行分类，即研究开发密度超过 2.8% 者称为高技术产业，1.1%～2.8% 者称为中技术产业，低于 1.1% 者称为低技术产业。

加拿大一些学者对本国高技术产业概念与分类也作了大量研究，1990 年加拿大的一篇论文用研究开发经费密度 2 倍于全国制造业研究开发经费密度的平均值来定义高技术产业，结果如表 2-2 所示。

表 2-2　加拿大的高技术产业部门

SIC	产业	研究开发经费密度（%）
363	电信设备	17.8
372	飞机及零件	13.9
366	其他电子设备	12.8
367	电子零部件	6.7
283	医药	4.0
271	办公机械	3.5
391	科研设备	3.5
制造业平均值 1.5		

数据来源：魏心镇，王缉慈. 新的产业空间：高技术产业开发区的发展与布局［M］. 北京：北京大学出版社，1993.

在以前加拿大高技术产业定义与分类的研究（如按增长率的分类）中，往往把化学工业和机械工业归入高技术产业。然而，化学工业的研究开发经费密度低于全国制造业的平均值，而机械工业的研究开发经费密度虽然高于全国制造业的平均值，却低于全国制造业平均值的 2 倍，因而将切分点放在"两倍于"，可以较准确地反映加拿大高技术产业的概貌。

4. OECD 高技术产业范围的界定

OECD 对高技术产业范围的界定最具有代表性，其基于产业的高技术产业界定方法简单明了，也便于进行国际间的比较，界定的范围和定义被 OECD 成员国和其他国家广泛采用。

自高技术产业产生以来，OECD 就对其发展密切关注，并进行了大量的研究，在此基础上，于 1986 年第一次正式给出高技术产业的定义。它用 R&D 经费强度（R&D 经费支出占制造业总产值的比重）作为界定高技术产业的标准。该方法分为四步：第一步，对照联合国制定的国际标准产业分类（ISIC），选择了 22 个制造业行业；第二步，选择具有典型性的 13 个 OECD 成员国；第三步，选取上述国家 1979～1981 年的有关经济数据，采用加权法计算；第四步，比较计算结果，确定高技术产业范围，将 R&D 经费强度明显高于其他产业的六大类产业定义为高技术产业（见表 2-3）。

表 2-3　OECD 高技术产业六分类

产业名称	ISIC 代码	R&D 经费强度（%）
高技术产业		
航空航天制造业	3845	22.7
计算机及办公设备制造业	3825	17.5
电子及通信设备制造业	3832	10.4
医药制造业	3522	4.8
专用科学仪器设备制造业	385	4.8
电气机械及设备制造业	383（不包括3832）	4.4
中高技术产业		
汽车制造业	3843	2.7
化工制造业	351、352（不包括3522）	2.3
制造业平均水平		1.8

数据来源：《中国科学技术指标》（1996）。

随着经济发展中知识与技术因素的急剧增长，产业 R&D 经费强度发生了变化。1994 年，为了准确评价经济发展的实际情况，OECD 专家重新计算了所选择的 22 个制造业部门的 R&D 经费强度，对高技术产业的范围进行了调整。此次计算和上次计算最大的不同在于引入了间接 R&D 经费概念，为了使计算结果更加准确，使用了 R&D 总经费（直接 R&D 经费、间接 R&D 经费之和）占工业总产值比重、直接 R&D 经费占工业总产值比重和直接 R&D 经费占工业增加值比重三个指标，重新对高技术产业进行了界定。本次计算和上次计算步骤基本一致，所选的 22 个制造业行业不变，用 10 个更为典型的成员国替代了原先的 13 个成员国，根据 1973～1992 年的数据，逐年计算了国际标准产业分类（ISIC）中 22 个制造业部门的上述 3 个指标。最终，依据 1980 年和 1990 年技术密集度数据，将制造业各行业划分为高、中高、中低、低技术产业。其中，将上述三项指标均明显高于其他产业的那些产业划分为高技术产业，根据界定和新的计算结果，OECD 将高技术产业目录由原来的六分类过渡到四分类。这四类产业分别为航空航天制造业、计算机及办公设备制造业、电子及通信设备制造业、医药制造业。原来属于高技术产业范围的专用科学仪器设备制造业和电气机械及设备制造业，由于同其他产业相比已不具备明显高的 R&D 经费强度，而只能列入中高技术产业范围内（见表 2-4）。

表 2-4　OECD 四分类高技术产业技术密集度　　　　单位：%

产业名称	ISIC 代码	1990 年数据			1980 年数据		
		A	B	C	A	B	C
高技术产业							
航空航天制造业	3845	17.3	15.0	36.3	16.1	14.1	41.1
计算机及办公设备制造业	3825	14.4	11.5	30.5	11.2	9.0	26.0
医药制造业	3522	11.4	10.5	21.6	8.4	7.6	16.9
电子及通信设备制造业	3832	9.4	8.0	18.7	9.3	8.4	18.4
中高技术产业							
专用科学仪器设备制造业	385	6.6	5.1	11.2	4.7	3.6	8.6
汽车制造业	3843	4.4	3.4	13.7	3.7	2.8	10.1
电气机械及设备制造业	383-3832	4.0	2.8	7.6	4.3	3.5	8.9
化工制造业	351+352-3522	3.8	3.2	9.0	2.7	2.2	7.6
其他运输设备制造业	3842+3844+3849	3.0	1.6	4.0	1.7	1.0	2.7
非电气机械制造业	382-3825	2.6	1.7	4.6	2.0	1.3	3.5

注：A 为直接和间接 R&D 经费占总产值的比重；B 为直接 R&D 经费占总产值的比重；C 为直接 R&D 经费占增加值的比重。

数据来源：《中国科学技术指标》（1996）。

2001 年，OECD 又重新界定了高技术产业，专用科学仪器设备制造业又重新被划入高技术产业，形成了高技术产业的五分类，如表 2-5 所示。

表 2-5　OECD 关于划分高技术产业范围的变化情况

1986~1994 年	1994~2001 年	2001 年	ISIC 代码
航空航天制造业	航空航天制造业	航空航天制造业	3845
计算机及办公设备制造业	计算机及办公设备制造业	计算机及办公设备制造业	3825
电子及通信设备制造业	电子及通信设备制造业	电子及通信设备制造业	3832
医药制造业	医药制造业	医药制造业	3522
专用科学仪器设备制造业		专用科学仪器设备制造业	385
电气机械及设备制造业			383-3832

数据来源：《中国科学技术指标》（1996）。

5. OECD 界定方法的优越性

OECD 使用产业 R&D 经费强度作为高技术产业界定的标准具有许多优越性。

第一，OECD 的界定并不是依据某个国家或几类产业的指标或数据，而是依据一批典型国家（1986 年为 13 个国家，1994 年为 10 个国家）制造业的 22 个行业进行的，这就避免了由于一国产业结构和特点的局限性而影响高技术产业界定的准确性。

第二，OECD 的界定方法和指标充分考虑了国际可比性和可操作性。尽管从理论上说，如科技人员、专利、新产品等与技术含量有关的指标都可以用来界定高技术产业，但是无论从定义还是从统计范围来看，其规范程度都不如 R&D 经费强度这一指标。与此同时，利用国际标准产业分类代码进行产业分类，如需要同某一国家标准产业分类代码进行比较和转换时也相对简单，这一分类方法更利于不同国家和产业之间进行比较。

第三，OECD 界定方法在选取指标时，不仅考虑了直接 R&D 经费，而且还借鉴美国 DOC3 的经验考虑了间接 R&D 经费，并将 R&D 总经费（直接 R&D 经费和间接 R&D 经费之和）占总产值的比重、直接 R&D 经费占总产值的比重、直接 R&D 经费占增加值的比重 3 个指标均明显高于其他行业的那些产业定义为高技术产业。这就避免了只用直接 R&D 经费强度一个指标可能带来的片面性。

第四，高技术产业概念具有相对性，随着科技的进步，高技术产业的结构以及分类也不断发生变化，OECD 界定方法按照不同年代 R&D 经费强度所表现出来的不同规律性，及时调整高技术产业的结构、分类和目录，充分体现了高技术产业是一个相对的概念。

总之，OECD 的界定方法的优势是可操作性强、科学合理、简单明了、基础广泛和便于国际比较，其提供的定义、分类和目录被国际社会广泛认同和采用，也成为研究和界定我国高技术产业的重要依据。

三、我国高技术产业范围的界定

高技术产业发展对我国传统产业转型、改变经济增长模式具有重要意义。

1. 界定原则

第一，国际可比原则。高技术产业是一个全球性的概念，如果只根据一个国家的发展现状而界定高技术产业及其范围必定会以偏概全。因此，进行我国高技术产业的界定工作就应借鉴国际上相关的理论与实践，尤其是界定高技术产业的定义、方法和指标，过多强调一国的特殊性，就会使高技术产业界定缺乏科学性，并降低其使用价值。

第二，符合国情原则。高技术产业具有相对性，不同发展阶段的国家，其产业结构、经济发展方式也必然不同。发展中国家的"朝阳产业"在发达国家可能是"夕阳产业"；在发达国家已具规模效应的战略先导产业在发展中国家可能还在孕育发展之中。当前的现实是，发展中国家的高技术产业发展水平与发达国家相比仍有相当大的差距，如果不研究具体国情，生搬硬套，必定会失败，这就要求我国在制定高技术产业衡量标准时，一定要在国际可比原则的前提下，结合我国具体实际，界定的范围一定要符合我国的具体国情，统计结果能够最大限度地为我国宏观管理需要服务。

第三，综观全局原则。以宏观管理的需要为出发点，抓大放小，忽略细微的产业内部变化，不考虑具体的企业和产品管理需要，使最终计算结果能够在总体上准确反映我国高技术产业的发展状况、趋势和所处国际地位的实际情况。

第四，操作简便原则。高技术产业概念具有相对性，需要根据实际情况不断进行动态调整，而且其概念涉及范围广泛，对其进行界定需要做大量复杂、细致的工作。因此，我们在界定方法的实施上应充分借鉴国际经验，围绕研究目标和中心任务，最大限度使用已有的统计渠道和数据，不再进行专门调查和指标设计，尽量简化操作程序，以方便为原则，有效减少成本。

2. 具体界定情况

当前我国基本上按照 OECD 高技术产业的分类标准来界定高技术产业。其基本程序是：首先，将我国标准产业分类（GB/T4754—94）尽量等效国际标准产业分类（ISIC），即将两者进行对照，在 GB/T4754—94 中将代码为 13~43 的制造业大、中、小类各行业进行筛选，筛选出内容上与 OECD 界定标准大致相同的 30 个小产业；其次，采用评判法，按照专家意见，对所选的 30 个小产业进行修正，去掉在内容上不符合 OECD 界定标准的产业；最后，确定我国的高技术产业。

2002 年中华人民共和国国家统计局根据新的《国民经济行业分类》（GB/T4754—2002）提出了我国的《高技术产业统计分类目录》（国统字〔2002〕33 号），为使各地区和各部门高技术产业统计指标具有可比性，规定了全国统一的"高技术产业相关统计指标计算范围"和"高技术产业统计资料整理公布格式"。并且，为方便历史资料积累和进行国际比较，进一步给出了"与新的分类对应的历史资料整理格式"和"参照 OECD 分类办法将我国高技术产业细分类归成的大类"，从而形成了比较完善的我国高技术产业统计方法。

2013 年中华人民共和国国家统计局以《国民经济行业分类》（GB/T4754—2011）为基础，对国民经济行业分类中符合高技术产业（制造业）范畴相关活动进行再分类。本分类借鉴 OECD 关于高技术产业的分类方法，分类表中第一类至第五类内容可与有关国际分类基本衔接，能够满足国际比较的需要。

2013 年分类定义的高技术产业（制造业）是指国民经济行业中 R&D 投入强度（R&D 经费支出占主营业务收入的比重）相对较高的制造业行业，包括医药制造，航空、航天器及设备制造，电子及通信设备制造，计算机及办公设备制造，医疗仪器设备及仪器仪表制造，信息化学品制造六大类。

2013 年分类是在《高技术产业统计分类目录》（国统字〔2002〕33 号）的基础

上修订完成，采用了原结构的基本框架。

我国《高技术产业（制造业）分类（2013）》与《高技术产业统计分类目录》（国统字〔2002〕33 号）对照表，如表 2-6 所示。

表 2-6　《高技术产业（制造业）分类（2013）》与《高技术产业统计分类目录》（国统字〔2002〕33 号）对照

《高技术产业（制造业）分类（2013）》及对应的 2011 国民经济行业分类代码		《高技术产业统计分类目录》（2002）及对应 2002 国民经济行业分类代码		说明
		核燃料加工	253	删除
一、医药制造业	27	医药制造业	27	
（一）化学药品制造				
化学药品原料药制造	2710	化学药品原药制造	2710	更名
化学药品制剂制造	2720	化学药品制剂制造业	2720	
（二）中药饮片加工	2730	中药饮片加工	2730	
（三）中成药生产	2740	中成药制造	2740	更名
（四）兽用药品制造	2750	兽用药品制造	2750	
（五）生物药品制造	2760	生物、生化制品的制造	2760	更名
（六）卫生材料及医药用品制造	2770	卫生材料及医药用品制造	2770	
二、航空、航天器及设备制造业		航空航天器制造	376	
（一）飞机制造	3741	飞机制造及修理	3761	旧行业 3761 部分内容调出
（二）航天器制造	3742	航天器制造	3762	
（三）航空、航天相关设备制造	3743			新增
（四）其他航空航天器制造	3749	其他飞行器制造	3769	更名
（五）航空航天器修理	4343			新增，旧行业 3761 部分内容调入
三、电子及通信设备制造业				
（一）电子工业专用设备制造	3562			新增
（二）光纤、光缆制造	3832			新增
（三）锂离子电池制造	3841			新增
（四）通信设备制造	392	通信设备制造	401	

续表

《高技术产业（制造业）分类（2013）》及对应的2011国民经济行业分类代码		《高技术产业统计分类目录》（2002）及对应2002国民经济行业分类代码		说明
通信系统设备制造	3921	通信传输设备制造	4011	旧行业4011、4012和4019合并
		通信交换设备制造	4012	
		其他通信设备制造	4019	
通信终端设备制造	3922	通信终端设备制造	4013	旧行业4013和4014合并
		移动通信及终端设备制造	4014	
（五）广播电视设备制造	393	广播电视设备制造	403	
广播电视节目制作及发射设备制造	3931	广播电视节目制作及发射设备制造	4031	
广播电视接收设备及器材制造	3932	广播电视接收设备及器材制造	4032	
应用电视设备及其他广播电视设备制造	3939	应用电视设备及其他广播电视设备制造	4039	
（六）雷达及配套设备制造	394	雷达及配套设备制造	402	
（七）视听设备制造	395	家用视听设备制造	407	更名
电视机制造	3951	家用影视设备制造	4071	旧行业4071分解
音响设备制造	3952	家用音响设备制造	4072	更名
影视录放设备制造	3953	家用影视设备制造	4071	旧行业4071分解
（八）电子器件制造	396	电子器件制造	405	
电子真空器件制造	3961	电子真空器件制造	4051	
半导体分立器件制造	3962	半导体分立器件制造	4052	
集成电路制造	3963	集成电路制造	4053	
光电子器件及其他电子器件制造	3969	光电子器件及其他电子器件制造	4059	
（九）电子元件制造	397	电子元件制造	406	
电子元件及组件制造	3971	电子元件及组件制造	4061	
印制电路板制造	3972	印制电路板制造	4062	
（十）其他电子设备制造	3990	其他电子设备制造	409	

续表

《高技术产业（制造业）分类（2013）》及对应的2011国民经济行业分类代码		《高技术产业统计分类目录》（2002）及对应2002国民经济行业分类代码		说明
四、计算机及办公设备制造业				与旧行业404、4154、4155对应
		电子计算机制造	404	
（一）计算机整机制造	3911	电子计算机整机制造	4041	
（二）计算机零部件制造	3912	电子计算机外部设备制造	4043	旧行业4043分解
（三）计算机外围设备制造	3913	电子计算机外部设备制造	4043	旧行业4043分解
（四）其他计算机制造	3919	计算机网络设备制造 电子计算机外部设备制造	4042 4043	旧行业4042加上旧行业4043部分内容调入
（五）办公设备制造				与旧行业4154、4155对应
复印和胶印设备制造	3471	复印和胶印设备制造	4154	
计算器及货币专用设备制造	3475	计算器及货币专用设备制造	4155	
五、医疗仪器设备及仪器仪表制造业				与旧行业368、411、412、4141、419对应，但不含这些行业的调出部分
（一）医疗仪器设备及器械制造	358	医疗仪器设备及器械制造	368	旧行业368部分内容调出
医疗诊断、监护及医疗设备制造	3581	医疗诊断、监护及医疗设备制造	3681	旧行业3681部分内容调出
口腔科用设备及器具制造	3582	口腔科用设备及器具制造	3682	旧行业3682部分内容调出
医疗实验室及医用消毒设备和器具制造	3583	实验室及医用消毒设备和器具制造	3583	旧行业3683部分内容调出
医疗、外科及兽医用器械制造	3584	医疗、外科及兽医用器械制造	3684	旧行业3684部分内容调出

续表

《高技术产业（制造业）分类（2013）》及对应的2011国民经济行业分类代码		《高技术产业统计分类目录》（2002）及对应2002国民经济行业分类代码		说明
机械治疗及病房护理设备制造	3585	机械治疗及病房护理设备制造	3685	旧行业3685部分内容调出
假肢、人工器官及植（介）入器械制造	3586	假肢、人工器官及植（介）入器械制造	3686	
其他医疗设备及器械制造	3589	其他医疗设备及器械制造	3689	旧行业3689部分内容调出
（二）仪器仪表制造				与旧行业368、411、412、4141、4190对应，但不含这些行业的调出部分
		通用仪器仪表制造	411	
工业自动控制系统装置制造	4011	工业自动控制系统装置制造	4111	
电工仪器仪表制造	4012	电工仪器仪表制造	4112	
绘图、计算及测量仪器制造	4013	绘图、计算及测量仪器制造	4113	
实验分析仪器制造	4014	实验分析仪器制造	4114	
实验机制造	4015	实验机制造	4115	
供应用仪表及其他通用仪器制造	4019	供应用仪表及其他通用仪器制造	4119	
		专用仪器仪表制造	412	
环境监测专用仪器仪表制造	4021	环境监测专用仪器仪表制造	4121	
运输设备及生产用计数仪表制造	4022	汽车及其他用计数仪表制造	4122	更名
导航、气象及海洋专用仪器制造	4023	导航、气象及海洋专用仪器制造	4123	
农林牧渔专用仪器仪表制造	4024	农林牧渔专用仪器仪表制造	4124	

续表

《高技术产业（制造业）分类（2013）》及对应的2011国民经济行业分类代码		《高技术产业统计分类目录》（2002）及对应2002国民经济行业分类代码		说明
地质勘探和地震专用仪器制造	4025	地质勘探和地震专用仪器制造	4125	
教学专用仪器制造	4026	教学专用仪器制造	4126	
核子及核辐射测量仪器制造	4027	核子及核辐射测量仪器制造	4127	
电子测量仪器制造	4028	电子测量仪器制造	4128	
其他专用仪器制造	4029	其他专用仪器制造	4129	
光学仪器制造	4041	光学仪器制造	4141	
其他仪器仪表制造业	4090	其他仪器仪表的制造及修理	4190	旧行业4190部分内容调出
六、信息化学品制造业				
（一）信息化学品制造	2664	信息化学品制造	2665	
		公共软件服务业	621	删除
		基础软件服务	6211	删除
		应用软件服务	6212	删除

高技术产业（制造业）统计资料整理公布格式如表2-7所示。

表2-7　高技术产业（制造业）统计资料整理公布格式

行业	对应代码
一、医药制造业	27
#化学药品制造	271+272
中成药生产	274
生物药品制造	276
二、航空、航天器及设备制造业	374+4343
#飞机制造及修理	3741
航天器制造	3742
三、电子及通信设备制造业	39-391+3562+3832+3841
#通信设备制造	392

续表

行业	对应代码
#通信系统设备制造	3921
通信终端设备制造	3922
广播电视设备制造	393
雷达及配套设备制造	394
视听设备制造	395
电子器件制造	396
#电子真空器件制造	3961
半导体分立器件制造	3962
集成电路制造	3963
电子元件制造	397
其他电子设备制造	399
四、计算机及办公设备制造业	391+3474+3475
#计算机整机制造	3911
计算机零部件制造	3912
计算机外围设备制造	3913
办公设备制造	3474+3475
五、医疗仪器设备及仪器仪表制造业	358+401+402+409+4041
医疗仪器设备及器械制造	358
仪器仪表制造	401+402+409+4041
六、信息化学品制造	2664

数据来源:《中国高技术产业统计年鉴（2017）》。

　　2017年依据《中华人民共和国统计法》，参照国际相关分类标准并以《国民经济行业分类》（GB/T 4754—2017）为基础，对国民经济行业分类中符合高技术产业（制造业）特征有关活动再分类，制定了《高技术产业（制造业）分类（2017）》，本分类在《高技术产业（制造业）分类（2013）》的基础上修订完成，采用了原分类的基本结构框架。

　　可见，我国高技术产业的分类已经历了四次，我国是在用动态的、区域性观念界定高技术产业。

　　但本书研究始于2018年初，《高技术产业（制造业）分类（2017）》尚未开始执行，故本书仍然按《高技术产业（制造业）分类（2013）》进行。在进行综合指数编制时，为了资料的可比性，需要用 2014 年及 2017 年统计年鉴的数值。2013 年界定的我国高技术产业包括：医药制造，航空、航天器及设备制造，电子及通信设备制造，计算机及办公设备制造，医疗仪器设备及仪器仪表制造，信息化学品制造六大类。

四、高技术产业的特征

结合高技术产业的内涵界定，我们认为高技术产业主要具备五个方面的特征。

第一，动态性和区域性。高技术产业是一个相对动态的、具有区域性的概念，其外延是不断变化发展的，也就是说，从时序上看，高技术产业界定与各个时期经济技术水平密切相关，在不同时期、不同地区，其产业范围是不同的。这可以从我国及 OECD 高技术产业的范围界定反映出来，如表 2-8、表 2-9 所示。

表 2-8　中国高技术产业统计范畴

1991 年	2002 年	2013 年、2017 年
微电子和电子信息技术 空间科学和航空航天技术 光电子和光机电一体化技术 生命科学和生物工程技术 材料科学和新材料技术 能源科学和新能源高效节能技术 生态科学和环境保护技术 地球科学和海洋工程技术 医药科学和生物医学工程技术 精细化工等传统产业新工艺新技术 基本物质科学与辐射技术 其他在传统产业改造中应用的新工艺、新技术	核燃料加工业 信息化学品制造业 医药制造业 航空航天器制造业 电子及通信设备制造业 电子计算机及办公设备制造业 医疗设备及仪器仪表制造业 公共软件服务业	高技术产业（制造业） 医药制造业 航空、航天器及设备制造业 电子及通信设备制造业 计算机及办公设备制造业 医疗仪器设备及仪器仪表制造业 信息化学品制造

表 2-9　OECD 高技术产业统计范畴

1986 年	1994 年	2001 年
航空航天制造业 计算机及办公设备制造业 电子及通信设备制造业 医药制造业 专用科学仪器设备制造业 电器机械及设备制造业	航空航天制造业 计算机及办公设备制造业 电子及通信设备制造业 医药制造业	航空航天制造业 计算机及办公设备制造业 电子及通信设备制造业 医药制造业 专用科学仪器设备制造业

第二，高 R&D 强度和创新能力。与传统产业相比，高技术产业具有显著的知识密集、技术密集、R&D 密集特征，R&D 强度远高于传统产业。如表 2-10 所示，各国高技术产业的 R&D 强度均为制造业整体 R&D 强度的 2 倍以上，一些发达国家这一差距接近 5 倍。从行业看，某些行业的 R&D 强度甚至达到了制造业整体水平的 10 倍。这也使高技术产业对资金需求大大超过传统产业。同时，在人才方面，有研究测算发现，高技术产业对专门人才需求是传统产业的 5 倍。由于高技术产业明显较高的 R&D 经费投入和专业技术人才投入，也使其产品创新率和工艺创新率都处于领先水平。许多代表世界最高技术水平的新研究成果和新发现均出现在高技术产业领域。

表 2-10　部分国家高技术产业 R&D 强度　　　　　　　　　　单位：%

国家（年份）	制造业	高技术产业	飞机和航天器制造业	医药制造业	计算机及办公设备制造业	广播、电视机通信设备制造业	医疗、精密仪器和光学器具制造业
中国（2011 年）	0.8	1.6	7.8	1.4	0.8	1.8	1.9
美国（2007 年）	3.4	16.9	9.9	26.6	10.7	15.7	18.3
日本（2008 年）	3.4	10.5	2.9	16.4	7.6	8.9	17.0
德国（2007 年）	2.3	6.9	8.6	8.3	4.5	6.3	6.3
英国（2006 年）	2.4	11.1	10.7	24.9	0.4	7.6	3.6
法国（2006 年）	2.5	7.7	5.2	8.7	7.9	12.2	7.1
意大利（2007 年）	0.7	3.8	13.4	1.8	1.2	4.5	2.6
韩国（2006 年）	1.9	5.9	9.0	2.5	3.9	6.7	2.2

　　注：由于国际统计数据较难获取且为了进行国际比较，此处 R&D 研发强度按 R&D 经费占工业总产值比重计算。

　　数据来源：王敏. 我国高技术产业技术创新溢出效应研究［D］. 武汉大学博士学位论文，2014.

　　第三，高收益、高风险。高技术产业的高收益主要来源于三个方面：一是高技术产业是典型的研究型产业，往往处于技术创新的前沿领域，对先进生产技术、工艺、材料、管理的应用水平也位于前列，能有效提高产业的生产效率和资源利用效率，改变传统生产函数的某些特征，特别是实现规模收益递增，从而实现高增长和高收益。二是高技术产业拥有较高的创新性。由于知识保护，其对创新技术和产品具有市场垄断，其他企业难以进入与之竞争，有利于其获得超额利润。三是高技术产品蕴含大量技术知识和智力资本，拥有较高的附加价值。但高技术产业的高收益也往往伴随着高风险，这主要是由高技术产业研发周期长、资金投入大、研发结果不确定等因素所导致。从技术创新阶段来看，主要包括研究与开发风险和成果转化风险两个方面，不同技术创新阶段面临的风险大小也有所不同，按技术创新的影响因素，又可分为技术、市场、管理、财务和政策五类风险如表 2-11 所示。

表 2-11　高技术产业和企业的技术创新风险

类型	来源	特征
技术风险	外部风险	采用的新技术及其应用有可能被证明不成功，要么技术不能投入生产领域，要么生产的产品不能提供足够的利益给潜在用户
市场风险	外部风险	由该公司推出的产品或服务不能足够吸引市场以产生必要的销售收入，目标市场太小，或竞争对手的市场反应大大削弱了本企业潜在的销售收入和利润
管理风险	内部风险	企业家和管理团队可能不具备足够的技能使企业的管理有效率和实现盈利增长
财务风险	内部或外部风险	企业公司产生的收入或利润的规模不能满足投资者的投资回报目标或偿还债务利息的目标
政策风险	外部风险	政策的不确定性、短期性政策行为、法律等制度环境的不完善

资料来源：王敏. 我国高技术产业技术创新溢出效应研究［D］. 武汉大学博士学位论文，2014.

第四，高渗透性与关联性。高技术产业具有较强的渗透特性，只要克服了研发和产业化过程中的不确定性风险，高技术成果就会以迅雷不及掩耳之势渗透到社会经济生活的各个领域。例如，激光技术对医疗领域激光手术的出现、印刷出版领域激光打印的产生等都有重要的促进作用；信息网络技术对传统制造业和服务业的生产管理效率提升和资源节约均有功不可没的贡献。高技术的这种高渗透性，不仅催生了新兴产业，加快了传统产业的技术进步，而且其较高的创新效应和增长效应不断扩散至国民经济的各个领域，从而带动整个经济社会的全面发展。

第五，集聚发展特征。无论是国内还是国外，高技术产业都呈现出集聚发展的特征。如美国硅谷、波士顿128公路和休斯顿、日本筑波科技城、韩国大德科技园等都是高技术产业的重要集聚区。在国内，截至2014年，国务院已经批准了114家国家级高新区，这些科技园区成为我国高技术产业发展最为重要的空间载体。高技术产业空间集聚特征明显高于我国工业制造业整体水平，不仅呈现出较强的生产性活动空间集聚特征，而且表现出强烈的创新性活动集聚现象。

第二篇

高技术产业技术创新能力研究

第三章　技术创新理论

一、技术创新概念的界定

约瑟夫·熊彼特（J. A. Schumpeter）关于经济非均衡变化的思想首先反映在其1911 年德文版的《经济发展理论》一书中，此书在 1934 年译成英文时，使用了"创新"（innovation）一词。熊彼特在 1928 年首篇英文版文章《资本主义的非稳定性》中首次提出了创新是一个过程的概念，并在 1939 年出版的《商业周期》一书中比较全面地提出了创新理论。尽管熊彼特首次提出了创新的概念和理论，甚至列举了创新的一些具体表现形式，但熊彼特并没有直接对技术创新下狭义的严格定义。其创新概念包含的范围很广，如涉及技术变化的创新及非技术性变化的组织创新。这与熊彼特的整个研究性质有关，他始终是将技术创新作为新的独立变量来考察其对经济增长以至社会变迁的影响作用，并没有对技术创新本身进行专门的研究。

《商业周期》出版 12 年后，索洛（S. C. Solo）对技术创新理论重新进行了较全面的研究，他在《在资本化过程中的创新：对熊彼特理论的评论》中首次提出技术创新成立的两个条件，即新思想来源和以后阶段的实现发展。这一"两步论"被认为是技术创新概念界定的里程碑。此后，不少学者都在技术创新概念上做过一些较接近的研究。

20 世纪 60 年代，新技术革命迅猛发展，美国经济学家华尔特·罗斯托（Walt W. Rostow）提出了"起飞"六阶段理论，将"创新"的概念发展为"技术创新"，把"技术创新"提高到"创新"的主导地位。

1962 年，伊诺思（J. L. Enos）在其《石油加工业中的发明与创新》一文中首次直接明确地对技术创新下定义："技术创新是几种行为综合的结果，这些行为包括发明的选择、资本投入保证、组织建立、制订计划、招用工人和开辟市场等"。伊诺思是从行为集合的角度来定义技术创新的。而首次从创新时序过程角度来定义技术创新的林恩（G. Lynn）认为技术创新是"始于对技术的商业潜力的认识、而终将其完全转化为商业化产品的整个行为过程"，他在 1973 年发表的《工业创新中的成功与失败研究》中认为，"技术创新是一技术的、工艺的和商业化的全过程，其导致新产品的市场实现和新技术工艺与装备的商业化应用"。

美国国家科学基金会（National Science Foundation of U. S. A.，NSF），也从 20 世纪 60 年代上半期开始发起并组织对技术变革和技术创新的研究，其中迈尔斯（S. Myers）和马奎斯（D. G. Marquis）作为主要的倡议者和参与者，在其 1969 年的研究报告《成功的工业创新》中将创新定义为技术变革的集合，认为技术创新是一个复杂的活动过程，从新思想、新概念开始，通过不断地解决各种问题，最终使一个有经济价值和社会价值的新项目得到实际的成功应用。NSF 在 20 世纪 70 年代对技术创新的界定还是比较窄的，在 1974 年的 NSF 报告《科学指示器》中限定创新只有两类：一是特定的重大技术创新；二是有代表性的普遍意义上的技术变革，但不包括模仿和改进型变动。到 20 世纪 70 年代下半期，他们对技术创新的界定大大扩宽了，在 NSF 报告《1976 年：科学指示器》中，将技术创新定义为"技术创新是将新的或改进的产品、过程或服务引入市场。"明确地将模仿和不需要引入新技术知识的改进作为最低层次上的两类创新划入技术创新定义范围中。

20 世纪 70~80 年代开始，有关创新的研究进一步深入，开始形成系统的理论。厄特巴克（J. M. Utterback）在 20 世纪 70 年代的创新研究中独树一帜，他在 1974 年发表的《产业创新与技术扩散》中认为，"与发明或技术样品相区别，创新就是技术的实际采用或首次应用"。缪尔赛（R. Mueser）在 20 世纪 80 年代中期对技术创新概念作了系统的整理分析，在其搜集的 300 余篇相关论文中，约有 3/4 的论文在技术创新界定上接近于以下表述：当一种新思想和非连续性的技术活动，经过一段时间后，发展到实际和成功应用的程度，就是技术创新。在此基础上，缪尔赛将技术创新重新定义："技术创新是以其构思新颖性和成功实现为特征的有意义的非连续性事件"。这一定义突出了技术创新在两个方面的特殊含义：一是活动的非常规性；二是活动必须获得最终的成功实现。这一定义比较简练地反映了技术创新的本质和特征。

曼斯费尔德（M. Mansfield）对技术创新的定义常被后来学者认可并采用，曼斯费尔德的研究对象主要侧重于产品创新，与此相对应，其定义也只限定在产品创新上。他认为，产品创新是从企业对新产品的构思开始，以新产品的销售和交货为终结的探索性活动。

弗里曼（C. Freeman）对创新的研究有两个特点：一是作为经济学家，更多地从经济角度来考察创新；二是把创新对象基本上限定为规范化的重要创新。他认为，技术创新在经济学上的意义只是包括新产品、新过程、新系统和新装备等形式在内的技术向商业化实现的首次转化。他在 1973 年发表的《工业创新中的成功与失败研究》中认为，"技术创新是一技术的、工艺的和商业化的全过程，其导致新产品的市场实现和新技术工艺与装备的商业化应用"。其后，他在 1982 年的《工业创新经济学》修订本中明确指出，技术创新就是指新产品、新过程、新系统和新服务的首次商业性转化。

我国从 20 世纪 80 年代开始展开了技术创新方面的研究，傅家骥（1998）对技术创新的定义是：企业家抓住市场的潜在盈利机会，以获取商业利益为目标，重新组织生产条件和要素，建立起效能更强、效率更高和费用更低的生产经营系统，从而推出新的产品、新的生产（工艺）方法，开辟新的市场，获得新的原材料或半成品供给来源或建立企业新的组织，它包括科技、组织、商业和金融等一系列活动的综合过程。此定义是从企业的角度给出的。彭玉冰、白国红（1999）也从企业的角度为技术创新下了定义："企业技术创新是企业家对生产要素、生产条件、生产组织进行重新组合，以建立效能更好、效率更高的新生产体系，获得更大利润的过程。"

进入21世纪，信息技术推动下知识社会的形成及其对技术创新的影响进一步被认识，宋刚、唐蔷（2008）在对科技创新复杂性分析基础上，指出了技术创新是各创新主体、创新要素交互复杂作用下的一种复杂涌现现象，是技术进步与应用创新的"双螺旋结构"共同演进的产物。信息通信技术的融合与发展推动了社会形态的变革，催生了知识社会，使传统的实验室边界逐步"融化"，进一步推动了科技创新模式的演变。要完善科技创新体系，急需构建以用户为中心、以需求为驱动、以社会实践为舞台的共同创新和开放创新的应用创新平台，通过创新双螺旋结构的呼应与互动形成有利于创新涌现的创新生态，打造以人为本的创新模式。

本书以前人的观点和傅家骥的定义为基础，对创新加以界定：企业家抓住市场潜在的盈利机会，以获取利润为目的，对生产要素和生产条件进行新的组合，建立效能更强、效率更高的新生产经营体系，从而推出新的产品、新的生产（工艺）方法，开辟新的市场，获得新的原材料或半成品供给来源或建立企业新的组织，它包括科技、组织、商业和金融等一系列活动的综合过程。

二、熊彼特创新理论的发展

熊彼特的创新理论被他的追随者发展成为当代西方众多经济学理论的两个分支。一是新古典经济学家将技术进步纳入新古典经济学的理论框架，主要成果就是新古典经济增长理论和内生经济增长理论；二是侧重研究技术创新的扩散和技术创新的"轨道和范式"等理论问题。从熊彼特提出创新理论至今，众多学者对技术创新问题进行了大量研究，形成了许多有特色的理论。但是，由于这些研究的出发点和前提存在着不同程度的差异，再加上技术创新是一个十分复杂的过程，所以至今各专家学者以及研究机构对技术创新概念和定义莫衷一是。

（一）新古典经济增长理论和内生经济增长理论

1. 新古典经济增长理论

新古典经济增长理论（资本积累模型）的创立者是美国的经济学家索洛（R. M. Solow）以及英国的经济学家斯旺（T. M. Swan）。1956年索洛发表《经济增长的一个理论》，同年斯旺发表《经济增长与资本积累》，先后提出了他们的经济增长模型。随后，英国经济学家米德（James Edward Meade）在1961年发表的《经济增长的一个新古典理论》中将此理论进行了系统的表述。由于他们的模型像古典经济学家那样，把充分就业视为必然趋势，因而被称为新古典增长模型。美国的经济学家萨缪尔森（Paul A. Samuelson）等在其经济增长理论中也提出了与索洛基本相同的观点。

索洛在其著作中提出了以下假设：①供给可以创造自身的需求；②储蓄永远等于投资；③工资取决于劳动的边际生产力，利息取决于资本的边际生产力。由以上假定条件可以得出一个结论：社会上不会出现失业和通货膨胀。

经过许多经济学家对该模型的不断研究和完善，新古典主义增长模型的基本假定条件如下：①经济制度和个人偏好既定，总量生产函数有稳定的形式，生产率以外生的不变比率增长；②技术进步产生于机遇，是外生变量；③总量生产函数规模收益不变；④政府不干预经济活动，完全由市场这只"看不见的手"对经济进行调节；⑤经济的边际收益递减。

该经济理论使用两类投入（资本和劳动）生产一种均质产品，首先假定技术保持不变，集中考察资本在经济增长中所起的作用。

资本积累理论，改变了我们追求单一技术创新的思维方式，假定各国生活水平的差异来自各国的技术水平，又或推进技术创新的知识是一个可以生产出来并能够把控的要素，那么国家加大资本投入力度提高技术水平，进行有效技术转移、扩散或增值等，才是国家创新系统的探索之路。

索洛等认为，在没有外力推动时，经济体系无法实现持续的增长。只有当经济中存在技术进步或人口增长等外生因素时，经济才能实现持续增长。这一理论的缺陷是明显的：一方面，它将技术进步看作经济增长的决定因素；另一方面，它又假定技术进步是外生变量而将它排除在考虑之外，这就使该理论排除了影响经济增长的最重要因素。

2. 内生经济增长理论

内生增长理论（知识积累模型）是基于新古典经济增长模型发展起来的，从某种意义上说，内生经济增长理论的突破在于放松了新古典增长理论的假设并把相关的变量内生化。所谓内生是指较新古典经济增长理论中将技术等因素视为外生给定的而言，内生增长理论将技术进步、人力资本等诸要素内生化，将其对产出的影响以某种形式置于生产函数内部加以讨论。1986年罗默（P. Romer）在《收益增长和长期增长》一书中，提出了一个与收益递减的传统模型不同的收益递增的增长模型。他把技术进步视为经济的内生变量和知识积累的结果，认为知识积累才是经济增长的原动力。在罗默的模型里，知识被分解为一般知识和专业知识。一般知识产生经济外部性，使所有企业都能获得规模收益。专业知识则产生经济内部效应，给个别企业带来垄断利润，从而为这些企业提供了研究与开发的基金和内在的动力。因此，知识作为一种内生的独立因素不仅可以使知识本身产生递增收益，而且使资本、劳动等其他投入要素的收益递增，这就为经济的长期增长提供了条件。技术与众不同的一个特点在于它是公共品，产出这种技术发明的费用昂贵，但复制它却很廉价。

内生增长理论的贡献在于改变了我们关于增长途径的思维方式。技术水平的不同是导致各国生活水平的差异的主要原因，并且假定技术知识是一个可以生产出来的要素，那么需要着重研究的方面就有：国家怎样才能提高技术水平，怎样有效地进行技术的转移、扩散和增值等，这就引发了有关国家对于创新系统的探索。

（二）技术创新的"轨道和范式"理论

1. 从线性范式到网络范式

20世纪70年代，在熊彼特的影响下形成了创新研究的"线性范式"。"范式"概念是托马斯·塞缪尔·库恩（Thomas Sammual Kuhn）于1962年出版的《科学革命的结构》一书中提出来的，"范式"作为该书的核心概念，精准地解释了科学革命的现象。库恩提出，范式的革命就是新旧科学的革命。多西（Dosi G.）1982年发表的《技术范式与技术轨道》得益于库恩科学范式的思想，并提出了"技术范式"的概念，他认为技术范式是"解决技术问题的一种模型或模式"，它决定研究的领域、问题、程序和任务，且具有强烈的排他性，它既是一个看问题的观念体系，又是一个解决问题的方法体系，同时它还规定了技术自身进步的方向和内涵。根据技术范式，多西把技术轨道定义为由范式决定的常规的解决问题的活动。它是一组可能的技术方向，其外部边界由技术范式本身的性质决定。

还有部分学者在熊彼特的理论基础上，综合了库恩的"范式"理论及多西的"技术范式"和"技术轨道"理论，侧重研究技术创新的扩散与应用，在应用和技术转化的层面上提出相应的技术创新的"范式"和"轨道"等理论问题。

对技术创新的组织形式的研究经历了一个从线性范式到网络范式的转变，主要是在20世纪70年代早期，在熊彼特创新理论的影响下形成创新研究的线性范式，认为技术创新的过程一般遵循发明—开发—设计—中试—生产—销售等简单的线性过程，对创新的研究基本停留在单个企业内部的技术过程本身的分析。线性信息交换与协调对于创新具有重要影响和作用，它既可以有效克服单个企业技术创新时的能力局限，又可以降低创新活动中的技术和市场的不确定性。这样，创新研究的视野从单个企业内部转向企业与外部环境的联系和互动，导致网络范式的兴起。阿歇姆（Asheim T.，1998）对线性范式与网络范式的特征进行了比较，至此创新研究的视野从单个企业内部转向企业与外部环境的联系与互动。

2. 区域创新与集群创新

"网络范式"最初应用在国家层面，形成了"国家创新系统"理论，随着全球化的发展，经济意义上的"国家状态"日益让位于"区域状态"，区域成为真正意义上的经济利益体，关键的商业联系集中于区域范围内。进一步的研究发现，创新网络的成效似乎跟创新主体的空间分布有很大的关系，地方化的创新网络似乎比跨国技术联盟更能持久。原因是地理邻近带来了可以维持并强化技术创新所需的支撑因素，如文化认同和相互信任等（Baptista 和 Swann，1998）。特别是欧洲产业集群的成功为上述观点提供了强有力的支持，在区域发展理论和国家创新理论的基础上形成了区域创新系统理论。

当创新系统研究发展到区域创新阶段，已经开始与产业集群的研究结合起来了。从概念界定上看，区域创新系统和集群创新系统都建立在产业集群的基础上。罗斯菲尔德（Rosefield，1997）认为，区域创新系统可以首先通过区域集群定义来界定，也就是地理上相对集中的相互独立的企业群。阿歇姆（Asheim，2002）认为，区域创新系统就是由支撑机构环绕的区域集群。从这两个界定可以看出，区域创新系统和集群创新系统主要存在两点区别：一是前者的产业可能是比较分散，不一定集中于某一产业，而后者主要集中于某一产业；二是从地域范围来看，前者的范围弹性可能比较大，后者的范围往往比较小。

三、技术创新理论学派

从熊彼特提出创新理论至今已有 100 年的时间，这期间有众多学者对技术创新问题进行了大量研究，形成了许多有特色的理论。但是由于这些研究的出发点和前提存在着不同程度的差异，至今各专家学者以及研究机构对技术创新的定义莫衷一是。

综观技术创新理论的发展，可以将对技术创新理论的研究分成新古典学派、新熊彼特学派、制度创新学派和国家创新系统学派四个学派。

（一）技术创新的新古典学派

技术创新的新古典学派以索洛（R. Solow）等为代表，运用了新古典生产函数原理，表明经济增长率取决于资本和劳动的增长率、资本和劳动的产出弹性以及随时间变化的技术创新。他区分出经济增长的两种不同来源：一是因要素数量增加而产生的"增长效应"；二是因技术水平提高而产生的"水平效应"。在《资本化过程中的创新：对熊彼特理论的述评》一文中，索洛提出了创新成立的两个条件，即新思想的来源和以后阶段的实现和发展。这种"两步论"被认为是技术创新概念界定研究上的一个里程碑。1957 年，索洛在其发表的《技术进步与总生产函数》一文中，推算出 1909~1949 年美国制造业总产出中约有 88% 应归功于技术进步，索洛残差是技术进步的结果。

在继续深入研究技术进步对经济增长作用的同时，新古典学派还开展了技术创新中政府干预作用的研究，提出当市场对技术创新的供给、需求等方面出现失效时，或技术创新资源不能满足经济社会发展要求时，政府应当采取金融、税收、法律以及政府采购等间接调控手段，对技术创新活动进行干预，以提高技术进步在经济发展中的促进和带动作用。

新古典理论仍采用正统经济理论模型作为分析工具，因此不能反映技术变化和创新处于动态变化的经济现实，没有充分考虑经济发展中技术和制度的作用及其发挥作用的方式。为了尽可能接近并反映现实世界，自然不应该抽象掉对于制度和技术研究至关重要的动态特性，制度与技术经济理论研究必须以演化的、发展的眼光，对制度和技术的动态性及创新、变迁的过程予以特别关注，才能使该理论在更加科学的方向上得以不断推进和突破。因此，对于一些重大的理论与现实问题，如决定企业生产率水平高低的因素是什么，决定企业间生产率差异的因素又是什么，新技术的产生、筛选、扩散过程是怎样的，仍未能给予充分的回答，这说明新古典理论与现实存在严重脱节。

另外，技术创新的新古典学派是将技术创新过程看成一个"黑箱"（Black box），他们本身并不关心这个"黑箱"内部的运作，着重研究这个"黑箱"的外部运作，该学派忽视了技术和制度对技术创新的影响。这与将技术创新作为一个过程进行研究，研究"黑箱"内部运作机制的新熊彼特学派形成了鲜明的对照。

（二）技术创新的新熊彼特学派

新熊彼特学派的代表人物有爱德温·曼斯菲尔德（Edwin Mansfield）、莫尔顿·卡曼（Morton Kamien）、南希·施瓦茨（Nancy Schwartz）等，他们秉承经济分析的熊彼特传统，强调技术创新和技术进步在经济增长中的核心作用，主要将技术创新视为一个相互作用的复杂过程，重视对"黑箱"内部运作机制的揭示，并在分析这样一个过程的基础上先后提出了许多著名的技术创新模型。研究的主要问题有：新技术推广、技术创新与市场结构的关系、企业规模与技术创新的关系等。曼斯菲尔德对新技术的推广问题进行了深入的研究，分析了新技术在同一部门内推广的速度和影响其推广的各种经济因素的作用，并建立了新技术推广模式。他提出了四个假定：①完全竞争的市场，新技术不是被垄断的，可以按模仿者的意愿自由选择和使用；②假定专利权对模仿者的影响很小，因而任何企业都可以对某种新技术进行模仿；③假定在新技术推广过程中，新技术本身不变化，从而不至于因新技术变化而影响模仿率；④假定企业规模的大小差别不至于影响采用新技术。在上述假定的前提下，曼斯菲尔德认为有三个基本因素和四个补充因素影响新技术的推广速度。这三个基本因素为：①模仿比例。模仿比例越高，采用新技术的速度就越快。②模仿相对盈利率。相对盈利率越高，推广速度就越快。③采用新技术要求的投资额。在相对盈利率相同情况下，采用新技术要求的投资额越大，推广速度就越慢。而四个补充因素具体包括：①旧设备还可使用的年限。年限越长，推广速度就越慢。②一定时间内该部门销售量的增长情况。增长越快，推广速度就越快。③某项新技术首次被某个企业采用的年份与后来被其他企业采用的时间间隔。间隔越长，推广速度就越慢。④该项新技术初次被采用的时间在经济周期中所处的阶段。阶段不同，推广速度也不同。

尽管曼斯菲尔德的理论填补了熊彼特创新理论中的一个空白——技术创新与模仿之间的关系以及两者变动的速度，在一定程度上有助于对技术模仿和技术推广的解释，但其理论假设的前提条件与实际相差太大。曼斯菲尔德的理论对现实经济的解释是有限的。

卡曼、施瓦茨等从垄断与竞争的角度对技术创新的过程进行了研究，把市场竞争强度、企业规模和垄断强度三个因素综合于市场结构之中来考察，探讨了技术创新与市场结构的关系，提出了最有利于技术创新的市场结构模型。卡曼、施瓦茨等认为，竞争越激烈，创新动力就越强；企业规模越大，在技术创新上所开辟的市场就越大；垄断程度越高，控制市场能力就越强，技术创新就越持久。在完全竞争的市场条件下，企业的规模一般较小，缺少保障技术创新的持久收益所需的控制力量，而且难以筹集技术创新所需的资金，同时也难以开拓技术创新所需的广阔市场，故而难以产生较大的技术创新。而在完全垄断的条件下，垄断企业虽有能力进行技术创新，但由于缺乏竞争对手的威胁，难以激发企业重大的创新动机，所以也不利于引起大的技术创新。因此，最有利于创新的市场结构是介于垄断和完全竞争之间的所谓"中等程度竞争的市场结构"。

卡曼、施瓦茨的研究虽然揭示了技术创新与市场结构关系的实质，但缺乏对每一种市场结构具体的分析，按照经济学上对市场结构的划分来看，"中等程度竞争的市场结构"可以理解为包括两种市场结构，即寡头垄断市场和垄断竞争市场，对在这两种市场结构下技术创新有何不同？以及这两种市场结构比较，哪种市场结构更容易引发技术创新？他们没有作进一步分析阐述。

实际上，在寡头垄断市场下，寡头垄断者依靠垄断势力能够获得更多垄断利润，能够为技术创新提供更多的资金支持，开辟市场的前景更大，但一旦寡头垄断者之间形成某种默契或现有产品存在高额利润的前景时，就会阻碍技术创新的进行。而在垄断竞争的市场下，企业虽有一定程度的垄断，但占有的市场份额相对较小，无论在资金、技术力量方面，还是在开辟市场能力等方面，一般达不到寡头垄断企业的实力，因此技术创新的程度相对较低，但一旦有了技术创新，企业就会马上组织生产、抢占市场，获得垄断利润，因此在这种市场结构下，技术创新发生得会更频繁、更活跃。

新熊彼特学派对技术创新理论进行了系统的研究，对熊彼特的创新理论也从不同角度进行了研究和发展。通过构建不同的创新模型，并将具体的案例应用到创新模型中进行分析，通过不同模型、不同角度的分析，并经过一定程度的整合归纳出技术创新的理论模型，并认为，技术创新是一个复杂且互相作用的系统。总之，新熊彼特学派通过系统的、科学的研究和探索已经初步搭起了技术创新的理论框架，但没有得出更多深层次的理论规律。

(三) 技术创新的制度创新学派

技术创新的制度创新学派以美国经济学家兰斯·戴维斯 (Lance E. Davis)、道格拉斯·诺斯 (Douglass C. North) 等为代表，戴维斯和诺斯在 1971 年出版的《制度变革与美国经济成长》一书中，提出了制度创新理论。他们认为，所谓"制度创新"是指经济的组织形式或经营管理方式的革新。该学派利用新古典经济学理论中的一般静态均衡和比较静态均衡方法，在对技术创新环境进行制度分析后，认为经济增长的关键是设定一种能对个人提供有效刺激的制度，该制度确立一种所有权，即确立支配一定资源的机制，从而使每一活动的社会收益率和私人收益率近乎相等；产权的界定和变化是制度变化的诱因和动力，新技术的发展必须建立一个系统的产权制度，以便提高创新的私人收益率，使之接近于社会收益水平；一个社会的所有权体系若能明确规定和有效保护每个人的专有权，并通过减少革新的不确定性，促使发明者的活动得到最大的个人收益，则会促进经济增长。戴维斯和诺斯把制度创新的全过程分为五个阶段：形成推动制度变迁的"第一行动集团"，即对制度变迁起主要作用的集团；"第一行动集团"提出有关制度变迁的主要方案；"第一行动集团"根据制度变迁的原则对方案进行评估和选择；形成推动制度变迁的"第二行动集团"，即起次要作用的集团；两个集团共同努力去实现制度变迁。

以戴维斯和诺斯等为代表的新制度经济学家把熊彼特的"创新"理论与制度学派的"制度"理论结合起来，深入研究了制度安排对国家经济增长的影响，发展了熊彼特的制度创新思想。但首先，制度创新理论中所说的制度是指具体的政治经济制度，如金融组织、公司制度和工会制度等，而没有包括作为背景的社会政治环境。其次，戴维斯和诺斯的制度创新理论是在"经济人"假设的前提下展开的，所提出的市场规模的变化、生产技术的发展和预期收益的变化等促进制度创新的三要素是外在于制度创新过程的，是一个重要的隐含假定，实际上忽视了市场规模扩大和技术进步本身是制度的函数，即制度安排是决定市场规模和技术进步的重要因素。最后，对于制度的研究，制度创新学派坚持局部均衡分析和比较静态分析，越来越向新古典范式靠拢 (如契约理论)，而且由于作为基本分析单位的交易成本和产权都是很模糊的概念，使经验实证方法很难运用。

(四) 技术创新的国家创新系统学派

技术创新的国家创新系统学派以英国学者克里斯托夫·弗里曼 (Christophe Freeman)、美国学者理查德·纳尔逊 (Richard Nelson) 等为代表，该学派认为技术创新不仅仅是企业家的功劳，也不是企业的孤立行为，而主要是由国家创新系统推动的。国家创新系统是参与和影响创新资源的配置及其利用效率的行为主体、关系网络和运行机制的综合体系，在这个系统中，企业和其他组织等创新主体通过国家制度的安排及其相互作用，推动知识的创新、引进、扩散和应用，使整个国家的技术创新取得更好的绩效。

20 世纪 80 年代，弗里曼在考察日本企业时发现，日本的创新活动无处不在，创新者包括工人、管理者、政府等。日本在技术落后的情况下，以技术创新为主导，辅以组织创新和制度创新，只用了几十年的时间，使国家的经济出现了强劲的发展势头，成为工业化大国。这个过程不仅充分体现了国家在推动技术创新中的重要作用，也说明一个国家要实现经济的追赶和跨越，必须将技术创新与政府职能结合起来，形成国家创新系统。由此，弗里曼在《技术和经济运行：来自日本的经验》一书中提出国家创新系统理论。他认为国家创新系统有广义和狭义之分，前者包括国民经济中所涉及的引入和扩散新产品、新过程和新系统的所有机构，而后者则是与创新活动直接相关的机构。

纳尔逊以美国为例，分析国家支持技术进步的一般制度结构。他在 1993 年出版的《国家创新系统》一书中指出，现代国家的创新系统在制度上相当复杂，既包括各种制度因素和技术行为因素，也包括致力于公共技术知识研究的大学和科研机构，以及政府部门中负责投资和规划等的机构。纳尔逊强调技术变革的必要性和制度结构的适应性，认为科学和技术的发展过程充满不确定性，因此国家创新系统中的制度安排应当具有弹性，发展战略应该具有适应性和灵活性。

弗里曼和纳尔逊的研究为国家创新系统理论的建立奠定了坚实的基础，使人们认识到国家创新体系在优化创新资源配置上的重要作用，尤其可以更好地指导政府如何通过制订计划和颁布政策，来引导和激励企业、科研机构、大学和中介机构相互作用、相互影响，从而加快科技知识的生产、传播、扩散和应用。但弗里曼和纳尔逊的研究只是集中在对一国创新体系结构中各组成部分效率等方面的研究，没有对各国创新体系的比较研究。对不同国家支持技术创新的组织和机制，国家之间的异同和这些异同是如何形成的，以及这些差别能在何种程度上以什么方式来解释各国不同的经济绩效等问题没有深入的研究。

四、技术创新理论的贡献与启迪

熊彼特及其追随者开创的技术创新理论，以创新为基础，揭示了现代经济的一般特征及其发展的社会推动力，这一理论分析体系和研究方法，对当前处于不同体制框架和不同发展阶段中的所有国家，都具有重大的理论、政策启迪意义和深远的历史性影响。

第一，经济发展的实质在于获得一个灵活的机制。创新理论所关心的根本不是具体的变革因素，而是让这些因素起作用的方法和变革的机制，企业家是变革机制的承担者。首先，创新不是一个技术概念，而是一个经济概念；创新也不是某项单纯技术或工艺发明，而是一种不断运转的机制。其次，技术创新活动必须有一定的载体，即创新主体，这就是企业家或起企业家作用的组织或机构。创新主体的动力有两个根本来源：一是对利益的追逐；二是独特的理性精神或企业家精神。最后，技术创新的实现离不开一定的社会经济条件，包括发达的金融体系、完善的信用制度和其他配套设施和环境，如市场制度、市场规模及其决定的有效需求、信息流动、社会政治结构和环境以及法律观念等。

第二，市场机制具有自我组织创新的激励功能。一般而言，技术创新的本质特征是风险、不确定性与高额报酬并存，良好的激励机制和运行机制是实现创新的根本保证。市场机制通过价格体系和竞争机制，不仅发挥着提供信息、经济激励和决定收入分配三大功能，而且市场随机运作过程中可以自发地培育和组织创新。因为，一是市场机制具有优胜劣汰机制，市场本身就是一个自我组织的创新过程；二是市场鼓励竞争和分散经营，技术创新是一项不确定的经济活动，在争夺创新优先权的市场竞争中，有利于提高社会总体的创新效率；三是市场能自动地使企业、个人甘冒创新风险，为技术创新提供动力；四是市场把技术创新成功与否的裁决权交与消费者，这既使创新服务于消费者，又达到了引导创新的目的。所以，维护市场秩序、健全市场机制，对于提高发展中国家的创新水平和创新效率，具有十分重要的意义。

第三，有效需求的创造是技术创新持久的根本动力。熊彼特早年就认为，需求拉动的创新具有特殊的意义和作用，后来的许多学者也从理论和实证研究方面证实了这一看法。社会需求规模的增长，可以通过市场中介影响技术创新的速度和规模；社会需求结构的变化，则通过市场中介影响技术创新的方向、内容和结构。因此，企业只有把握住市场需求，才能使自己的创新有利可图；国家适当控制市场需求，就能引导企业积极有效地组织创新。

第四，企业家及其创新行为在经济发展中起着独特而重要的作用。在影响经济发展的所有变革因素中，熊彼特最钟爱的是企业家。在他看来，企业家就是技术创新活动的人格化，他们趋利避害、除旧布新，推动技术创新大潮。企业家群体的存在，是促进创新发展、推动社会进步的先决条件。

第四章 高技术产业技术创新能力评价指标体系的构建

技术创新是高技术产业形成的直接动因，具有划时代意义的创新技术的出现，必将导致新的产业的形成和产业结构的变革。技术创新又是高技术产业的灵魂，只有不断创新，高技术产业才能在激烈的竞争中充满活力，立于不败之地。技术创新是以市场为导向、以提高产业竞争力为目标，将产业知识转化为新技术，使新技术转变为商品，从而在市场上得以销售，以实现其价值并获得经济效益的过程和行为。对企业而言，技术创新不仅指商业性地应用自主创新的技术，还可以指创新地应用合法取得的他方开发的新技术或已进入公有领域的技术创造市场优势。

一、高技术产业技术创新能力的概念

史清琪和尚勇（2008）给出的高技术产业创新能力的定义是在既定的国内外宏观经济环境和区域资源条件下，遵循高技术产业创新能力的演变规律，将高科技知识转化为高技术产品或新工艺，推动高技术产业发展的能力。也就是一个国家或地区的高技术产业利用高科技成果，以推进科技进步，使产出比其他竞争对手更多财富的能力。高技术产业技术创新的宏观意义是提升国家的国际竞争力，微观意义是增强高技术产业的市场竞争力。

张倩男和赵玉林（2007）给出的高技术产业技术创新能力的定义是将高科技知识转化为高技术新产品或新工艺、推动高技术产业发展的能力。

周明和李宗植（2011）认为，高技术产业技术创新能力就是将高科技知识转化为高技术新产业或新工艺，推动高技术产业发展的能力。

李丹和王欣（2016）认为，高技术产业创新能力是指以高技术企业为创新主体，通过与其他相关机构的协调与合作，促进高技术产业技术创新，实现技术转化，从而提高产业竞争力，推动产业发展与经济增长的能力。

总之，高技术产业技术创新能力就是以市场为导向，以提高高技术产业竞争力为目的，将高技术知识转化为新产品、新工艺、新技术，推动高技术产业发展的能力。高技术企业的技术创新能力越高，企业利用内外部资源的效率就越高，竞争力也就越强。

二、高技术产业技术创新能力评价文献综述

随着经济发展和科技进步，对技术创新能力的实证研究取得了大量研究成果。这些研究成果主要集中在以下两个方面：一是仅构建评价指标体系；二是既构建了评价指标体系，又用构建的指标体系进行实证研究。

在第一方面的研究中，赵宗更等（2005）表述了对高技术产业技术创新能力研究的必要性，提出了构建高技术产业技术创新能力评价指标体系应达到的目标和应遵循的原则，并以此目标和原则为指导，建立了包括创新技术基础、创新转化能力、创新经济支撑能力 3 个模块，创新资源水平、创新技术能力、成果转化扩散能力、经济实力、竞争力水平 5 个要素，共拥有 17 个指标构成的评价指标体系。陈国宏等（2008）经过专家甄别、指标相关性分析和指标鉴别能力的分析，构建了包括区域技术创新投入能力、区域技术转移能力、区域技术产出能力和区域技术创新支撑能力 4 个二级指标，26 个三级指标的区域技术创新能力评价指标体系。曾昭宁等（2014）构建了包含技术创新资源投入能力、技术创新转化能力、技术创新环境支撑能力、技术创新产出能力 4 个二级指标，21 个三级指标的高技术产业技术创新能力评价指标体系等。

在第二方面的研究中，又有从企业或行业层面、从区域层面、从国家层面分析高技术产业技术创新能力的几种情况。

段珊等（2014）从创新投入、创新组织及创新产出三个方面构建了区域企业技术创新发展评价指标体系，并以浙江为例，对 2010～2012 年度全省、各设区市和各行业的企业创新发展状况进行了综合性的描述分析与评价。张倩男等（2007）从技术创新投入能力、技术创新产出能力、技术创新支撑能力三个方面，选取 19 项指标构成高技术产业技术创新能力评价指标体系，对高技术产业中的主要行业的创新能力进行了综合评价。马澜（2012）从创新环境、创新投入、创新产出三个方面，选取 12 项指标构成创新能力评价指标体系，运用灰色关联法对江苏高技术产业主要子行业的创新能力进行了综合评价，并给出了江苏省高技术产业创新能力提升的相关建议。王洪庆等（2017）从投入能力、产出能力两个方面构建了行业层面的高技术产业不同行业技术创新能力评价指标体系，用改进的熵值法实证研究了 18 个高技术行业技术创新能力的差异，同时发现，创新投入能力强的航天器制造业、飞机制造业、化学药品制造业和生物药品制造业，其创新产出能力都较弱，而创新投入能力较弱的计算机零部件制造业、电子计算机外围设备制造业和计算机整机制造业，其创新产出能力较强。符想花（2012）从高技术产业技术创新投入、高技术产业技术创新产出两个方面，经过理论分析和实证遴选，选择了 13 项指标构成指标体系，运用因子分析和聚类分析对我国各个省份高技术产业技术创新能力进行了分析，发现在经济发达地区高技术产业技术创新的规模因子和产出相对指标因子表现突出，在

经济欠发达的中西部地区投入相对指标因子表现突出。赵玉林等（2013）从创新投入、创新产出、创新环境三个方面，选取13个指标构建了省域高技术产业技术创新能力评价指标体系，运用主成分分析法对全国省级区域的高技术产业技术创新能力分别从"八五""九五""十五""十一五"时期四个阶段进行动态评价和比较分析。并得出：中国高技术产业技术创新能力存在严重的区域差距，并且具有差距拉大的趋势。陈文娟等（2014）从产业投入水平、产出水平及产出技术创新能力三个层面，选取了八个指标构建了高技术产业科技竞争力评价指标体系，并用因子分析法对30个省份近三年的高技术产业科技竞争力进行了综合评价。肖鹏等（2016）从技术创新投入、技术创新产出、技术创新环境三个方面选取18项指标构成高技术产业技术创新评价指标体系，运用主成分分析法，揭示各区域高技术产业技术创新能力的差异与原因，并采用聚类分析法，对我国区域高技术产业技术创新能力进行了类别判断与分析。李丹等（2016）从技术创新投入能力、技术创新获取和改造能力、技术创新产出能力、技术创新支撑能力四个方面，选取15项指标构成评价指标体系，运用因子分析法，衡量了辽宁省的高技术产业技术创新能力。卢锐等（2018）从创新资源投入、创新产出能力、创新环境支撑能力、创新转化能力四个层面，选取15项指标构建高技术产业技术创新能力评价指标体系，运用结构方程模型，探讨出不同潜变量之间作用的路径以及直接和间接效应。结果表明，提升高技术产业技术创新能力应加大创新资源投入力度、充分发挥环境支撑作用以及提升对先进技术的吸收、转化能力。王敏等（2015）利用高新技术产业发展的经验数据，综合应用统计分析方法和数据包络分析方法，从投入能力、产出能力和创新效率三个方面对技术创新能力进行了系统评价。

这些研究分别从企业层面、产业层面、区域层面、国家层面建立了高技术产业技术创新能力评价指标体系，或者运用建立的指标体系对高技术产业技术创新能力进行了评价，但由于研究者所站角度不同，其选用的统计指标及指标的多少也不相同。而且由于统计制度的变迁，一些指标现在已无法计算或无法找到，且大多数研究缺乏用科学的方法对所建立的指标体系进行有效的鉴别，以致指标冗余以及指标对评价对象的判别能力不足。另外在运用统计指标分析问题时，需要用到统计分析方法，统计分析方法较多，上述研究所用方法有主成分分析、因子分析、灰色关联分析、结构方程模型、熵值法等，或者只用简单对比分析法分析问题，但他们并没有说明为什么要用这些方法分析问题。由于所选指标不同、指标体系不同、评价方法不同，其结论也存在一定的差距。但无论如何，上述各项成果，都将为我们提供理论上或方法上的帮助。

三、已有的高技术产业技术创新能力指标体系

在构建高技术产业技术创新能力指标体系之前，我们先给出他人创建的指标体

系。赵宗更、吴国蔚、董慧、李荣平等（2005）构建的技术创新能力评价指标体系，主要选取的是相对指标，总量指标选取不够，且部分指标数值现在无法获取。其指标体系如表4-1所示。

表4-1　高技术产业技术创新能力评价指标体系

模块	要素	具体指标
创新技术 基础	创新资源水平	具有科技活动的企业占全部企业的比重
		科技活动人员占从业人员的比重
		自筹 R&D 经费占产品销售收入的比重
		新产品开发经费占科技活动经费的比重
		专利申请数
创新技术 基础	创新技术能力	生产设备中微电子控制设备所占比重
		工程技术人员占全部从业人员比重
		R&D 经费占科技活动经费的比重
创新转化能力	成果转化扩散能力	新产品销售收入占产品销售收入的比重
		技改投资完成率
		技术引进消化吸收率
创新经济 支撑能力	经济实力	工业增加值率
		成本利税率
		全员劳动生产率
	竞争力水平	产品市场占有率
		市场优势指数
		出口产品产值占工业总产值的比重

张倩男、赵玉林（2007）构建的高技术产业技术创新能力评价指标体系，主要选取的是总量指标，相对指标选取不够，且部分指标值现在无法获取。其指标体系如表4-2所示。

表 4-2　高技术产业技术创新能力评价指标体系

一级指标	二级指标	三级或四级指标	
技术创新投入能力	人力资源投入	科技活动人员数	
		科技活动人员中科学家和工程师数	
		科技活动人员投入强度	
	经费投入	研发投入	科技活动经费筹集额
			R&D 经费投入
			R&D 经费投入强度
		设备投入	科技活动经费内部支出中仪器设备费
		非研发技术投入	技术改造经费支出
			技术引进经费支出
			消化吸收经费支出
技术创新产出能力	新产品产出	新产品产值	
		新产品销售利润	
		新产品出口销售收入	
	专利产出	专利申请数	
		专利拥有数	
技术创新支撑能力	利润总额		
	创新意识	新产品产值/当年价总产值	
	劳动生产率	社会劳动生产率＝国内生产总值/社会从业人员年平均数	
	固定资产原值		

　　符想花（2012）尽管从总量指标和相对指标构建了高技术产业技术创新能力评价指标体系，但缺乏技术创新支撑能力这一模块，且部分指标值现在无法获取，其指标体系如表 4-3 所示。

表 4-3　高技术产业技术创新能力评价指标体系

模块	具体指标
创新技术投入能力	R&D 人员全时当量
	R&D 人员强度
	R&D 经费内部支出
	政府资金占 R&D 经费内部支出的比重

续表

模块	具体指标
创新技术投入能力	R&D 经费强度
	技术改造经费支出
	技术改造经费强度
	仪器和设备支出占 R&D 经费内部支出的比重
技术创新产出能力	拥有发明专利数
	发明专利占专利申请数的比重
	新产品产值
	新产品产值占高技术产业产值比重

　　肖鹏、刘兰凤、蔚峰、张治栋（2016）建立的指标体系考虑的问题较为全面，指标体系中既有总量指标，也有相对指标，既包括产业技术创新投入、产业技术创新产出，也包括产业技术创新环境这部分指标；但指标之间没有经过相关性分析，且少数指标也无法取得数据，其指标体系如表4-4所示。

表4-4　高技术产业技术创新能力评价指标体系

一级指标	二级指标
产业技术创新投入	R&D 人员全时当量
	R&D 人员占从业人员的比重
	R&D 经费内部支出
	R&D 经费内部支出占主营业务收入的比例
	新产品开发项目数
	新产品开发经费
产业技术创新产出	新产品产值
	新产品产值占总产值的比重
	新产品销售收入
	新产品销售收入占主营业务销售收入的比重
	专利申请数
	拥有发明专利数

一级指标	二级指标
产业技术创新环境	有 R&D 活动的企业数
	有 R&D 活动的企业数占企业总数的比重
	政府 R&D 经费投入
	政府 R&D 经费投入占 R&D 经费内部支出的比重
	研发机构数
	科技人员数

当然研究高技术产业技术创新能力构建的指标体系不止上述列示出来的内容，但是由于篇幅和内容的限制，这里不再一一列出。对这些指标体系进行研究，可以发现以下问题：一是选取的指标没有经过充分的论证；二是由于统计制度的变化，一些指标现在无法计算；三是选取的指标有的多为总量指标，而有的多为相对指标；四是包含的层次不一致，有的是从创新投入和创新产出两个角度分析问题，有的是从创新投入、创新产出、创新环境等角度分析问题。我们将在对高技术产业技术创新能力理解的基础上，选取能够反映高技术产业技术创新能力的统计指标，并在此基础上，进行鉴别力分析，从而得到一套全面的、有效的、具有较高解释能力的评价指标体系。

四、构建新的高技术产业技术创新能力评价指标体系的原则

单个统计指标只能反映社会经济现象某一方面的特征，即使有些指标具有较高的综合性，也不可能将现象总体的数量特征完全反映出来，要反映客观现象的全貌，就要用若干个相互联系的统计指标，即统计指标体系。构建反映高技术产业技术创新能力的指标体系，应遵循如下原则。

（1）层次性原则。评价指标能准确反映各层次之间的支配关系，各指标有明确的内涵，按照层次递进关系，组成层次分明、结构合理、相互关联的整体。

（2）科学性原则。指标体系设计如果不站在科学的角度去筛选相应的指标，那么所获得的指标体系也是没有意义的。指标体系设计必须建立在科学的基础上，客观真实地反映高技术产业技术创新的现状、扩散与转化能力及运行的效率，以便于总结前期技术创新投入的成效。运用现代统计理论，设计出一套概念准确、含义清晰、简单易行的指标体系。通过对这些指标数值的综合分析，为高技术产业技术创新政策的制定提供支持和参考。

（3）系统性原则。高技术产业技术创新本身就是一个复杂的系统，它由多个方面组成，构建反映高技术产业技术创新能力的指标体系，就必须兼顾其不同的侧面，

考虑产业技术创新能力的各个要素，以新工艺、新技术的形成过程、转化过程、应用过程到实现产业化为循环来构建指标体系。通过对这些指标数值的综合分析，为高技术产业技术创新政策的制定提供支持和参考。

（4）可行性原则。建立反映高技术产业技术创新能力的指标体系，须从可行性出发，对一些从理论上判断较好，但在实际采集数据时却很难得到的指标不予采用。所设计的指标应该能从常规的统计年鉴中取得或通过计算取得，这样可以使指标体系在实际工作中执行和应用更加方便，推广起来更加容易。

（5）可比性原则。可比性要求分析结果在时间上和空间上能够比较。通过时间上的比较，可反映各个省份高技术产业技术创新的变化情况；通过空间上的比较，反映各个省份高技术产业技术创新能力的差异，从而为制定产业发展政策与措施服务。这就要求指标的统计含义、口径、计算方法、计量单位等在不同时间、不同空间上要保持一致。

（6）同向性原则。反映高技术产业技术创新能力的指标有正指标，也有逆指标。从正向描述社会经济现象的指标，称为正指标，正指标的数值越大越好；从反向描述社会经济现象的指标，称为逆指标，逆指标的数值越小越好，在指标体系中，我们应尽可能选择正指标，这样可以很容易地对问题进行判断，不至于发生评价结果的紊乱。若有逆指标，则要做趋同化处理，使其与指标说明问题的方向一致。

（7）总量指标、相对指标或平均指标相结合的原则。总量指标是反映总体现象在一定时间和空间条件下达到的总规模或绝对水平的统计指标。相对指标是将两个有联系的指标数值加以对比，用来反映现象内部、现象之间数量联系程度及现象本身发展变化程度的统计指标。平均指标是反映一组统计数据一般水平或集中趋势的统计指标。总量指标的数值大小和现象所属的总体范围有直接关系，它不能反映总体的内部构成、现象之间的联系等，为了更深入、更全面地认识问题，应将总量指标、相对指标或平均指标结合起来分析。

五、构建新的高技术产业技术创新能力的统计指标体系

在对高技术产业、高技术产业技术创新及技术创新能力理解的基础上，按照指标体系建立的原则，借鉴他人的研究成果，我们从高技术产业技术创新投入、高技术产业技术创新产出、高技术产业技术创新效益、高技术产业技术创新环境支撑四个方面来构建统计指标体系。

（一）理论统计指标体系的构建

1. 反映高技术产业技术创新投入指标的理论遴选

在技术创新过程中，需要人力、物力、财力的投入，尤其是 R&D（研究和试验发展）活动的投入。R&D 活动是在科学技术领域，为增加知识总量，以及利用这些

知识去创造新的应用而进行的系统的、创造性的活动，是整个科技活动的核心。包括基础研究、应用研究、试验发展三类活动。

R&D 人员、R&D 人员折合全时当量①是反映高技术产业技术创新人力资源投入的总量指标，根据《中国高技术产业统计年鉴（2017）》各省份的指标数据计算，在 0.01 的显著性水平下，两个变量之间存在高度的正的显著性的相关关系，相关系数为 0.999，为了避免指标提供信息的大量重复，只需从中选取一项。而 R&D 人员折合全时当量是国际上通用的，用于比较科技人力投入的指标，为了与国际接轨，我们选择 R&D 人员折合全时当量这一指标。与此对应，指标体系中应包含 R&D 人员强度（高技术产业 R&D 人员折合全时当量与高技术产业从业人员年平均数之比）这一相对指标。

R&D 经费内部支出②、新产品开发经费支出是反映高技术产业技术创新能力的资金投入指标。根据《中国高技术产业统计年鉴（2017）》各省份的指标数据分析，在 0.01 的显著性水平下，这两个变量之间存在高度的正的显著性的相关关系，相关系数为 0.996，故可从中选取一个和人力投入指标对应，我们选择高技术产业 R&D 经费内部支出，相对指标选取 R&D 经费强度（高技术产业 R&D 经费内部支出与高技术产业主营业务收入之比）。

研发人员人均 R&D 经费内部支出，可反映研发人员人均研发资金的投入情况，可用 R&D 经费内部支出与 R&D 人员折合全时当量之比计算。

R&D 经费内部支出中仪器和设备支出是技术创新的设备投入指标，可以看作是对固定资产的投入，由于它是 R&D 经费内部支出中的一部分，只需选用其相对指标，即仪器和设备支出占 R&D 经费内部支出的比重。

企业或研发机构之间不断地传播最新的创新技术，技术在传播过程中不断再创新，最终使创新技术在产业中被利用。高技术企业通过引进新技术的方式掌握外来技术，并对其进行消化吸收，转变为自己可利用的技术成果。反映高技术产业技术获取和技术改造支出的指标有引进技术经费支出、消化吸收经费支出、购买境内技术经费支出、技术改造经费支出四个指标。根据《中国高技术产业统计年鉴（2017）》各省份的指标数据可以发现，前三项指标部分省份无数据，故仅用技术改造经费支出分析问题。且 R&D 经费内部支出与技术改造经费支出的相关系数为 0.588，是中度的相关关系，在指标体系中可保留技术改造经费支出，其相对指标为

---

① R&D 人员折合全时当量指 R&D 全时人员（全年从事 R&D 活动累积工作时间占全部工作时间的 90% 及以上人员）工作量与非全时人员按实际工作时间折算的工作量之和。

② R&D 经费内部支出指调查单位在报告年度用于内部开展 R&D 活动的实际支出。包括用于 R&D 项目（课题）活动的直接支出，以及间接用于 R&D 活动的管理费、服务费、与 R&D 有关的基本建设支出以及外协加工费等。不包括生产性活动支出、归还贷款支出以及与外单位合作或委托外单位进行 R&D 活动而转拨给对方的经费支出。

技术改造经费强度（技术改造经费支出与高技术产业主营业务收入之比）。

在该层次内部，R&D人员折合全时当量与R&D经费内部支出存在高度的相关关系，相关系数为0.986，本应剔除一个变量，但这两个变量，一个是从人力投入方面说明高技术产业技术创新投入能力，另一个是从财力方面说明高技术产业技术创新投入能力，舍弃哪个都不太合适，故均予以保留。

2. 反映高技术产业技术创新产出指标的理论遴选

投入是需要回报的，这种回报通过产出反映出来。技术创新产出能力是创新资源投入的产出效果，体现了技术创新活动的收益和规模水平。

专利申请数是报告期内按照法律程序向专利行政部门提出专利申请并被受理的件数，是发明、实用新型、外观设计三种专利申请数的总和，是国际上公认的衡量一个国家或地区技术创新产出水平的重要指标，其中发明专利这一指标最能体现一个国家或地区的自主创新能力，其对提升产业技术水平、形成高附加值的影响最大。有效发明专利数是经国家知识产权局审批已经授权的专利，并持续缴纳年费、尚未超出法定保护年限以及没有被诉无效。根据《中国高技术产业统计年鉴（2017）》各省份的指标数据计算，在0.01的显著性水平下，专利申请数与有效发明专利数存在高度的正的显著性的相关关系，相关系数为0.965，在本书中我们选择专利申请数这一指标来反映企业科技创新产出情况，为了突出反映发明专利的状况，我们选择发明专利申请数占专利申请数的比重这一相对指标。

新产品开发项目数、新产品销售收入是企业创新能力在生产经营活动的具体体现，根据《中国高技术产业统计年鉴（2017）》各省份的指标数据计算，在0.01的显著性水平下，指标之间存在高度的正的显著性的相关关系，相关系数为0.962，故两者选其一，在本书中我们选取新产品销售收入这一总量指标，而新产品销售收入占主营业务收入的比重是反映企业创新能力的相对指标，其值越大，代表创新能力越强。

新产品出口销售收入是新产品销售收入的一部分，选用新产品出口销售率（新产品出口销售收入与新产品销售收入之比）反映新产品的国际市场竞争能力。

在该层次内部，专利申请数与新产品销售收入存在高度的相关关系，相关系数为0.974，同样应剔除一个变量，但这两个变量，一个是国际上通用的衡量一个国家或地区技术创新产出水平的指标，另一个是创新能力在生产过程中的具体体现，故两个指标均予以保留。

3. 反映高技术产业技术创新效益指标的理论遴选

简单地说，效益就是投入和产出对比的结果，产出的多，投入的少，效益就好，反之，效益就差。人均专利申请数用专利申请数与R&D人员折合全时当量之比计算，R&D人员产出效率用新产品销售收入与R&D人员折合全时当量之比计算，这两个指标是反映人的效益指标，反映了技术创新活动开展的普遍程度及产业在技术创新科研产出中的效果。研发资金产出效率用新产品销售收入与 R&D 活动内部支出之比计算，反映研发资金投入的技术创新转化能力。新产品开发产出效率用新产品销售收入与新产品开发经费支出之比计算，反映新产品开发资金的转化效果，研发资金产出效率与新产品开发产出效率均属于财产的效益指标，通过相关系数的计算，在 0.01 的显著性水平下存在高度相关关系，两者的相关系数为 0.933，故将研发资金产出效率剔除。

4. 反映高技术产业技术创新环境支撑指标的理论遴选

环境支撑能力是产业内部和产业外部进行技术创新的经济基础和环境支撑，是提升技术创新能力的重要保障。有 R&D 活动的企业数、研发机构的企业数、研发机构数等可以体现某个区域及其产业相关的技术创新环境指标，根据《中国高技术产业统计年鉴（2017）》中各省份的指标数据计算得出，在 0.01 的显著性水平下，指标彼此之间均存在高度的正的显著性的相关关系，相关系数为 0.98 以上，故三者选其一，我们选取有研发机构的企业数这一指标，同样选取有研发机构的企业数占企业总数的比重这一相对指标。

而企业研发机构人员、机构经费支出与有研发机构的企业数存在高度的相关关系，在此不再考虑。

在 R&D 经费内部支出中，政府资金是 R&D 经费内部支出中来自各级政府部门的各类资金，体现了政府对产业政策的倾向以及对企业技术创新的支持力度，故选择政府资金占 R&D 经费内部支出的比重这一指标。

当然一个地区的地区生产总值、人均地区生产总值也是反映高技术产业的技术创新的环境指标，经济基础越好，产业外部的环境支持越大，相对应的创新投入能力越高，并直接或间接影响创新产出能力，但它们是来自高技术产业的外部，我们在这里不考虑其产业外部的因素。

这样，经过理论遴选及同类型指标相关性分析，我们选取了 19 项指标构成理论指标体系。

（二）反映高技术产业技术创新能力统计指标的数据来源及具体数据

反映高技术产业技术创新能力统计指标的总量指标数据直接来源于《中国高技术产业统计年鉴》；相对指标或平均指标数据根据《中国高技术产业统计年鉴》中有关指标计算而得。数据真实可靠，这在一定程度上保证了分析结果的真实性、可靠性。2016 年各省份指标的具体数值如附表 1 所示，各个行业指标的具体数据如附表 2 所示。

（三）反映高技术产业技术创新能力指标的实证筛选

反映高技术产业技术创新能力的理论指标体系是在依据高技术产业技术创新的

内涵、构建原则，并参阅他人研究成果基础上构建的，但其主观色彩依然较浓，这需要对理论遴选的指标进行实证筛选，以增强指标体系的科学性、合理性。实证筛选的方法之一是鉴别力分析。

鉴别力是指分析指标区分被分析对象特征差异的能力。如果被分析的对象在某个评价指标上几乎一致地呈现很高或很低的数值，那么就可以认为这个指标几乎没有鉴别力。在实践中，人们通常用标准差系数来描述指标的鉴别力。标准差系数的计算公式为：

$$V = \frac{S}{\overline{X}}$$

其中，V 代表标准差系数，$S = \sqrt{\dfrac{\sum\limits_{i=1}^{n}(X_i - \overline{X})^2}{n}}$ 为标准差，$\overline{X} = \dfrac{\sum\limits_{i=1}^{n} X_i}{n}$ 为均值。

标准差系数越大，该指标的鉴别能力越强；反之，鉴别能力越差。根据实际需要，可以剔除标准差系数较小的评价指标。根据收集的各个省份的上述统计指标数据进行计算，其标准差系数如表 4-5 所示。

表 4-5　各指标的标准差系数

	平均数	标准差	标准差系数（%）
R&D 人员折合全时当量	24354.73	41207.05	169.20
R&D 人员强度	5.54	2.60	46.88
R&D 经费内部支出	971849.66	1769063.24	182.03
R&D 经费强度	1.96	1.01	51.34
研发人员人均 R&D 经费内部支出	39.06	11.12	28.48
仪器和设备支出占 R&D 经费内部支出的比重	10.29	4.37	42.52
技术改造经费支出	150546.31	253967.94	168.70
技术改造经费强度	0.36	0.41	114.88
专利申请数	6197.00	12435.68	200.67
发明专利占专利申请数的比重	53.29	10.11	18.96
新产品销售收入	15974724.54	31701089.25	198.45
新产品销售收入占主营业务收入的比重	25.03	12.87	51.41
新产品出口销售率	22.19	21.14	95.25
R&D 人员人均专利申请数	0.23	0.13	57.82

续表

	平均数	标准差	标准差系数（%）
R&D 人员产出效率	563.17	297.32	52.79
新产品开发产出效率	14.63	11.38	77.77
有研发机构的企业数	360.87	758.24	210.12
有研发机构的企业数占企业总数的比重	25.96	11.73	45.17
政府 R&D 经费占 R&D 经费内部支出的比重	11.05	10.35	93.61

注：各指标的平均数和标准差的计量单位如附表 1 所示。

数据来源：根据附表 1 指标数据计算得出。

总量指标均值是按简单算术平均数的计算方法得出，对于相对数或平均数均值的计算，从原则上来说应该用基本公式中分子的平均数与分母的平均数之比得出，但由于指标过多，计算过于繁琐，在这里仍然按简单算术平均数计算。由于西藏的指标数值太小或有些指标无数据，在计算时直接剔除西藏的数据资料，以后分析亦如此。

发明专利占专利申请数的比重的标准差系数最小，为 18.96%，故认为其鉴别能力较低，将其从指标体系中剔除。据此，最终选择 18 个指标构成评价指标体系，如表 4-6 所示。

需要说明的是，在鉴别力分析中，不同年份同一指标的鉴别能力大小是不同的，在某个年份，该指标的鉴别力可能较大，但在另一个年份，则可能很小，鉴别力分析是针对某一个年份数据资料计算的。

表 4-6　新构建的高技术产业技术创新能力指标体系

一级指标	二级指标	权数
技术创新投入能力	R&D 人员折合全时当量	1/8
	R&D 人员强度	1/8
	R&D 经费内部支出	1/8
	R&D 经费强度	1/8
	研发人员人均 R&D 经费内部支出	1/8
	仪器和设备支出占 R&D 经费内部支出的比重	1/8
	技术改造经费支出	1/8
	技术改造经费强度	1/8

续表

一级指标	二级指标	权数
产业技术创新产出能力	专利申请数	1/4
	新产品销售收入	1/4
	新产品销售收入占主营业务收入的比重	1/4
	新产品出口销售率	1/4
产业技术创新效益	R&D 人员人均专利申请数	1/3
	R&D 人员产出效率	1/3
	新产品开发产出效率	1/3
产业技术创新内部环境	有研发机构的企业数	1/3
	有研发机构的企业数占企业总数的比重	1/3
	政府 R&D 经费占 R&D 经费内部支出的比重	1/3

第五章 高技术产业各地区技术
创新能力的测度与分析

指标体系确立后，需要把这些指标综合起来，以便从整体上反映高技术产业技术创新能力。但由于指标的计量单位或计算基数不同，导致这些指标不能简单加总，多指标综合评价法可以解决这方面的问题。多指标综合评价方法是把反映被评价事物的多个指标的信息综合起来，得到一个综合指标，由此来反映被评价事物的具体情况，并进行横向或纵向的比较，这样既有全面性，又有综合性。综合指数评价法、功效系数法、熵值法、聚类分析法、主成分分析法、因子分析法、对应分析法等均属于多指标综合评价方法。每种评价方法都有其自己的理论和实用价值，但也会有一定的局限性。在实际应用中，应结合研究目的和研究对象的特点加以选择，本章将采用综合指数法、熵值法、主成分分析法、聚类分析法、对应分析法等对各个省份高技术产业技术创新能力进行测度与分析。

一、各省份高技术产业技术创新能力综合指数的编制与分析

综合指数评价法是将评价结果数量化的一种技术处理，是将多指标进行综合，最后形成概括性的一个指数，通过指数比较达到评价的目的。该方法计算简便，易于理解和操作，可以反映研究对象的动态变化情况。

（一）高技术产业技术创新能力综合指数的编制

1. 确定每一评价指标的方向性和权数

指标的方向性是指分析指标说明问题的方向要保持一致，在我们构建的评价指标体系中，指标均为正指标，故不用做趋同化处理。其指标的权数如表4-6所示。

需要说明，类指数采用了等权重处理方法，因为用专家赋权的方法确定各指标的权重，则需要多名专家，且每个专家的意见也不会相同，处理起来较为复杂，故在计算类指数时采用了等权重处理的方法。而在计算总指数时我们采用了不等权计算和等权计算两种方法。不等权处理考虑的是，在高技术产业技术创新能力评价中，创新投入及创新产出应该处于较为重要的地位，故四个层次的权重给出分别是0.3、0.3、0.2、0.2。等权计算是指四个层次的权重相等。

2. 对数据进行无量纲处理

尽管指标说明问题的方向相同，但其计量单位不同，故在编制综合指数前，需对数据做无量纲化处理，无量纲化的处理方法也较多，比如，有标准差标准化、极

差标准化、功效系数化、相对化方法等。但这里我们用下述方法处理，其处理的公式为：

$$正向指标：Y_{ik} = \frac{X_{ik} - \min(X_k)}{\overline{X}_k - \min(X_k)} \times 100$$

$$逆向指标：Y_{ik} = \frac{\max(X_k) - X_{ik}}{\max(X_k) - \overline{X}_k} \times 100$$

式中，$i = 1, 2, 3, \cdots$，表示各地区序号，$k = 1, 2, 3, \cdots$，表示指标序号，X_{ik} 表示第 i 地区第 k 个指标的数值，$\min(X_k)$ 表示基期年各地区第 k 个指标的最小值，$\max(X_k)$ 表示基期年各地区第 k 个指标的最大值，$\overline{X}_k$ 表示基期年第 k 个指标的平均值，Y_{ik} 表示第 k 个指标经无量纲化处理的数值。无量纲化处理后的数据作为单项指数。

基期年采用的是 2013 年（以下同），之所以如此，一方面是在时间上有一定间隔，但间隔又不是太长，可以反映研究对象的发展变化情况；另一方面，2013 年《高技术产业分类目录》是在 2002 年分类的基础上修订完成，2017 年又在 2013 年分类的基础上进行了修订，这样一来，2013 年的数据与 2016 年数据（2017 年统计年鉴反映的是 2016 年的指标数据）的统计口径一致，便于对比分析。

表 5-1　2013 年各地区高技术产业各指标的最小值、最大值与平均值

	N	最小值	最大值	平均值
R&D 人员折合全时当量	30	103.30	208173.50	22340.39
R&D 人员强度	30	1.59	19.34	5.45
R&D 经费内部支出	30	3447.80	6612820.20	678064.20
R&D 经费强度	30	0.45	4.67	1.95
研发人员人均 R&D 经费内部支出	30	15.65	54.91	29.77
仪器和设备支出占 R&D 经费内部支出比重	30	2.91	35.47	11.56
技术改造经费支出	30	0.00	1159213.20	141889.22
技术改造经费强度	30	0.00	5.09	0.67
专利申请数	30	16.00	49691.00	4766.73
新产品销售收入	30	10065.00	97687741.60	10409088.20
新产品销售收入占主营业务收入比重	30	1.98	46.23	20.81
新产品出口销售率	30	0.00	89.49	17.85
R&D 人员人均专利申请数	30	0.08	0.54	0.22

续表

	N	最小值	最大值	平均值
R&D 人员产出效率	30	50.58	1376.61	385.51
新产品开发产出效率	30	3.03	80.22	12.59
有研发机构的企业数	30	3.00	2458.00	235.63
有研发机构的企业数占企业总数比重	30	9.93	52.63	24.55
政府 R&D 经费占 R&D 经费内部支出比重	30	0.92	41.95	11.89

注：各指标的计量单位如附表1所示。

3. 计算领域指数和总指数

将 i 地区第 k 个指标经无量纲化处理的数值 Y_{ik} 乘以其权数（由于权重为等权重），将其结果相加除以指标个数即得该地区这一层次的指数，将各层次的指数乘以该领域的权重后相加可得到该地区的加权总指数，或将各层次的指数相加除以层次数即为等权指数。根据 2016 年的数据资料计算的综合指数如表 5-2 所示。

表 5-2　各地区高技术产业技术创新能力综合指数　　　单位：%

地区	投入指数	产出指数	效益指数	内部环境指数	加权总指数	等权总指数
北京	128.45	144.43	151.85	113.63	134.96	134.59
天津	90.09	167.85	199.84	48.41	127.03	126.55
河北	83.22	68.01	53.82	75.61	71.25	70.16
山西	15.41	24.67	20.92	91.11	34.43	38.03
内蒙古	83.00	34.76	105.34	32.19	62.83	63.82
辽宁	90.30	70.44	129.02	144.36	102.90	108.53
吉林	39.55	26.23	106.77	27.56	46.60	50.03
黑龙江	138.55	92.96	35.90	130.97	102.83	99.59
上海	102.98	151.25	93.37	79.88	110.92	106.87
江苏	277.13	456.35	163.57	581.70	369.10	369.69
浙江	185.83	249.30	105.94	259.76	203.68	200.21
安徽	94.42	125.47	156.81	142.35	125.80	129.76
福建	214.74	187.64	123.25	87.78	162.92	153.35
江西	47.08	60.80	148.34	64.06	74.84	80.07

续表

地区	投入指数	产出指数	效益指数	内部环境指数	加权总指数	等权总指数
山东	179.85	202.08	133.42	94.97	160.26	152.58
河南	60.39	257.62	354.29	64.47	179.15	184.19
湖北	123.29	90.95	97.21	83.67	100.45	98.78
湖南	127.83	116.33	146.31	103.08	123.12	123.39
广东	388.90	826.94	162.18	489.17	495.02	466.80
广西	30.72	50.77	106.58	30.62	51.89	54.67
海南	66.90	7.98	12.92	72.80	39.61	40.15
重庆	70.07	137.32	209.97	65.83	117.38	120.80
四川	103.17	92.74	133.95	92.96	104.16	105.71
贵州	66.23	26.41	71.72	70.56	56.25	58.73
云南	53.82	22.10	64.85	54.76	46.70	48.88
陕西	130.87	52.26	32.54	152.75	92.00	92.10
甘肃	49.97	82.41	93.46	47.45	67.90	68.32
青海	54.66	21.39	300.74	117.95	106.55	123.68
宁夏	66.62	76.63	154.86	86.30	91.21	96.10
新疆	85.89	53.27	197.65	52.38	91.75	97.30

(二) 技术创新能力指数分析

若指数大于100，说明这些省份该层次发展好于2013年的平均水平，发展态势较好；若指数小于100，说明这些省份的发展不及2013年的平均水平。为了清楚地反映各个省份在技术创新能力各个层次的表现，我们将其指数进行排序。

技术创新投入好于2013年平均水平的有12个省份，低于2013年平均水平的多达18个省份。且各个省份技术创新投入指数相差较为悬殊，指数最高的广东为388.90%，最低的山西仅为15.41%。对各省份技术创新投入指数从高到低排序为：广东、江苏、福建、浙江、山东、黑龙江、陕西、北京、湖南、湖北、四川、上海、安徽、辽宁、天津、新疆、河北、内蒙古、重庆、海南、宁夏、贵州、河南、青海、云南、甘肃、江西、吉林、广西、山西。其中，广东R&D人员折合全时当量占30个省份的27.54%，R&D经费内部支出占31.56%，技术改造经费支出占11.03%，除技术改造经费强度及仪器和设备支出占R&D经费内部支出的比重较小外，其他3个投入相对指标的数值较大，故投入综合指数远远领先于其他省份；江苏、福建、浙江、山东四省 R&D 人员折合全时当量占 30 个省份的 36.33%，R&D 经费内部支出占 32.10%，技术改造经费支出占 57.74%，各项相对指标的数值表现也比较好，故投入综合指数也远远高于其他省份。但经济欠发达的黑龙江，其技术创新投入水平也超过了 2013 年的平均投入水平，且排在北京和上海之前，观测其各个投入指标的数值，主要是投入相对指标表现突出所致，说明其对高技术产业的发展非常重视，这是值得其他省份重视和学习的；陕西、北京、湖南、湖北、四川、上海六省 R&D 人员折合全时当量占 30 个省份的 18.64%，R&D 经费内部支出占 21.09%，技术改造经费支出占 19.43%，多个相对指标的数值表现也比较好，故投入综合指数也高于其他省份。剩余的 18 个省份，投入总量小，且多个相对指标的表现也比较差，故投入综合指数小于 2013 年平均水平。一个不争的事实是，我国东部地区属于经济发达地区，中西部地区属于经济欠发达地区。而排名靠前的省份多属于东部经济发展地区，排名靠后的省份多属于中西部经济欠发达地区，也就是说技术创新投入综合指数与我国经济发展水平的高低密切相关。

技术创新产出能力好于 2013 年平均水平的有 12 个省份，低于 2013 年平均水平的多达 18 个省份。且各个省份技术创新产出能力指数相差较为悬殊，指数最高的广东省为 826.94%，最低的海南省仅为 7.98%。对各省份技术创新产出指数从高到低排序为：广东、江苏、河南、浙江、山东、福建、天津、上海、北京、重庆、安徽、湖南、黑龙江、四川、湖北、甘肃、宁夏、辽宁、河北、江西、新疆、陕西、广西、内蒙古、贵州、吉林、山西、云南、青海、海南。其中，广东专利申请数占 30 个省份的 34.90%，新产品销售收入占 32.43%，产出相对指标数值也名列前茅，故产出综合指数远远领先于其他省份；江苏、浙江、山东、福建四省专利申请数占 30 个省份的 32.33%，新产品销售收入占 35.10%，产出相对指标数值也名列前茅，产出相对指标的数值也比较高，故产出综合指数也远高于其他省份；河南、天津、重庆、安徽投入水平低于 2013 年平均水平，但其产出水平却高于 2013 年平均水平，观测其产出指标数值，其专利申请数占 30 个省份的 8.07%，新产品销售收入占 13.90%，且新产品出口销售率、新产品销售收入占主营业务收入的比重也比较大，比如河南省经济总量大，高技术产业技术创新产出总量大，且生产的新产品主要用于出口（比如苹果手机的生产和销售），故在高技术产业技术创新产出中处于较为有利的地位；上海、北京、湖南专利申请数占 30 个省份的 9.84%，新产品销售收入占 8.84%，产出相对指标的数值也比较大，产出综合指数也好于 2013 年平均水平；黑龙江投入总量低，产出总量也低，尽管产出相对指标的数值比较大，但产出综合指数低于 2013 年平均水平；四川、湖北、陕西、黑龙江投入综合指数好于 2013 年平均水平，但产出综合指数却低于 2013 年平均水平，主要是由于新产品销售收入较小，且产出相对指标数值也比较小所致。排名靠后的省份投入总量小，产出总量也小，且产出相对指标的数值表现也比较差。但总体来看，产出水平高于 2013 年平均水平的省份绝大多数属于投入水平较高的地区，产出水平低于 2013 年平均水平的省份绝大多数属于投入水平较低的地区，即投入与产出是有关系的，投入水平高，产出水平也越高。

技术创新效益好于 2013 年平均水平的有 20 个省份，低于 2013 年平均水平的只有 10 个省份。且各个省份技术创新效益指数相差较为悬殊，指数最高的河南省为 354.291%，最低的海南仅为 12.923%。对各省份技术创新效益指数从高到低排序为：河南、青海、重庆、天津、新疆、江苏、广东、安徽、宁夏、北京、江西、湖南、四川、山东、辽宁、福建、吉林、广西、浙江、内蒙古、湖北、甘肃、上海、贵州、云南、河北、黑龙江、陕西、山西、海南。河南、青海、新疆、宁夏等这些中西部的省份，虽然其经济发展水平较低、高技术产业的投入相对较低，但其产出效益却比较高，说明这些地区在管理水平上比较先进，这值得其他省份学习。

技术创新内部环境好于 2013 年平均水平的有 10 个省份，低于 2013 年平均水平的有 20 个省份。且各个省份技术创新内部环境指数相差较为悬殊。指数最高的江苏省为 581.70%，最低的吉林省仅为 27.56%。对各省份技术创新内部环境指数从高到低排序为：江苏、广东、浙江、陕西、辽宁、安徽、黑龙江、青海、北京、湖南、山东、四川、山西、福建、宁夏、湖北、上海、河北、海南、贵州、重庆、河南、江西、云南、新疆、天津、甘肃、内蒙古、广西、吉林。其中，江苏、广东、浙江有研发机构的企业数多，其有研发机构的企业数占总研发企业数的比重达到 66.87%，有研发机构的企业数占企业总数的比重在 43% 以上，但政府资金占 R&D 经费内部支出的比重小，说明这些省市的高技术企业对技术创新非常重视，而政府的支持力度欠佳；而陕西、辽宁、黑龙江、青海等省份，有研发机构的企业数较少，但政府支出占 R&D 经费支出的比重较大，说明政府对这些地区的高技术产业发展十分重视。高技术产业技术创新环境是企业与政府共同作用的结果。

技术创新综合能力指数（加权总指数）好于 2013 年平均水平的有 17 个省份，低于 2013 年平均水平的有 13 个省份，且各个省份技术创新总指数相差加大，指数最高的广东省为 495.02%，最低的山西省仅为 34.43%。对各省份技术创新总指数按从高到低的顺序排列为：广东、江苏、浙江、河南、福建、山东、北京、天津、安徽、湖南、重庆、上海、青海、四川、辽宁、黑龙江、湖北、陕西、新疆、宁夏、江西、河北、甘肃、内蒙古、贵州、广西、云南、吉林、海南、山西。技术创新综合指数的高低是上述技术创新投入、技术创新产出、技术创新效益、技术创新内部环境综合作用的结果。广东、江苏、浙江各个层次的综合指数均好于 2013 年平均水平，故总指数也远远好于 2013 年平均水平。福建、山东、北京、湖南、上海等投入与产出综合指数均好于 2013 年平均水平，但个别省份的其他两个方面的指数表现不是太好。

排名靠后的省份各个方面的表现均不及 2013 年平均水平。要提高技术创新综合指数，就应重视各个方面的协调发展。

技术创新综合能力指数（等权总指数）好于 2013 年平均水平的有 15 个省份，低于 2013 年平均水平的有 15 个省份。指数最高的广东省为 466.80%，最低的山西为 38.03%。对各省份技术创新总指数按从高到低的顺序排列为：广东、江苏、浙江、河南、福建、山东、北京、安徽、天津、青海、湖南、重庆、辽宁、上海、四川、黑龙江、湖北、新疆、宁夏、陕西、江西、河北、甘肃、内蒙古、贵州、广西、吉林、云南、海南、山西。

从加权综合指数和等权综合指数的排序可以看到，排序结果有一定差别，主要是居中的省份，但差别不是太大。

小结：我国高技术产业技术创新投入主要集中在广东、江苏、福建、浙江、山东 5 个省份，其总量指标数值大，相对指标数值表现也比较好；黑龙江投入总量指标小，但投入相对指标表现突出，说明其对高技术产业的发展非常重视，其他省份应该加以借鉴。技术创新产出主要集中在广东、江苏、浙江、山东、福建 5 个省份，其总量指标数值大，相对指标数值表现也比较好。总体来看，投入与产出是有关系的，投入水平高的地区，产出水平也高。河南、青海、新疆等这些中西部的省份，其经济发展水平较低，高技术产业的投入与产出总量指标数值小，但其产出效益却比较高，其他省份应加以借鉴。从创新内部环境上看，江苏、广东、浙江 3 个省份，高技术企业对技术创新非常重视，但政府的支持力度欠佳，而陕西、辽宁、黑龙江、青海等省份，政府对技术创新支持力度比较大。综合来说，广东、江苏、浙江、河南、福建、山东技术创新表现远远好于 2013 年的平均水平。

（三）各地区与技术创新能力各层次的对应分析

通过综合指数，我们了解了各层次综合指数及总指数在各个省份的具体表现，但各个层次的指数对各个省份起的作用如何，可以通过对应分析反映出来。

对应分析方法广泛用于由属性变量构成的列联表数据的研究。利用对应分析可以在一张二维图上同时画出属性变量不同取值的情况，列联表的每一行及每一列均以二维图上的一个点来表示，以直观、简洁的形式描述属性变量各种状态之间的相互关系及不同属性变量之间的关系。

当属性变量 A 与属性变量 B 的取值较少时，把所得到的数据放到一张列联表中，就可以很直观地对 A 与 B 之间以及它们的各种取值之间的相关性做出判断，但是，当 A 或 B 的取值较多时，就很难正确地做出判断，此时需要利用降维的思想来简化列联表的结构。因子分析（或主成分分析）是用少数综合变量索取原始变量大部分信息的有效方法。但因子分析也有不足，当我们要研究属性变量 A 的各种状态时，需要做 Q 型因子分析，即要分析一个 $n \times n$ 阶矩阵的结构。而当要研究属性变量 B 的各种状态时，需要做 R 型因子分析，即要分析一个 $p×p$ 阶矩阵的结构。由于因子分析的局限性，无法使 Q 型因子分析与 R 型因子分析同时进行，而当 n 或 p 比较大时，单独进行因子分析就会加大计算量，对应分析方法可以弥补上述不足。对应分析方法的一大特点就是可以在一张二维图上同时表示出两个属性变量的各种表现，直观地描述原始数据的结构。

对应分析方法不仅适用于属性变量数据，也适合于定量变量。假设要分析的数据为 $n×p$ 的表格形式（n 个单位，每个单位观测 p 个指标），同样，首先可以对数据进行规格化处理，然后再进行 R 型因子分析和 Q 型因子分析，进而把观测单位与变量在同一张低维图上表示出来，最后分析各观测单位与各变量之间的相关关系。对于定量变量，完全可以把每一个观测单位看作 A 中的一个表现，把每一个变量看作 B 中的一个表现，这样，对定量变量数据的处理问题就变成了与属性变量相同的问题了，这样自然就可以用对应分析来研究行与列之间的相关关系。

应当注意，对应分析要求数据矩阵中的每一个数据都大于或等于零，若数据矩阵中有小于零的数据，应当先对数据进行加工，使其大于零。

将各个省份作为属性变量 A，将高技术产业技术创新层次作为属性变量 B，各层次综合指数为指标数值，这样进行对应分析，得到图5-1。

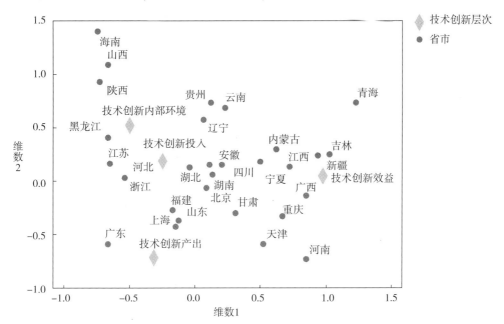

图5-1　各地区与技术创新能力层次对应分析

通过图5-1，可以看出高技术产业技术创新投入与技术创新内部环境可以划分为一类，即创新内部环境完全可以划入到创新投入这一层次；技术创新产出分为一类，创新效益为一类。

技术创新内部环境和创新投入对海南、山西、陕西、贵州、云南、辽宁、黑龙江、江苏、浙江、河北、湖北、安徽、四川、湖南、北京的作用突出；技术创新产出对广东、上海、山东、福建、河南、天津、重庆、甘肃等的作用突出；创新效益对内蒙古、新疆、吉林、江西、宁夏、广西、甘肃、重庆、天津、河南、青海的作用突出。这与前面的分析基本一致。

二、用主成分分析法对各地区高技术产业技术创新能力测度与分析

综合指数评价法尽管计算简便，易于理解和操作，但没有考虑到指标间存在的相关关系，且在对层次内部的指标等权重处理上以及计算结果都表现得较为粗糙，且是从动态上进行的分析。而现代多元统计分析方法中的主成分分析和因子分析可以解决赋权主观性这一问题，且对数据的分布没有特殊要求。主成分分析是设法将原来具有相关关系的多项指标组合成一组相互无关的综合指标，同时根据实际需要从中选取较少的综合指标，以尽可能多地反映原有指标的信息。主成分分析对样本量没有太严格的要求，只要求观察指标的个数小于观察单位的个数，即 $p<n$。因子分析是主成分分析的推广，其基本思想是根据原始变量之间的相关性大小对变量进行分组，使同组内的变量相关性较高，而不同组的变量相关性较低。每组变量代表一个基本结构，这个基本结构称为公共因子。因子分析具有主成分分析法的一切优点，同时也有自身的优势，即各主因子的含义比主成分的含义要明确。因子分析要求样本量比较充足，否则无法得到稳定和准确的结果。根据 Gorsuch（1983）的观点，每个测量变量需要平均观测 5 个样本，而总样本规模不应少于 100。Everitt（1975）和 Nunnally（1978）则提出样本和题项的比例为 10∶1。随着样本规模的增加，测量的随机误差会相互抵消，项目和实验参数开始稳定，增加样本就会显得不再重要。因而对于超过 300 的样本而言，题项与调查样本的关系越来越不重要。Comrey 和 Lee（1992）认为，样本规模小于 50 时是非常不佳的，样本规模达 100 时是不佳的，200是普通的，300 是好的，500 是非常好的，1000 左右是理想的，但这些简单的准则并不考虑分析变量的数量和类型。由此可以认为，因子分析要求的样本量大。我们观察的是 30 个单位，18 项指标，观察单位的个数大于变量的个数，故选用主成分分析法对各地区高技术产业技术创新能力进行比较，但是应该清楚，主成分的经济含义有时并不十分明确。

（一）用主成分分析法对各地区高技术产业技术创新能力进行测度

1. 主成分分析法的一般数学模型

设对某一事物的研究涉及 p 个指标，分别用 X_1，X_2，…，X_p 表示，这 p 个指标构成的 p 维随机向量为 $X=(X_1, X_2, …, X_p)'$。设随机向量的均值为 μ，协方差矩阵

为 $\sum$ 。对 X 进行线性变换，可以形成新的综合指标，用 Y 表示，即

$$
\begin{cases}
Y_1 = u_{11}X_1 + u_{21}X_2 + \cdots + u_{p1}X_p \\
Y_2 = u_{12}X_1 + u_{22}X_2 + \cdots + u_{p2}X_p \\
\cdots \\
Y_p = u_{1p}X_1 + u_{2p}X_2 + \cdots + u_{pp}X_p
\end{cases}
$$

我们将线性变换约束在下面的原则之下：

原则 1，$U_i^{'}U_i = 1$，即 $u^2 + \cdots + u_{pi}^2 = 1$（$i = 1$，2，$\cdots$，$p$）；

原则 2，Y_i 与 Y_j 无关（$i \neq j$；i，$j = 1$，2，$\cdots$，p）；

原则 3，Y_1 是 X_1，X_2，$\cdots$，X_p 的一切满足原则 1 的线性组合中方差最大者；Y_2 是与 Y_1 不相关的 X_1，X_2，$\cdots$，X_p 所有线性组合中方差最大者；$\cdots$；Y_p 是与 Y_1，Y_2，$\cdots$，Y_{p-1} 都不相关的 X_1，X_2，$\cdots$，X_p 的一切线性组合中方差最大者。

2. 用主成分分析法对各地区技术创新能力进行测度

主成分分析的前提条件是各变量间必须有相关性，因此，在进行主成分分析时，需要对原有变量是否存在相关性进行检验，这可通过巴特利特球度检验（Bartlett test of sphericity）来实现，巴特利特球度检验的原假设是相关系数矩阵为单位矩阵，用 SPSS 软件对 2016 年 30 个省份（西藏数据不全，在分析时不再考虑）的 18 项指标数据进行分析（指标均为正指标，不需要做趋同化处理），结果如表 5-3 所示，从表 5-3 可知，$\chi^2 = 715.70$，其 Sig. 为 0.00，故认为在 0.05 的显著性水平下，相关系数矩阵不大可能是单位矩阵，适合作主成分分析。

表 5-3　KMO 和 Bartlett 的检验

取样足够度的 Kaiser-Meyer-Olkin 度量		0.503
Bartlett 的球形度检验	近似卡方	715.70
	df	15
	Sig.	0.00

由于各指标的计量单位不同，需要对数据进行标准化处理，处理方法为标准差标准化的方法。标准差标准化后相关系数矩阵等于协方差矩阵，故从相关系数矩阵出发求解主成分与从协方差矩阵出发求解主成分结果相同。我们从相关系数矩阵出发求解主成分，从主成分解释原有变量总方差的表 5-4 可以看到，在对问题分析时，提取 6 个主成分，就可以解释原有变量 86.06% 的信息。

表 5-4　解释的总方差

成分	初始特征值		
	合计	方差的百分比（%）	累积百分比（%）
1	6.26	34.78	34.78
2	3.03	16.85	51.63
3	2.13	11.82	63.45
4	1.87	10.37	73.82
5	1.16	6.43	80.25
6	1.05	5.81	86.06

注：提取方法为主成分分析法。

表 5-5　成分矩阵

指标	成分					
	1	2	3	4	5	6
R&D 人员折合全时当量	0.97	0.09	−0.18	0.00	−0.01	−0.06
R&D 人员强度	0.13	0.71	0.45	−0.01	0.19	−0.34
R&D 经费内部支出	0.93	0.10	−0.24	0.05	−0.06	−0.10
R&D 经费强度	0.10	0.79	0.34	0.31	−0.06	−0.30
研发人均 R&D 经费内部支出	0.02	−0.02	−0.23	0.71	−0.49	−0.09
仪器和设备支出占 R&D 经费内部支出的比重	−0.17	−0.19	0.12	0.42	0.74	−0.12
技术改造经费支出	0.73	0.19	0.15	−0.02	0.05	0.57
技术改造经费强度	0.06	0.50	0.51	0.19	−0.08	0.62
专利申请数（件）	0.93	0.08	−0.28	0.05	−0.04	−0.10
新产品销售收入	0.97	−0.03	−0.17	0.00	−0.01	−0.05
新产品销售收入占主营业务收入的比重	0.54	−0.01	0.59	0.34	−0.18	−0.19
新产品出口销售率	0.44	−0.39	0.55	−0.08	0.15	−0.00
R&D 人员人均专利申请数	0.07	−0.16	−0.43	0.66	0.39	0.15
R&D 人员产出效率	0.33	−0.74	0.23	0.45	−0.11	0.02
新产品开发产出效率	0.18	−0.74	0.59	0.02	0.06	−0.05
有研发机构的企业数	0.94	0.03	−0.17	−0.09	0.11	0.04
有研发机构的企业数占企业总数的比重	0.66	0.16	0.05	−0.26	0.26	−0.10
政府 R&D 经费占 R&D 经费内部支出的比重	−0.34	0.47	−0.09	0.48	0.05	0.12

注：提取方法为主成分分析法。

根据表5-5，可以写出主成分的表达式，方法是用成分矩阵（因子载荷矩阵）中的第 i 列向量除以第 i 个特征根的算术平方根，得到第 i 个主成分中各变量的系数。例如：

$$Y_1 = （0.97 \times ZX_1 + 0.13 \times ZX_2 + \cdots - 0.34 \times ZX_{18}） / \sqrt{6.26}$$

其中，ZX_i 为第 i 个标准化随机变量。

根据主成分的表达式计算各主成分得分，结果如表5-6所示。

表5-6　各地区技术创新能力各主成分得分及综合得分

地区	第一主成分得分	第二主成分得分	第三主成分得分	第四主成分得分	第五主成分得分	第六主成分得分	综合得分
北京	0.36	0.83	0.17	1.51	−1.21	−1.52	0.32
天津	0.16	−1.49	1.85	0.31	−0.28	−1.50	−0.06
河北	−1.04	0.59	0.26	−1.06	1.12	−0.87	−0.37
山西	−1.20	−0.12	−1.22	−3.83	−0.42	0.30	−1.15
内蒙古	−1.29	−0.75	−0.57	0.73	−2.34	−0.70	−0.88
辽宁	−1.29	1.31	−0.24	1.72	−1.46	0.96	−0.13
吉林	−1.87	−1.46	−1.14	−1.00	−0.85	0.53	−1.35
黑龙江	−1.14	3.41	1.82	1.16	1.78	−0.70	0.68
上海	−0.56	0.13	−0.90	0.27	−0.50	−0.53	−0.37
江苏	6.67	−0.41	−0.44	−1.17	1.38	1.52	2.62
浙江	2.91	2.00	1.58	−0.59	−0.11	−1.06	1.63
安徽	−0.05	−0.21	−0.01	0.45	1.65	−0.55	0.08
福建	1.47	1.49	2.86	0.51	−0.20	3.28	1.55
江西	−1.07	−1.56	−1.37	−0.58	0.27	0.42	−0.95
山东	1.25	0.17	−0.34	0.16	−0.06	0.27	0.52
河南	1.02	−5.21	3.45	−0.27	0.08	−0.41	−0.19
湖北	−1.02	0.53	−0.85	1.39	1.17	−0.83	−0.23
湖南	0.21	0.57	1.51	−0.04	−0.48	1.60	0.47
广东	9.58	0.37	−2.48	0.42	−0.73	−1.06	3.53
广西	−1.72	−1.62	−1.33	−1.34	−0.36	0.70	−1.34
海南	−1.73	2.40	−0.42	−2.09	0.83	−0.79	−0.53
重庆	−0.28	−2.76	0.46	0.42	0.46	−0.19	−0.52
四川	−0.68	0.27	−1.55	0.68	−0.80	0.54	−0.38

续表

地区	第一主成分 得分	第二主成分 得分	第三主成分 得分	第四主成分 得分	第五主成分 得分	第六主成分 得分	综合得分
贵州	-1.71	0.74	-1.16	-0.35	-0.49	0.34	-0.76
云南	-1.72	0.13	-1.06	-1.06	0.80	0.26	-0.87
陕西	-1.17	3.31	0.20	0.36	-0.69	0.28	0.21
甘肃	-1.26	0.06	1.00	-1.14	0.12	-0.51	-0.52
青海	-1.66	-1.88	-2.35	3.30	2.59	0.84	-0.71
宁夏	-0.40	0.00	1.77	-0.86	0.23	-0.70	-0.05
新疆	-0.74	-0.82	0.49	2.03	-1.49	0.08	-0.26

（二）主成分得分分析

各主成分在各个省份的表现，通过主成分得分大小反映出来，主成分得分为正，表明该省份在该主成分的表现好于全国平均水平，在技术创新中处于有利地位；得分为负，表明该省份在该主成分的表现低于全国平均水平，在技术创新中处于不利地位。

从成分矩阵[①]表5-5可以看出，第一主成分与R&D人员折合全时当量、R&D经费内部支出、专利申请数、新产品销售收入、有研发机构的企业数有正的高度的相关关系，与技术改造经费支出、新产品销售收入占主营业务收入的比重、有研发机构的企业数占企业总数的比重有正的中度的相关关系，但这些指标大多是反映技术创新的总量指标，反映了高技术产业技术创新的规模，可称为技术创新规模主成分。规模主成分得分高于全国平均水平的有9个省份，其他21个省份低于全国平均水平。说明高技术产业技术创新的规模在各个省份相差悬殊，得分最高的广东为9.58分，得分最低的吉林为-1.87分。将各省份第一主成分得分按从高到低的顺序排列为：广东、江苏、浙江、福建、山东、河南、北京、湖南、天津、安徽、重庆、宁夏、上海、四川、新疆、湖北、河北、江西、黑龙江、陕西、山西、甘肃、辽宁、内蒙古、青海、贵州、广西、云南、海南、吉林。其中，广东R&D人员折合全时当量占30个省份的27.54%，R&D经费内部支出占31.56%，专利申请数占34.90%，新产品销售

---

① 成分矩阵中第 i 行、第 j 列对应的数值为第 i 个变量与第 j 个主成分的相关系数，相关系数在-1到1中间取值，绝对值越靠近1，说明关系越密切。相关系数的绝对值小于0.3，代表变量间没有线性相关关系；相关系数的绝对值大于等于0.3，且小于0.5，代表变量之间存在低度的相关关系；相关系数的绝对值大于等于0.5，且小于0.8，代表变量之间存在中度的相关关系；相关系数的绝对值大于等于0.8，且小于等于1，代表变量之间存在高度的相关关系。

收入占 32.43%，有研发机构的企业数占 26.31%，技术改造经费支出占 11.03%，新产品销售收入占主营业务收入的比重、有研发机构的企业数占企业总数的比重数值大，故第一主成分得分遥遥领先于其他省份；江苏 R&D 人员折合全时当量占 30 个省份的 15.82%，R&D 经费内部支出占 13.32%，专利申请数占 14.19%，新产品销售收入占 19.00%，有研发机构的企业数占 29.43%，技术改造经费支出占 22.35%，新产品销售收入占主营业务收入的比重、有研发机构的企业数占企业总数的比重数值大，故第一主成分得分也遥遥领先于其他省份；浙江、福建、山东、河南四省 R&D 人员折合全时当量占 30 个省份的 23.40%，R&D 经费内部支出占 20.75%，专利申请数占 19.62%，新产品销售收入占 22.04%，有研发机构的企业数占 19.66%，技术改造经费支出占 36.81%，新产品销售收入占主营业务收入的比重、有研发机构的企业数占企业总数的比重数值较大，故第一主成分得分也领先于其他省份；北京、湖南、天津 R&D 人员折合全时当量占 30 个省份的 8.38%，R&D 经费内部支出占 9.04%，专利申请数占 7.33%，新产品销售收入占 9.78%，有研发机构的企业数占 5.34%，技术改造经费支出占 10.18%，新产品销售收入占主营业务收入的比重、有研发机构的企业数占企业总数的比重数值也比较大，故第一主成分得分也领先于其他省份。排名靠前的省份要么经济发展水平高，要么经济发展规模大，反映高技术产业技术创新能力的总量表现好。排名靠后的省份，经济发展水平低，经济发展规模也小，可见高技术产业的技术创新能力的规模与经济发展水平或经济发展规模有密切的关系。而排名处在中上游的安徽、宁夏、新疆等省份，经济发展水平并不高，经济发展规模也不大，但高技术产业技术创新规模表现却比较好，这说明在经济发展的过程中，这些地区对高技术产业技术创新的重视。

第二主成分与 R&D 人员强度、R&D 经费强度、技术改造经费强度有正的中度的相关关系，这三个指标是创新投入强度相对指标，而与 R&D 人员产出效率、新产品开发产出效率有负的中度的相关系数，这两个指标是投入创新效益指标，第二主成分的经济意义不太明确。由于和强度指标有正相关，各个省份技术创新强度表现越好，第二主成分的数值越高；但创新效益表现越好，第二主成分的数值越小。该主成分得分高于全国平均水平的有 18 个省份，有 12 个省份低于全国平均水平，得分最高的黑龙江为 3.41 分，得分最低的河南为 -5.21 分。将各省份第二主成分得分按从高到低的顺序排列为：黑龙江、陕西、海南、浙江、福建、辽宁、北京、贵州、河北、湖南、湖北、广东、四川、山东、云南、上海、甘肃、宁夏、山西、安徽、江苏、内蒙古、新疆、吉林、天津、江西、广西、青海、重庆、河南。黑龙江、陕西、海南、辽宁、贵州等省市，经济发展水平低、经济发展规模小，规模主成分表现不佳，但从各创新强度指标看其数值较大，说明这些省市尽管高技术产业技术创新总量不佳，但注重创新投入强度，其中除辽宁外，其他几个省份的创新效益比较小；而经济发展水平高的上海、江苏技术创新投入强度表现不是太好，但效益指标表现尚可；天津、江西、广西、青海、重庆、河南等省技术创新投入强度较差，但投入创新效益指标表现非凡，尤其是河南和重庆2个省份。由于该主成分与创新效益指标呈负相关，故认为排名靠后的省份其创新效益表现较好，这也和前面综合指数分析相呼应。

第三主成分与技术改造经费强度、新产品销售收入占主营业务收入的比重、新产品出口销售率、新产品开发产出效率有正的中度的相关系数，除技术改造经费强度外，其他三个指标属于高技术产业技术创新产出或效益相对指标。该主成分得分高于全国平均水平的有13个省份，其他17个省份低于全国平均水平，得分最高的河南为3.45分，得分最低的广东为-2.48分。将各省份第三主成分得分按从高到低的顺序排列为：河南、福建、天津、黑龙江、宁夏、浙江、湖南、甘肃、新疆、重庆、河北、陕西、北京、安徽、辽宁、山东、海南、江苏、内蒙古、湖北、上海、云南、吉林、贵州、山西、广西、江西、四川、青海、广东。该主成分得分高，说明其发明创造能力、经营管理能力强，新产品能够很好地满足市场需要。从总体上看，经济发展水平高、经济发展规模大，技术创新产出或效益相对指标的表现就好。但像黑龙江、宁夏、甘肃、新疆等地技术创新产出或效益相对指标能够表现得比较好，这是值得借鉴和学习的。广东省比较特殊，除技术改造经费强度、新产品开发产出效率数值较小外，其他两个相对指标的数值都较大，但第三主成分的得分却排名倒数，其原因是第三主成分的表达式中，总量指标前的系数都是负数，广东省总量指标数值非常大，故引起第三主成分得分倒数。

第四主成分与研发人均R&D经费内部支出、人均专利申请数有正的中度的相关关系，这两个指标属于平均指标，故该主成分主要反映各省份平均指标的表现情况。该主成分得分高于全国平均水平的有16个省份，14个省份低于全国平均水平，得分最高的青海为3.30分，得分最低的山西为-3.38分。将各省份第四主成分得分按从高到低的顺序排列为：青海、新疆、辽宁、北京、湖北、黑龙江、内蒙古、四川、福建、安徽、重庆、广东、陕西、天津、上海、山东、湖南、河南、贵州、江西、浙江、宁夏、吉林、河北、云南、甘肃、江苏、广西、海南、山西。该主成分得分高，说明技术创新投入与产出的平均水平高，也说明各个省份对技术创新水平的重视。青海、新疆、辽宁等省份排名靠前，说明这些省份经济发展水平低、经济发展规模小、技术创新规模小，但这些省份的相对指标或平均指标表现均比较好，说明它们对高技术产业技术创新相当重视，其他省份应该学习和借鉴。

第五主成分主要与仪器和设备支出占R&D经费内部支出的比重有正的中度的相关关系，这一指标主要反映其设备的投入状况，该主成分得分高于全国平均水平的有13个省份，有17个省份低于全国平均水平，得分最高的青海为2.59分，得分最低的内蒙古为-2.34分。将各省份第五主成分得分按从高到低的顺序排列为：青海、黑龙江、安徽、江苏、湖北、河北、海南、云南、重庆、江西、宁夏、甘肃、河南、山东、浙江、福建、天津、广西、山西、湖南、贵州、上海、陕西、广东、四川、吉林、北京、辽宁、新疆、内蒙古。高技术产业技术创新需要仪器和设备，这样才能更好地进行 R&D 活动，才能不断地研究出新的专利、生产出新的产品。青海、黑龙江、安徽等省份这方面投入的比重较大，其人均专利产出多，这也从第四主成分得以体现。而上海、广东等规模投入较大的省份这方面表现却欠佳。新疆、内蒙古仪器和设备支出占 R&D 经费内部支出的比重并不是最小，但该主成分得分最低，主要是主成分得分除了与该指标有正的中度的相关关系外，还与其他指标有低度的正的或负的相关关系，只是该主成分得分突出反映了这一指标的表现而已。

第六主成分主要与技术改造经费支出、技术改造经费强度有正的中度相关关系，这两个指标主要反映技术改造投入的状况。该主成分得分高于全国平均水平的有 15 个省份，15 个省份低于全国平均水平，得分最高的福建为 3.28 分，得分最低的北京为 -1.52 分。将第六主成分得分按从高到低的顺序排列为：福建、湖南、江苏、辽宁、青海、广西、四川、吉林、江西、贵州、山西、陕西、山东、云南、新疆、重庆、河南、甘肃、上海、安徽、宁夏、黑龙江、内蒙古、海南、湖北、河北、广东、浙江、天津、北京。排名靠前的福建、湖南、江苏、辽宁、四川技术改造经费支出大，技术改造经费强。但青海、广西等省这两项指标的数值都不大，主要是因为这一主成分的表达式中，多项总量指标前的系数都是负数，而且这两省的总量指标数值又比较小。广东、浙江、天津、北京等技术改造经费支出大，技术改造强度数值较小，但总量指标数值大，由于其表达式中总量指标前的系数为负数，致使其得分靠后。技术改造经费支出大、强度高，说明在技术创新过程中，注重其对原有技术的改造，通过改造原有技术去创造新工艺、生产新产品，这是技术创新过程不可或缺的一部分。

计算出各个省份各主成分得分后，并以各个主成分的方差贡献率为权重，计算综合得分（在计算综合得分时，以累积方差贡献率对权重进行修正），这避免了主观赋权中人为因素的影响，使分析结果更加真实、可靠。其综合得分如表 5-6 所示。综合得分高于全国平均水平的有 10 个省份，其他 20 个省份低于全国平均水平，这说明高技术产业技术创新能力在各个省份之间相差悬殊，分布呈现高度偏斜状态。综合得分最高的广东为 3.53 分，最低的吉林为 -1.35 分。将各省综合得分按从高到低的顺序排列为：广东、江苏、浙江、福建、黑龙江、山东、湖南、北京、陕西、安徽、宁夏、天津、辽宁、河南、湖北、新疆、上海、河北、四川、重庆、甘肃、海南、青海、贵州、云南、内蒙古、江西、山西、广西、吉林。从整体上说，经济发展水平高、经济规模大，高技术产业技术创新能力就高，像黑龙江、陕西、安徽、宁夏等省份，经济发展水平并不高，但由于这些地区对高技术产业创新的重视，其技术创新能力比较强。

主成分得分给出了高技术产业技术创新能力的大体排序，在这里只能说是大体，而不能说是确切的位置。因为：第一，不同的评价指标体系，由于所选的指标不同，在同样的评价方法下，其评价结果是不一样的。第二，即使评价指标体系一样，不同的评价方法所得的评价结果也是不同的。第三，由于国内目前尚没有统一的、公认的高技术产业技术创新能力评价体系，一些省市和部门从不同的角度出发所作的评价结果，同样难以进行简单的对比。评价体系不同、评价方法不同，评价结果一定会存在差别。

小结：我国高技术产业技术创新能力主要集中在广东、江苏、浙江、福建、山东、河南6个省份，其总量指标数值大。总体来看，经济发展水平高，经济规模大，高技术产业技术创新能力就高。但像黑龙江、陕西、安徽、宁夏等省份，经济发展水平不高，经济发展规模不大，但由于这些地区对高技术产业创新的重视，其技术创新能力也处于较为有利的地位，其他省份应加以借鉴。

（三）各地区与技术创新能力各主成分的对应分析

通过主成分分析，了解了各个主成分在各省份的表现，但各主成分在各省份所起的作用如何，这也可以通过对应分析反映出来。由于主成分得分有负数，故需要对其进行处理，比如用平移坐标的方法，将该各个单位的主成分得分都同时加上一个数值，也可采用极差标准化的方法消除其负值。在此，采用极差标准化进行处理，极差标准化后使每个单位的主成分得分都在0~1中间取值，极差标准化的方法为：

$$Y_{ik} = \frac{X_{ik} - \min(X_k)}{\max(X_k) - \min(X_k)}$$

式中，$i=1, 2, 3, \cdots$，表示各地区序号，$k=1, 2, 3, \cdots$，表示指标序号，X_{ik} 表示第 i 地区第 k 个指标的数值，$\min(X_k)$ 为各地区第 k 个指标的最小值，$\max(X_k)$ 为各地区第 k 个指标的最大值。根据极差标准化的数据进行对应分析，结果如图5-2所示。

从图5-2可以看出，可以将第一主成分划分为一类，第三主成分为一类，第六主成分为一类，第二、第四、第五主成分归为一类。

广东、江苏第一主成分得分表现突出，即高技术产业技术创新能力中总量指标对它们影响最大。河南、天津、北京、浙江、宁夏、甘肃、黑龙江等第三主成分得分表现突出，即高技术产业技术创新产出相对指标对这几个省的影响较大。青海、广西、四川、山西、江西、贵州、云南、吉林、辽宁第六主成分得分表现突出，即技术创新投入中技术改造对这几个省的影响较大。山东、福建、上海、湖南、陕西、安徽、湖北、海南、重庆、新疆、内蒙古、河北、甘肃、黑龙江、辽宁第二、四、五这三个主成分得分表现突出，即创新投入相对指标或平均指标、创新效益指标等对这些省份的影响较大。

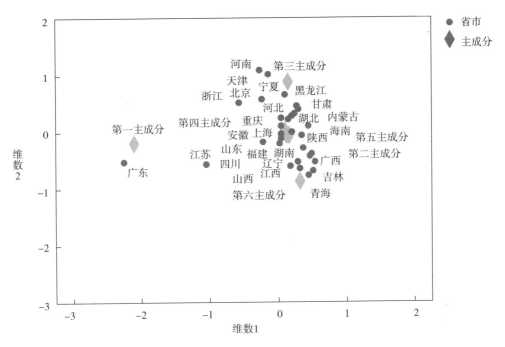

图 5-2　各地区与技术创新能力各主成分对应分析

三、用聚类分析对各地区技术创新能力进行分析

主成分分析给出了各地区高技术产业技术创新能力的大体顺序，对应分析给出了各个主成分在各省份的技术创新能力中所起的突出表现。但哪些省份技术创新能力相似，属于何种类别，也应该是我们所关心的问题。聚类分析可以解决这一问题。聚类分析的基本思想是：开始时先将 n 个样品点各自作为一类，计算它们之间的距离，然后将距离最近的两类合并为一个新类，再计算新类与其他类的距离，重复进行两个最近类的合并，直至所有的样品合并为所需类数为止。计算各个单位之间距离时有绝对值距离、欧氏距离、欧式距离的平方、切比雪夫距离等，计算新合并类与其他类别之间距离时有最短距离法、最长距离法、中间距离法、重心法、类平均法和离差平方和法等方法，方法不同，其聚类结果也不同，在实际中，可根据分类问题本身的知识再结合实际需要决定取舍。本书在聚类分析中，通过各种聚类方法的比较，最终选定在计算样品间距离时采用欧式距离的平方，样品和小类、小类和小类之间的距离采用离差平方和法。用 SPSS 软件对各省份进行聚类，聚类指标仍然是主成分分析中所选用的 18 个指标（对指标进行标准差标准化处理，由于都是正指标无须进行趋同化处理），结果如图 5-3 所示。

根据图 5-3，结合杰米尔曼准则，将 30 个省份分为七大类，结合主成分分析结

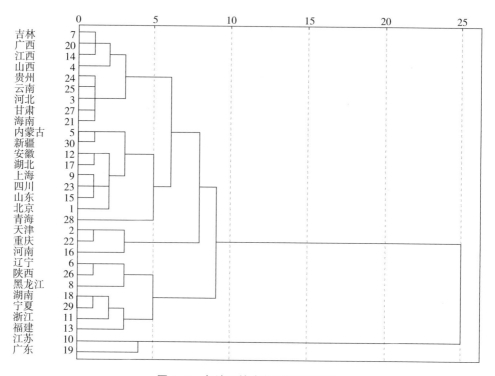

图 5-3　各地区技术创新能力聚类

果，将高技术产业技术创新能力类别按从高到低排序为：

第一类：广东、江苏；

第二类：福建、浙江、宁夏、湖南；

第三类：黑龙江、陕西、辽宁；

第四类：北京、山东、四川、上海、湖北、安徽、新疆、内蒙古；

第五类：河南、重庆、天津；

第六类：青海；

第七类：海南、甘肃、河北、云南、贵州、山西、江西、广西、吉林。

由于聚类分析集中了每一个指标的全部信息，而主成分分析只提取了原有指标86%的信息，故聚类分析与主成分分析的结果会稍有出入。

四、各地区高技术产业技术创新能力各层次主成分分析与评价

前面我们从动态的角度分析了各地区技术创新能力各层次的表现，其静态表现如何，这也是我们所关心的问题。采用主成分分析法可以对高技术产业技术创新投入能力、产出能力、创新效益及产业技术创新内部环境进行评价与分析，其结果如表 5-7 所示。

表 5-7　各地区高技术产业技术创新各层次评价结果

地区	投入综合得分	产出综合得分	效益综合得分	内部环境综合得分
北京	0.38	0.32	0.46	0.04
天津	-0.21	0.94	0.71	-0.43
河北	-0.17	-0.47	-1.01	-0.17
山西	-1.28	-1.18	-1.47	0.69
内蒙古	0.04	-0.82	-0.32	-0.42
辽宁	0.21	-0.36	0.10	-0.79
吉林	-0.90	-1.15	-0.31	-0.97
黑龙江	1.37	0.00	-1.15	-0.18
上海	-0.22	0.21	-0.33	-0.75
江苏	0.72	1.96	0.45	3.80
浙江	0.79	1.33	-0.32	1.58
安徽	-0.15	0.06	0.41	0.36
福建	1.81	0.99	-0.07	-0.03
江西	-0.87	-0.78	0.36	-0.26
山东	0.46	0.27	0.10	-0.17
河南	-0.84	1.96	2.14	-0.33
湖北	0.27	-0.50	-0.30	-0.61
湖南	0.50	0.10	0.12	-0.21
广东	1.03	3.99	0.59	2.63
广西	-1.06	-0.81	-0.30	-0.76
海南	-0.17	-1.43	-1.44	-0.12
重庆	-0.54	0.37	1.06	-0.18
四川	-0.12	-0.65	0.20	-0.56
贵州	-0.28	-1.11	-0.66	-0.58
云南	-0.51	-1.15	-0.76	-0.29
陕西	0.71	-0.80	-1.21	-0.56
甘肃	-0.51	0.04	-0.61	-0.72
青海	-0.62	-1.07	2.54	-0.29
宁夏	-0.16	0.02	0.08	0.44
新疆	0.32	-0.26	0.94	-0.17

从表 5-7 可以看出，技术创新投入能力高于平均水平的有 13 个省份，低于平均水平的有 17 个省份。得分最高的福建为 1.81 分，最低的山西为 -1.28 分。将各省份技术创新投入能力得分按从高到低的顺序排列为：福建、黑龙江、广东、浙江、江苏、陕西、湖南、山东、北京、新疆、湖北、辽宁、内蒙古、四川、安徽、宁夏、海南、河北、天津、上海、贵州、甘肃、云南、重庆、青海、河南、江西、吉林、广西、山西。福建、广东、浙江、江苏、山东、北京等省市技术创新投入水平较高，主要得益于总量指标数值大，而黑龙江、陕西、新疆、辽宁等表现较好主要得益于相对指标数值比较大。这和动态分析中技术创新投入排序结果尽管不同，但结论是一致的，即技术创新投入与我国经济发展水平的高低密切相关。其他经济总量较低的省份应该向黑龙江、陕西等省份借鉴和学习。

技术创新产出能力高于平均水平的有 15 个省份，低于平均水平的有 15 个省份。得分最高的广东为 3.99 分，最低的海南为 -1.43 分。将各省份技术创新产出能力得分按从高到低的顺序排列为：广东、江苏、河南、浙江、福建、天津、重庆、北京、山东、上海、湖南、安徽、甘肃、宁夏、黑龙江、新疆、辽宁、河北、湖北、四川、江西、陕西、广西、内蒙古、青海、贵州、吉林、云南、山西、海南。经济发展水平高、经济规模大、技术创新投入大的省份，技术创新产出能力也比较好，说明技术创新产出与技术创新投入密切相关。甘肃、宁夏、黑龙江等省份技术创新产出能力比较好，同样得益于其相对指标表现比较好，创新产出相对指标表现好，说明其高新技术转化为新产品的能力强，其产品的国际认同度比较高。

技术创新效益高于平均水平的有 15 个省份，低于平均水平的有 15 个省份。得分最高的青海为 2.54 分，得分最低的山西为 -1.47 分。将各省份技术创新效益得分按从高到低的顺序排列为：青海、河南、重庆、新疆、天津、广东、北京、江苏、安徽、江西、四川、湖南、辽宁、山东、宁夏、福建、湖北、广西、吉林、内蒙古、浙江、上海、甘肃、贵州、云南、河北、黑龙江、陕西、海南、山西。青海、河南、新疆等这些中西部的省份，其经济发展水平较低，高技术产业的投入相对较低，但无论从动态上还是从静态上来看其产出效益都比较高，说明这些地区在管理水平上比较好，这值得其他省份学习。

技术创新内部环境得分好丁平均水平的有 7 个省份，低于平均水平的有多达 23 个省份，得分最高的江苏为 3.80 分，得分最低的吉林为 -0.97 分。将各省份技术创新内部环境得分按从高到低的顺序排列为：江苏、广东、浙江、山西、宁夏、安徽、北京、福建、海南、河北、山东、新疆、黑龙江、重庆、湖南、江西、云南、青海、河南、内蒙古、天津、四川、陕西、贵州、湖北、甘肃、上海、广西、辽宁、吉林。江苏、广东、浙江技术创新内部环境得分高主要得益于有研发机构的企业数多，这三个省份占有研发机构企业数的比重高达 66.9%，有研发机构的企业数占企业总数的比重也远远高于其他省份，说明这些省市的高技术企业对技术创新非常重视，这也印证了前述动态分析的结果。而山西、宁夏、安徽等省份表现突出，这些省份有研发机构的企业数不多，但其有研发机构的企业数占企业总数的比重比较大，说明其企业内部对高技术产业技术创新十分重视。

　　小结：福建、广东、浙江、江苏、山东等省份技术创新投入水平较高，主要得益于总量指标数值大，而黑龙江、陕西、新疆、辽宁等省份相对指标数值比较大。技术创新总量投入大的省份，其技术创新产出能力也比较好，技术创新产出与技术创新投入密切相关。青海、新疆等中西部的省份，高技术产业的投入相对较少，但其产出效益比较高，说明这些地区管理水平比较好，这值得其他省份学习。江苏、广东、浙江等省份高技术企业对技术创新非常重视，这也印证了前述动态分析的结果。

第六章 高技术产业各行业技术创新能力的测度与分析

前面我们对各个省份高技术产业技术创新能力进行了测度和分析，但高技术产业中各个行业技术创新能力如何，同样应该关注。

一、高技术产业各行业技术创新能力综合指数的测度与分析

高技术产业各行业分类如第一章所述，我国高技术产业分为六大类，大类下面分了若干小类，根据高技术产业（制造业）统计资料整理公布格式，大类下面分了18个小类，故根据这18个小类收集2016年反映高技术产业技术创新能力的统计数据，如附表2所示。

（一）高技术产业各行业技术创新能力综合指数的编制

收集2013年各行业上述18项指标数值，其基期年（2013年）各指标的最小值、最大值、均值如表6-1所示。

表6-1　2013年各行业各指标的最小值、最大值与平均值

	最小值	最大值	平均值
R&D 人员折合全时当量	3700.80	127710.80	34542.75
R&D 人员强度	2.77	16.13	6.52
R&D 经费内部支出	102442.20	5042582.10	1063906.58
R&D 经费强度	0.49	11.99	2.62
研发人员人均 R&D 经费内部支出	15.04	59.46	30.76
仪器和设备支出占 R&D 经费内部支出的比重	1.60	15.40	8.94
技术改造经费支出	1707.50	867332.80	215270.45
技术改造经费强度	0.01	2.19	0.53
专利申请数	592.00	26815.00	7323.22
新产品销售收入	435840.40	90731953.20	16539565.05
新产品销售收入占主营业务收入的比重	12.17	53.31	25.03

续表

	最小值	最大值	平均值
新产品出口销售率	0.00	91.96	28.66
R&D 人员人均专利申请数	0.08	0.41	0.22
R&D 人员产出效率	117.77	1309.90	457.50
新产品开发产出效率	1.37	52.81	13.20
有研发机构的企业数	7.00	1240.00	352.61
有研发机构的企业数占企业总数的比重	18.43	49.21	28.07
政府 R&D 经费占 R&D 经费内部支出的比重	0.46	43.03	9.63

注：各指标的计量单位如附表 2 所示。

按照前述综合指数的编制方法，编制高技术产业各行业技术创新能力指数，结果如表 6-2 所示。

表 6-2　各行业技术创新能力综合指数　　　　　　单位：%

行业	投入指数	产出指数	效益指数	内部环境指数	加权总指数	等权总指数
化学药品制造	159.28	97.33	64.81	172.24	124.39	123.42
中成药生产	85.84	46.58	80.02	102.80	76.29	78.81
生物药品制造	96.50	41.72	49.05	127.26	76.73	78.63
飞机制造	172.29	117.88	81.90	311.71	165.77	170.95
航天器制造	180.66	36.14	29.36	147.78	100.47	98.48
通信设备制造	241.51	498.13	172.49	127.02	281.79	259.78
广播电视设备制造	63.22	67.23	104.68	109.48	81.97	86.15
雷达及配套设备制造	99.14	74.09	79.87	206.83	109.31	114.98
视听设备制造	75.68	158.31	200.02	93.43	128.89	131.86
电子器件制造	221.87	258.48	148.68	234.67	220.77	215.92
电子元件制造	130.16	182.34	97.29	247.74	162.76	164.38
其他电子设备制造	57.45	80.54	122.44	147.72	95.43	102.04
计算机整机制造	68.39	171.49	312.02	79.85	150.34	157.94
计算机零部件制造	28.60	85.28	174.68	66.59	82.42	88.79

行业	投入指数	产出指数	效益指数	内部环境指数	加权总指数	等权总指数
计算机外围设备制造	41.42	88.02	145.43	112.92	90.50	96.95
办公设备制造	32.38	53.30	138.17	90.97	71.53	78.70
医疗仪器设备及器械制造	77.80	55.27	88.97	133.37	84.39	88.85
仪器仪表制造	109.64	130.31	93.31	228.91	136.43	140.54

（二）高技术产业各行业技术创新能力综合指数分析

各行业技术创新投入指数高于 2013 年平均水平的有 7 个行业，低于平均水平的有 11 个行业，最高的通信设备制造业为 241.51%，最低的计算机零部件制造业仅有 28.60%，将各行业技术创新投入指数按从高到低的顺序排列为：通信设备制造、电子器件制造、航天器制造、飞机制造、化学药品制造、电子元件制造、仪器仪表制造；雷达及配套设备制造、生物药品制造、中成药生产、医疗仪器设备、视听设备制造、计算机整机制造、广播电视设备制造、其他电子设备制造、计算机外围设备制造、办公设备制造、计算机零部件制造。其中通信设备制造、电子器件制造、飞机制造、化学药品制造、电子元件制造、仪器仪表制造这六个行业的技术创新投入总量大，2016 年 R&D 人员全时当量占 18 个行业的比重达到 71.75%，R&D 经费内部支出占 73.38%，技术改造经费支出占 77.95%，投入相对指标数值或平均指标数值多在上游或中上游。航天器制造投入总量少，但各项相对指标或平均指标的数值在 18 个行业中表现突出，如 R&D 人员强度、R&D 经费强度、研发人员人均 R&D 人员经费内部支出均为最大值、技术改造经费强度名列第二，故其投入综合指数也高于 2013 年平均水平。雷达及配套设备制造也是投入总量小，但各项投入相对指标表现也比较突出，故其投入综合指数尽管低于 2013 年平均水平，但仍然处于中上游水平。而表现比较差的计算机外围设备制造、办公设备制造、计算机零部件制造等行业的技术创新投入总量小，2016 年 R&D 人员全时当量占 18 个行业的比重仅 3.07%，R&D 经费内部支出占 2.69%，技术改造经费支出占 2.27%，其相对指标或平均指标数值也比较小。

技术创新产出能力指数高于 2013 年平均水平的有 7 个行业，低于平均水平的有 11 个行业，最高的通信设备制造业综合指数为 498.13%，最低的航天器制造仅为 36.14%。将各行业技术创新产出能力指数按从高到低的顺序排列为：通信设备制造、电子器件制造、电子元件制造、计算机整机制造、视听设备制造、仪器仪表制造、飞机制造；化学药品制造、计算机外围设备制造、计算机零部件制造、其他电子设备制造、雷达及配套设备制造、雷达及配套设备制造、广播电视设备制造、医疗仪器设备、办公设备制造、中成药生产、生物药品制造、航天器制造。其中通信设备制造、电子器件制造、电子元件制造、仪器仪表制造产出总量指标数值大，2016 年这四个行业的专利申请数占 18 个行业的比重达到 62.77%，新产品销售收入占 61.67%，结合创新投入情况，可以看到，创新投入总量数值大，其产出总量也大，投入和产出总量存在密切的相关关系。这四个行业中除仪器仪表制造业的产出相对指标或平均指标表现较弱外，其他三个行业的产出相对指标或平均指标的表现均比较好，总量指标和相对指标的表现突出，使这些行业产出的总体表现远远高于 2013 年的平均水平。计算机整机制造、视听设备制造投入综合指数低于 2013 年平均水平，但产出综合指数却好于 2013 年平均水平，无论是产出的总量指标还是相对指标或平均指标的数值表现都比较好，说明其经营管理水平高，这是值得其他行业借鉴的。航天器制造投入总量小，产出总量也小，尽管投入相对指标或平均指标表现突出，但产出相对指标或平均指标尤其是新产品出口销售率表现最差，2016 年仅为 0.53%，远远低于 2013 年的平均水平，这是因为航天器制造业的主要市场在国内，国际市场的竞争能力低。化学药品制造投资综合指数好于 2013 年平均水平，但产出综合指数低于 2013 年平均水平，但仍处于中上游水平。中成药生产尽管新产品销售收入多，但专利申请数量小，新产品出口销售率低（2016 年仅为 2.7%），中成药生产的主要市场也在国内市场。生物药品制造投入总量较低，产出总量也比较低，产出相对指标的表现也偏低，故总体产出能力较低。

　　技术创新效益指数高于 2013 年平均水平的有 9 个行业，低于平均水平的有 9 个行业，最高的计算机整机制造的综合指数为 312.02%，最低的航天器制造仅为 29.36%。将各行业技术创新效益指数按从高到低的顺序排列为：计算机整机制造、视听设备制造、计算机零部件制造、通信设备制造、电子器件制造、计算机外围设备制造、办公设备制造、其他电子设备制造、广播电视设备制造、电子元件制造、仪器仪表制造、医疗仪器设备、飞机制造、中成药生产、雷达及配套设备制造、化学药品制造、生物药品制造、航天器制造。其中，计算机整机制造、视听设备制造投入综合指数远低于 2013 年平均水平，但产出综合指数及效益指数均远远高于平均水平，说明其经营管理水平高，效益突出。计算机零部件制造投入及产出综合指数都低于 2013 年平均水平，但效益综合指数却比较高。通信设备制造、电子器件制造各个方面的表现都非常好。航天器制造 R&D 人员人均产出效率和新产品开发产出效率两项指标的值均为最小。生物药品制造的人均专利申请数最低，R&D 人员人均产出效率也比较低；化学药品制造三项效益指标都处于下游地位。行业效益好，说明行业管理水平较高，其他行业应该向其学习创新管理方法。

　　技术创新内部环境支撑指数高于 2013 年平均水平的有 14 个行业，低于平均水平的有 4 个行业，最高的飞机制造的综合指数高达 311.71%，最低的计算机零部件制造业综合指数仅为 66.59%。将各行业技术创新效益指数按从高到低的顺序排列为：飞机制造、电子元件制造、电子器件制造、仪器仪表制造、雷达及配套设备制造、化学药品制造、航天器制造、其他电子设备制造、医疗仪器设备、生物药品制造、通信设备制造、计算机外围设备制造、广播电视设备制造、中成药生产、视听设备制造、办公设备制造、计算机整机制造、计算机零部件制造。从创新内部环境指数来看，只有 4 个行业的综合指数低于 2013 年平均水平，说明高技术产业创新环境提高快，各个行业都比较重视创新内部环境的营造。电子元件制造、电子器件制造、仪器仪表制造三个行业，有研发机构的企业数占其总数的比重达到 49.72%，占据了有研发机构数的半壁江山，有研发机构的企业数占企业总数的比重也比较高，说明该行业中的企业对技术创新内部环境重视度高，只有具有良好的创新环境，高技术产业的创新活动才能很好地开展。飞机制造业有研发机构的企业数尽管很少，但有研发机构的企业数占企业总数的比重最大，并且政府支出占 R&D 内部支出的比重最高，研发内部环境很好，说明政府和企业对飞机制造业都非常重视。视听设备制造、办公设备制造、计算机整机制造、计算机零部件制造四个行业，有研发机构的企业数少，仅占有研发机构的企业数总数的 7.5%，且政府支出占 R&D 内部支出的比重也比较低，致使其排名靠后。

技术创新能力总的综合指数（加权总指数）高于 2013 年平均水平的有 10 个行业，低于平均水平的有 8 个行业，加权综合指数最高的通信设备制造业为 281.79%，最低的办公设备制造仅为 71.53%。将各行业技术创新能力综合指数按从高到低的顺序排列为：通信设备制造、电子器件制造、飞机制造、电子元件制造、计算机整机制造、仪器仪表制造、视听设备制造、化学药品制造、雷达及配套设备制造、航天器制造、其他电子设备制造、计算机外围设备制造、医疗仪器设备、计算机零部件制造、广播电视设备制造、生物药品制造、中成药生产、办公设备制造。总的综合指数是各层次指数综合的结果，通信设备制造、电子器件制造四个层次的表现都远远高于 2013 年平均水平，故总的综合指数数值表现也最好。飞机制造、电子元件制造其效益表现较差，不及 2013 年的平均水平，但由于其他三个方面的表现比较好，故总的综合指数也表现突出。雷达及配套设备制造、其他电子设备制造、计算机外围设备制造、医疗仪器设备、计算机零部件制造、广播电视设备制造、生物药品制造、中成药生产、办公设备制造这 9 个行业其创新投入和创新产出综合指数都不及2013 年的平均水平，故需要关注其投入和产出的具体情况。

技术创新能力总的综合指数（等权总指数）高于 2013 年平均水平的有 10 个行业，低于平均水平的有 8 个行业，不加权综合指数最高的通信设备制造业为259.78%，最低的生物药品制造业为 78.63%。将各行业技术创新能力综合指数按从高到低的顺序排列为：通信设备制造、电子器件制造、飞机制造、电子元件制造、计算机整机制造、仪器仪表制造、视听设备制造、化学药品制造、雷达及配套设备制造、其他电子设备制造、航天器制造、计算机外围设备制造、医疗仪器设备、计算机零部件制造、广播电视设备制造、中成药生产、办公设备制造、生物药品制造。

其排序结果与加权总指数相比只有少许的差别。

小结：我国高技术产业技术创新投入主要集中在通信设备制造、电子器件制造、飞机制造、化学药品制造、电子元件制造、仪器仪表制造这 6 个行业，其创新投入总量大，投入相对指标数值或平均指标数值多处于上游或中上游水平；航天器制造、雷达及配套设备制造这 2 个行业投入总量少，但投入相对指标或平均指标的数值表现突出，其他行业可加以借鉴。

技术创新产出主要集中在通信设备制造、电子器件制造、电子元件制造、仪器仪表制造、计算机整机制造、视听设备制造这 6 个行业，创新产出总量大，其多个产出相对指标的数值表现也比较好。总体来看，投入与产出是有关系的，投入水平高，其产出水平也高。计算机整机制造、视听设备制造、计算机零部件制造、通信设备制造、电子器件制造等行业产出效益高，其他行业应加以借鉴。从创新内部环境指数来看，只有 4 个行业的综合指数低于 2013 年平均水平，说明各个行业都比较重视营造创新的内部环境。综合来说，通信设备制造、电子器件制造、飞机制造、电子元件制造、计算机整机制造、仪器仪表制造、视听设备制造、化学药品制造这 8 个行业技术创新表现远远好于 2013 年的平均水平。

(三) 各行业与技术创新能力各层次 (综合指数法) 的对应分析

通过综合指数，了解了各个行业各个层次的发展情况，但各层次的表现对各个行业所起的作用如何，同样可以通过对应分析反映出来，其对应分析的结果如图 6-1 所示。

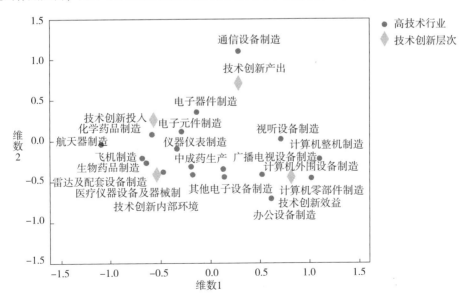

图 6-1　各行业与技术创新能力各层次 (综合指数法) 的对应分析

从图 6-1 可以看出，创新投入综合指数对化学药品制造、电子元件制造、电子器件制造、仪器仪表制造、航天器制造的作用突出；创新产出综合指数对通信设备制造、电子器件的作用突出；创新效益综合指数对办公设备制造、计算机零部件制造、计算机整机制造、视听设备制造、计算机外围设备制造的作用突出；创新内部环境对雷达及配套设备制造、其他电子设备制造、医疗仪器设备及器械制造、中成药生产、生物药品制造、飞机制造、广播电视设备制造、仪器仪表制造作用突出。

二、用熵值法对各行业技术创新能力测度与分析

由于我们选取了 18 个行业，每个行业观察了 18 个指标，指标个数与行业个数相等，这不符合主成分的要求，故在此用熵值法对各行业技术创新能力进行测度与分析。

（一）熵值法

"熵"出自热力学，通常是用来衡量一种能力是否均匀分布于所在空间。在信息论中，熵是对不确定性的一种度量。信息量越大，不确定性就越小，熵也就越小；信息量越小，不确定性越大，熵也越大。根据熵的特性，既可以通过计算熵值来判断一个事件的随机性及无序程度，也可以用熵值来判断某个指标的离散程度，指标的离散程度越大，该指标对综合评价的影响（权重）越大，其熵值越小。熵值法是一种客观赋权法，根据各项指标观测值所提供的信息大小来确定指标的权重。设有 n 个待评方案，p 项评价指标，形成原始指标的数据矩阵 $X = (X_{ij})_{n \times p}$，对于某项指标 X_j，指标值 X_{ij} 的差距越大，则该指标在综合评价中所起的作用也就越大，如果某项指标值全部相等，则该指标在综合评价中不起作用。

1. 观测数据是否需要进行非负化处理

由于熵值法计算采用的是各个方案某一指标占同一指标值总和的比值，因此不存在量纲的影响，一般不需要进行标准化处理，若数据中有负值，则需要对数据进行非负化处理。为了避免求熵值时数据对数无意义，还需要进行数据平移。由于高技术产业技术创新指标数据均为正数，且均为正指标，故在此不需要进行非负化处理。

2. 计算第 j 项指标下第 i 个行业占该指标值的比重

$$p_{ij} = \frac{X_{ij}}{\sum_{i=1}^{n} X_{ij}}$$

3. 熵值和信息效用值的计算

$$e_j = -k \sum_{i=1}^{n} (p_{ij} \ln p_{ij})$$

式中，k 为常数，且 $k = \frac{1}{\ln n}$，这样就能保证 $0 \leq e_j \leq 1$，即 e_j 最大值为 1。

对于给定的 j，X_{ij} 的差异越小，则 e_j 越大，当 X_{ij} 全部相等时，$e_j=1$，此时，该指标毫无意义，当指标在各行业的差别越大时，则 e_j 越小，此时该指标对于各行业技术创新能力的比较所起的作用也就越大。

第 j 项指标的效用值可由下列公式计算：

$$g_j = 1 - e_j$$

g_j 越大，第 j 个指标也就越重要。

4. 计算评价指标权重

利用熵值法估计各指标的权重，其本质是利用该指标信息的价值系统来计算，其价值系数越高，对评价的重要性就越大，即权重越大，对评价结果的贡献越大。第 j 项指标的权重为：

$$w_j = \frac{g_j}{\sum_{j=1}^{p} g_j}$$

5. 计算各行业的综合得分

$$v_i = \sum_{j=1}^{p} (w_j p_{ij})$$

（二）用熵值法测算高技术产业各行业技术创新能力

按照熵值法的测算步骤，根据 2016 年各个行业技术创新的指标数据，计算各指标的熵值及权数，其测算结果如表 6-3 所示。

表 6-3 各行业各项指标的熵值和权重

指标	熵值	权数
R&D 人员折合全时当量	0.849	0.081
R&D 人员强度	0.952	0.026
R&D 经费内部支出	0.819	0.097
R&D 经费强度	0.901	0.053
研发人员人均 R&D 经费内部支出	0.993	0.004
仪器和设备支出占 R&D 经费内部支出的比重	0.979	0.011
技术改造经费支出	0.786	0.114
技术改造经费强度	0.868	0.071
专利申请数	0.833	0.089
新产品销售收入	0.764	0.126

指标	熵值	权数
新产品销售收入占主营业务收入的比重	0.976	0.013
新产品出口销售率	0.902	0.053
R&D 人员人均专利申请数	0.980	0.011
R&D 人员产出效率	0.936	0.034
新产品开发产出效率	0.962	0.021
有研发机构的企业数	0.838	0.087
有研发机构的企业数占企业总数的比重	0.996	0.002
政府 R&D 经费占 R&D 经费内部支出的比重	0.795	0.110

观察表6-3可以看出，R&D人员折合全时当量、R&D经费内部支出、R&D经费强度、技术改造经费支出、技术改造经费强度、专利申请数、新产品销售收入、新产品出口销售率、有研发机构的企业数、政府支出占R&D经费内部支出的比重的权重较大，故在综合评价时所起的作用就大。用计算出的客观权重，计算各行业的综合得分，如表6-4所示。

表6-4　2016年各行业高技术产业技术创新能力得分

行业	投入得分	产出得分	效益得分	创新内部环境得分	综合得分
化学药品制造	0.095	0.049	0.041	0.056	0.071
中成药生产	0.045	0.023	0.046	0.041	0.038
生物药品制造	0.035	0.019	0.029	0.035	0.030
飞机制造	0.096	0.029	0.045	0.176	0.090
航天器制造	0.067	0.005	0.017	0.088	0.051
通信设备制造	0.135	0.258	0.081	0.037	0.146
广播电视设备制造	0.026	0.025	0.041	0.018	0.025
雷达及配套设备制造	0.037	0.011	0.037	0.059	0.034
视听设备制造	0.035	0.065	0.091	0.026	0.045
电子器件制造	0.150	0.129	0.061	0.091	0.127
电子元件制造	0.087	0.092	0.049	0.098	0.088
其他电子设备制造	0.025	0.037	0.049	0.064	0.037
计算机整机制造	0.032	0.076	0.143	0.009	0.047

续表

行业	投入得分	产出得分	效益得分	创新内部环境得分	综合得分
计算机零部件制造	0.011	0.033	0.081	0.011	0.022
计算机外围设备制造	0.019	0.036	0.065	0.045	0.032
办公设备制造	0.013	0.022	0.055	0.017	0.019
医疗仪器设备及器械制造	0.033	0.027	0.031	0.043	0.033
仪器仪表制造	0.059	0.064	0.039	0.086	0.065
均值	0.056	0.056	0.056	0.056	0.056
标准差	0.041	0.059	0.029	0.041	0.036

　　按照同样的方法，可计算出各个行业技术创新投入、技术创新产出、技术创新效益、技术创新内部环境的综合得分，如表6-4所示。按照熵值法计算的各行业技术创新能力得分的均值为0.056分。

(三) 各行业技术创新能力分析

　　2016年技术创新投入得分高于平均水平的有7个行业，低于平均水平的有11个行业，得分最高的电子器件制造为0.150分，得分最低的计算机零部件制造为0.011分，将各行业技术创新投入得分按从高到低的顺序排列为：电子器件制造、通信设备制造、飞机制造、化学药品制造、电子元件制造、航天器制造、仪器仪表制造、中成药生产、雷达及配套设备制造、生物药品制造、视听设备制造、医疗仪器设备及器械制造、计算机整机制造、广播电视设备制造、其他电子设备制造、计算机外围设备制造、办公设备制造、计算机零部件制造。这和上述综合指数的排序是有差别的，因为这是从静态上对问题进行测度的。但从好于平均水平的行业来看，好于平均水平的7个行业是相同的，除航天器制造外，其他6个行业的总量指标投入数值大，相对指标或平均指标数值多处于中上游，具体数字可查阅上述综合指数分析。航天器制造投入总量少，但各项投入相对指标或平均指标的数值在18个行业中表现突出，熵值得分比较低的计算机零部件制造、办公设备制造、计算机外围设备制造等行业的技术创新投入总量低，其相对指标或平均指标数值表现也不突出，这和上述综合指数分析结论一致。

　　技术创新产出能力得分高于平均水平的有6个行业，低于平均水平的有12个行业，得分最高的通信设备制造为0.258分，得分最低的航天器制造为0.005分。将各行业技术创新产出得分按从高到低的顺序排列为：通信设备制造、电子器件制造、电子元件制造、计算机整机制造、视听设备制造、仪器仪表制造、化学药品制造、其他电子设备制造、计算机外围设备制造、计算机零部件制造、飞机制造、医疗仪器设备及器械制造、广播电视设备制造、中成药生产、办公设备制造、生物药品制造、雷达及配套设备制造、航天器制造。这和上述综合指数的排序同样是有差别的，但从表现最好的前6个行业来看，其排名顺序与综合指数排名完全相同。通信设备制造、电子器件制造、电子元件制造、仪器仪表制造投入总量大，产出总量也大，除仪器仪表制造业的产出相对指标或平均指标表现较弱外，其他三个行业的产出相对指标或平均指标的表现均比较好，故综合得分高于平均水平。计算机整机制造、视听设备制造技术创新投入得分低于平均水平，但技术创新产出得分高于平均水平，这和综合指数的分析结果是一致的。化学药品制造尽管创新产出低于平均水平，但仍处于中上游的位置，虽然投入各项指标表现好，但产出中的相对指标表现欠佳。航天器制造技术创新投入得分高于平均水平，但其技术创新产出得分却低于平均水平，其投入总量小，产出总量也小，产出相对指标或平均指标尤其是新产品出口销售率表现最差。雷达及配套设备制造、办公设备制造投入总量少，产出总量也少，雷达及配套设备制造的出口销售率排名倒数第三，故它们的产出水平也低。生物药品制造业投入总量排名并不是太靠后，但其专利申请数及新产品销售收入比较低，造成了其投入和产出比例不协调。

技术创新效益高于平均水平的有6个行业，低于平均水平的有12个行业，得分最高的计算机整机制造0.143分，得分最低的航天器制造0.017分。将各行业技术创新效益得分按从高到低的顺序排列为：计算机整机制造、视听设备制造、计算机零部件制造、通信设备制造、计算机外围设备制造、电子器件制造、办公设备制造、其他电子设备制造、电子元件制造、中成药生产、飞机制造、广播电视设备制造、化学药品制造、仪器仪表制造、雷达及配套设备制造、医疗仪器设备及器械制造、生物药品制造、航天器制造。这和上述综合指数的排序同样是有差别的。但表现最好的前6个行业是相同的，只是排名第四和排名第五的顺序发生了变化。计算机整机制造、通信设备制造、视听设备制造2016年各项产出效益指标表现都很突出。电子器件制造研发人员人均专利申请数表现突出，R&D人员产出效率、新产品开发产出效率表现也在中上游，计算机零部件制造、计算机外围设备制造的新产品开发产出效率表现突出，人均申请专利数及R&D人员产出效率表现也在中上游地位，故它们的综合效益表现比较好。航天器制造、生物药品制造的分析参见综合指数分析。

技术创新内部环境高于平均水平的有8个行业，低于平均水平的有10个行业，得分最高的飞机制造为0.176分，得分最低的计算机整机制造为0.009分。将各行业技术创新内部环境得分按从高到低的顺序排列为：飞机制造、电子元件制造、电子器件制造、航天器制造、仪器仪表制造、其他电子设备制造、雷达及配套设备制造、化学药品制造、计算机外围设备制造、医疗仪器设备及器械制造、中成药生产、通信设备制造、生物药品制造、视听设备制造、广播电视设备制造、办公设备制造、计算机零部件制造、计算机整机制造。这和上述综合指数的排序同样是有差别的，但表现最好的 8 个行业也是相同的，只是其排列顺序不同。排名靠后的行业顺序也有少许的差别。电子元件制造、电子器件制造、仪器仪表制造三个行业的分析参见综合指数。飞机制造业、航天器制造、雷达及配套设备制造业有研发机构的企业的个数少，三个行业合计也仅有 120 个企业，但政府支出占 R&D 经费支出的比重表现突出，使总的表现良好。计算机整机制造、计算机零部件制造、办公设备制造、广播电视设备制造有研发机构的企业个数少，政府支出占 R&D 内部支出的比重小，使其排名靠后。

技术创新能力综合得分高于平均水平的有 6 个行业，低于平均水平的有 12 个行业，得分最高的通信设备制造为 0.146 分，得分最低的办公设备制造为 0.019 分。将各行业技术创新能力综合得分按从高到低的顺序排列为：通信设备制造、电子器件制造、飞机制造、电子元件制造、化学药品制造、仪器仪表制造、航天器制造、计算机整机制造、视听设备制造、中成药生产、其他电子设备制造、雷达及配套设备制造、医疗仪器设备及器械制造、计算机外围设备制造、生物药品制造、广播电视设备制造、计算机零部件制造、办公设备制造。这和上述综合指数的排序同样是有差别的，但排名前四的行业是一致的。技术创新能力得分是各个层次、各个指标综合的结果。

小结：从横向看，我国高技术产业技术创新投入主要集中在电子器件制造、通信设备制造、飞机制造、化学药品制造、电子元件制造、仪器仪表制造这 6 个行业，其创新投入总量大，投入相对指标数值或平均指标数值多处于上游或中上游水平；航天器制造投入总量少，但投入相对指标或平均指标的数值表现突出，其他行业可加以借鉴。技术创新产出主要集中在通信设备制造、电子器件制造、电子元件制造、计算机整机制造、视听设备制造、仪器仪表制造这 6 个行业，其产出总量指标数值大，相对指标多数表现比较好。总体来看，投入与产出是有关系的，投入水平高，其产出水平也高。生物药品制造业投入总量并不是太小，但其产出总量比较低，即投入和产出比例不协调。计算机整机制造、视听设备制造、计算机零部件制造、通信设备制造、计算机外围设备制造、电子器件制造产出效益高，其他行业应加以借鉴。飞机制造业、航天器制造、雷达及配套设备制造业政府支持力度比较大，电子元件制造、电子器件制造、仪器仪表制造、其他电子设备制造、化学药品制造企业的内部创新环境好。综合来说，通信设备制造、电子器件制造、飞机制造、电子元件制造、化学药品制造、仪器仪表制造这 6 个行业技术创新表现好于整个高技术产业的平均水平。

（四）各行业与各层次技术创新能力（熵值法）的对应分析

通过熵值法计算了各个行业的得分，了解了各个行业各个层次的发展情况，但各层次的表现对各个行业所起的作用如何，同样可以通过对应分析反映出来，其对应分析的结果如图 6-2 所示。

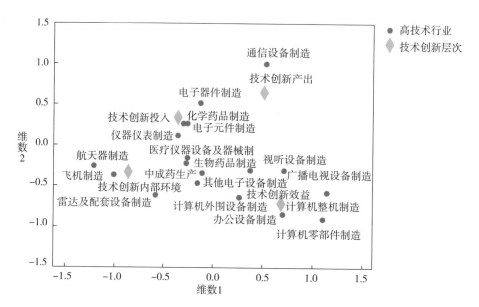

图 6-2　各行业与各层次技术创新能力（熵值法）的对应分析

从图 6-2 可以看出，技术创新投入对化学药品制造、电子元件制造、电子器件制造、仪器仪表制造的作用突出；创新产出对通信设备制造、电子器件的作用突出；创新效益对计算机零部件制造、办公设备制造、计算机整机制造、视听设备制造、计算机外围设备制造、广播电视设备制造的作用突出；创新内部环境对航天器制造、飞机制造、医疗仪器设备及器械制造、生物药品制造、中成药生产、其他电子设备制造、雷达及配套设备制造的作用突出。

三、用聚类分析对各行业技术创新能力进行分析

在聚类分析中，通过各种聚类方法的比较，最终选定在计算样品间距离时采用欧式距离的平方，在样品和小类、小类和小类之间的距离采用离差平方和法。用 SPSS 软件对 18 个行业进行聚类，聚类指标仍然是上述分析所选用的 18 个指标（对指标进行标准差标准化处理），结果如图 6-3 所示。

根据图 6-3，可以将 18 个行业分为 5 类：

第一类：通信设备制造；

第二类：电子器件制造、仪器仪表制造、电子元件制造、化学药品制造、生物药品制造、中成药制造；

第三类：航天器制造、雷达及配套设备制造、飞机制造；

第四类：计算机整机制造、视听设备制造、计算机外围设备制造、计算机零部件制造；

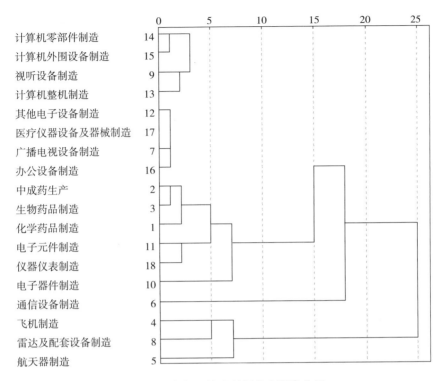

图 6-3　各行业技术创新能力聚类分析

第五类：办公设备制造、广播电视设备制造、医疗仪器设备及器械制造、其他电子设备制造。

这和用熵值法的排序有一些差别，方法不同，其分析结果是有差别的。

第七章 高技术产业各地区分行业技术创新能力的测度与分析

一、各地区医药制造业技术创新能力的测度与分析

（一）各地区医药制造业技术创新能力综合指数的测度与分析

1. 各地区医药制造业技术创新能力综合指数的测度

收集医药制造业基期年（2013 年）技术创新能力的 18 项指标，并计算指标的最小值、最大值、平均值。同样搜集 2016 年医药制造业反映技术创新能力的 18 项指标，按照前述综合指数的编制方法，编制医药制造业技术创新能力指数，结果如表 7-1 所示。

表 7-1　各地区医药制造业技术创新能力综合指数　　　单位：%

地区	投入指数	产出指数	效益指数	内部环境	加权综合指数	等权综合指数
北京	114.24	89.77	61.00	102.26	93.85	91.82
天津	140.47	169.94	143.03	88.88	139.51	135.58
河北	126.97	140.18	77.07	101.99	115.96	111.55
山西	39.54	111.05	66.46	95.74	77.62	78.20
内蒙古	73.71	33.62	84.02	49.99	59.00	60.34
辽宁	47.16	82.76	70.09	42.46	61.49	60.62
吉林	67.82	71.35	151.84	56.19	83.36	86.80
黑龙江	45.45	20.18	31.02	50.94	36.08	36.90
上海	135.09	142.04	103.17	75.99	118.97	114.07
江苏	280.05	379.93	128.85	364.90	296.99	288.64
浙江	216.38	344.53	116.90	242.62	240.18	230.11
安徽	94.26	144.37	157.73	168.44	136.82	141.20
福建	90.68	86.05	92.18	111.27	93.71	95.05
江西	58.13	87.92	183.44	114.41	103.39	110.98
山东	313.10	358.34	118.09	152.82	255.62	235.59

续表

地区	投入指数	产出指数	效益指数	内部环境	加权综合指数	等权综合指数
河南	83.04	97.65	51.60	108.11	86.15	85.10
湖北	103.97	188.71	138.03	72.85	129.98	125.89
湖南	138.62	158.66	208.38	97.30	150.32	150.74
广东	164.77	210.83	118.85	219.49	180.35	178.49
广西	52.96	65.88	141.05	55.96	75.05	78.96
海南	77.34	22.17	14.67	103.35	53.46	54.38
重庆	115.86	142.35	197.30	118.43	140.61	143.49
四川	104.37	103.74	137.51	62.83	102.50	102.11
贵州	72.21	41.28	105.83	71.96	69.60	72.82
云南	69.44	38.15	91.93	72.34	65.13	67.97
陕西	78.20	34.61	78.63	24.82	54.53	54.07
甘肃	65.07	24.57	39.06	63.24	47.35	47.99
青海	49.19	43.29	169.93	110.80	83.89	93.30
宁夏	95.65	309.61	192.96	82.09	176.59	170.08
新疆	58.39	14.05	72.32	116.14	59.43	65.23

2. 各地区医药制造业技术创新能力综合指数分析

各地区医药制造业技术创新投入好于 2013 年平均水平的有 12 个省份，低于平均水平的多达 18 个省份，且各个省份技术创新投入综合指数相差较为悬殊，指数最高的山东省为 313.10%，最低的山西省仅为 39.54%。对各省份技术创新投入指数从高到低排序为：山东、江苏、浙江、广东、天津、湖南、上海、河北、重庆、北京、四川、湖北、宁夏、安徽、福建、河南、陕西、海南、内蒙古、贵州、云南、吉林、甘肃、新疆、江西、广西、青海、辽宁、黑龙江、山西。山东、江苏、浙江三省医药制造业技术创新投入总量指标数值大，2016 年 R&D 人员全时当量占 30 个省份的 39.47%、R&D 经费内部支出占 41.84%、技术改造经费支出占 56.28%，可见这三个省份医药制造业的投入总量之大，其投入相对指标或平均指标的数值多处于上游地位，投入表现远远高于 2013 年的平均水平。高于 2013 年平均水平的其他 9 个省份，其 R&D 人员全时当量占 30 个省份的 35.78%，R&D 经费内部支出占 38.07%，技术改造经费支出占 25.71%，其相对指标或平均指标的数值多数表现比较好。而排名靠后的山西、黑龙江、辽宁、青海、广西、江西、新疆、甘肃 8 个省份，R&D 人员全时当量仅占 30 个省份的 7.72%、R&D 经费内部支出占 5.2%、技术改造经费支出占 4.8%。宁夏、内蒙古在投入总量指标数值小，且排名倒数，但其投入相对指标数值表现突出，其技术创新投入尽管不如 2013 年的平均水平，但总体排名并不落后。

各地区医药制造业技术创新产出好于 2013 年平均水平的有 14 个省份，低于平均水平的有 16 个省份，且各个省份技术创新产出指数相差较为悬殊，指数最高的江苏为 379.95%，最低的新疆仅为 14.05%。对各省份技术创新产出指数从高到低排序为：江苏、山东、浙江、宁夏、广东、湖北、天津、湖南、安徽、重庆、上海、河北、山西、四川、河南、北京、江西、福建、辽宁、吉林、广西、青海、贵州、云南、陕西、内蒙古、甘肃、海南、黑龙江、新疆。江苏、山东、浙江三省医药制造业技术创新投入总量指标数值大，其产出总量指标数值也大，2016 年其专利申请数占 30 个省份的 35.65%，新产品销售收入占 42.66%，除江苏新产品出口销售率表现欠佳外，其相对指标的数值均比较大，故其产出表现也是远远高于 2013 年的平均水平。排名靠前的宁夏、山西等省份，其投入总量指标小，产出总量指标也小，但产出相对指标数值表现好，使其技术创新产出水平 2016 年好于 2013 年平均水平。高于 2013 年平均水平的其他 9 个省份，2016 年专利申请数占 30 个省份的 42.10%，新产品销售收入占 38.23%，除个别省份外，其相对指标的数值表现也比较好。北京投入综合指数高于 2013 年平均水平，但产出综合指数却低于 2013 年平均水平，主要是由新产品出口销售率低引起的。排名靠后的广西、青海、贵州、云南、陕西、内蒙古、甘肃、海南、黑龙江、新疆十个省份，2016 年专利申请数仅占 30 个省份的 8.24%，新产品销售收入占 5.05%，且其相对指标数值表现也比较差。

各地区医药制造业技术创新效益好于 2013 年平均水平的有 17 个省份，低于平均水平的有 13 个省份，且各省份技术创新效益指数相差较为悬殊，指数最高的湖南为 208.38%，最低的海南仅为 14.67%。对各省份技术创新效益指数从高到低排序为：湖南、重庆、宁夏、江西、青海、安徽、吉林、天津、广西、湖北、四川、江苏、广东、山东、浙江、贵州、上海、福建、云南、内蒙古、陕西、河北、新疆、辽宁、山西、北京、河南、甘肃、黑龙江、海南。宁夏、青海投入总量小，产出总量也小，但其技术创新效益排名居前，说明其在技术创新过程中管理水平较好，这是值得其他省份借鉴的。而江苏、广东、山东、浙江等省份技术创新投入及产出总量指标数值大，但其创新效益表现并不十分突出，应该总结经验，提高经营管理水平，从而提升创新效益。甘肃、黑龙江、海南等省投入总量小，产出总量也小，其创新效益指标数值小，故其效益综合指数远低于 2013 年平均水平。

各地区医药制造业技术创新内部环境好于 2013 年平均水平的有 14 个省份，低于平均水平的有 16 个省份，且各个省份技术创新创新内部环境指数相差较为悬殊，指数最高的江苏为 364.94%，最低的陕西仅为 24.82%。对各省份技术创新创新内部环境指数从高到低排序为：江苏、浙江、广东、安徽、山东、重庆、新疆、江西、福建、青海、河南、海南、北京、河北、湖南、山西、天津、宁夏、上海、湖北、云南、贵州、甘肃、四川、吉林、广西、黑龙江、内蒙古、辽宁、陕西。江苏、浙江、广东其技术创新环境远远好于 2013 年平均水平，2016 年有研发机构的企业数占 30 个省份的 38.50%，有研发机构的企业数占企业总数的比重居于前列，说明这些省市的医药制造企业为研发环境营造了很好的氛围。海南、青海、新疆等有研发机构的企业数少，但政府支出占 R&D 内部支出的比重大，有研发机构的企业数占企业总数的比重大，说明政府及企业对高技术产业技术创新环境均十分重视。

各地区医药制造业技术创新能力综合表现（加权综合指数）好于 2013 年平均水平的有 14 个省份，低于平均水平的有 16 个省份，且各个省份技术创新创新能力综合表现相差较为悬殊，指数最高的江苏为 296.99%，最低的黑龙江仅为 36.08%。对各省份技术创新创新能力综合表现指数从高到低排序为：江苏、山东、浙江、广东、宁夏、湖南、重庆、天津、安徽、湖北、上海、河北、江西、四川、北京、福建、河南、青海、吉林、山西、广西、贵州、云南、辽宁、新疆、内蒙古、陕西、海南、甘肃、黑龙江。综合表现是上述技术创新投入、技术创新产出等四个方面综合的结果。从排序的结果看，江苏、山东、浙江、广东总量指标数值大，其排名靠前。但宁夏等总量指标数值小，排名也靠前，这是各项相对指标或平均指标表现突出所致。

各地区医药制造业技术创新能力综合表现（等权综合指数）好于 2013 年平均水平的有 14 个省份，低于平均水平的有 16 个省份，且各个省份技术创新创新能力综合表现相差较为悬殊，指数最高的江苏为 288.64%，最低的黑龙江仅为 36.90%。对各省份技术创新创新能力综合表现指数从高到低排序为：江苏、山东、浙江、广东、宁夏、湖南、重庆、安徽、天津、湖北、上海、河北、江西、四川、福建、青海、北京、吉林、河南、广西、山西、贵州、云南、新疆、辽宁、内蒙古、海南、陕西、甘肃、黑龙江。其排序结果与加权排序结果有少许的差别。

小结：我国医药制造业技术创新投入主要集中在山东、江苏、浙江 3 个省份，其投入总量占全国的 40% 左右，其次是广东、天津、湖南、上海、河北、重庆、北京、四川、湖北 9 个省份，其投入总量占全国的 35% 左右，投入相对指标或平均指标的数值多处于上游地位。创新产出主要集中于江苏、山东、浙江 3 个省份，其产出总量占全国的 40% 左右，其次是广东、湖北、天津、湖南、安徽、重庆、上海、河北、四川 9 个省份，其产出总量占全国的 40% 左右，除个别省份外，其相对指标的数值表现也比较好；宁夏、山西产出总量小，但产出相对指标数值表现好。宁夏、青海等省份，投入与产出总量小，技术创新效益好，值得其他省份借鉴其经验；江苏、广东、山东、浙江等省份，其创新效益表现并不突出，应该总结经验。江苏、浙江、广东等省份，企业内部注重研发环境的营造，海南、青海、新疆等政府和企业均注重研发环境的营造。综合来说，江苏、山东、浙江、广东、湖南、重庆、天津、湖北、上海、河北、四川 11 个省份医药制造业技术创新能力强，其综合指数远高于 2013 年平均水平，宁夏、安徽、江西多数相对指标表现较好，其综合指数也高于 2013 年平均水平。

3. 各地区与医药制造业各层次技术创新能力的对应分析

通过综合指数了解了各省份医药制造业技术创新能力与 2013 年相比的变化情况。医药制造业技术创新能力各个层次对各个省份所起的作用，同样可以通过对应分析反映出来，根据表 7-1 的数据，对应分析的结果如图 7-1 所示。

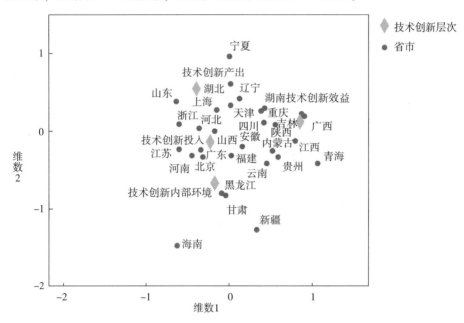

图 7-1　各地区与医药制造业技术创新层次对应分析

从图 7-1 可以看出，创新投入能力对江苏、广东、河南、北京、福建、安徽、山西、河北、浙江的作用突出；创新产出能力对山东、上海、天津、辽宁、湖北、宁夏的作用突出；创新效益对吉林、广西、江西、青海、云南、贵州、内蒙古、陕西、四川、重庆、湖南的作用突出；创新环境对黑龙江、甘肃、新疆、海南的作用较为突出。

(二) 各地区医药制造业技术创新能力的主成分分析

1. 各地区医药制造业技术创新能力的主成分分析

根据收集的 2016 年医药制造业技术创新能力的 18 项指标数据，运用前述主成分分析的方法进行主成分分析，提取 5 个主成分可以解释原有变量 85.61% 的信息。

根据成分矩阵①，第一主成分与 R&D 人员折合全时当量、R&D 经费内部支出、技术改造经费支出、专利申请数、新产品销售收入、有研发机构的企业数有正的高度的相关关系，与 R&D 人员强度、R&D 经费强度、技术改造经费强度、新产品销售收入占主营业务收入的比重、有研发机构的企业数占企业总数的比重有正的中度的相关关系，除人均申请专利数外，与其他的相对指标或平均指标也有低度的相关关系，这些包含了所有的总量指标及绝大多数相对指标或平均指标，其综合了原有指标的 42.14% 的信息，把这一主成分称为综合性的主成分。第二主成分与新产品销售收入占主营业务收入的比重、新产品出口销售率、新产品开发产出效率的有正的中度的相关关系，这些指标为与新产品开发有关的相对指标主成分，方差贡献率为 17.79%。第三主成分与 R&D 人员强度有负的中度的相关关系，与研发人员人均 R&D 经费内部支出、R&D 人员产出效率、新产品开发产出效率有正的中度的相关关系，这些指标主要是与 R&D 有关的相对指标或平均指标，方差贡献率为 10.84%。第四主成分与仪器和设备支出占 R&D 经费内部支出的比重、政府 R&D 经费支出占 R&D 经费内部支出的比重等有正的中度的相关关系，方差贡献率为 9.31%。第五主成分与研发人员人均 R&D 经费内部支出有正的中度的相关关系，方差贡献率为 5.53%。

　　2016 年医药制造业第一主成分得分高于平均水平的有 12 个省份，低于平均水平的有 18 个省份，得分最高的江苏为 7.65 分，得分最低的新疆为 -4.00 分。将各省份第一主成分得分按从高到低的顺序排列为：江苏、山东、浙江、广东、湖南、宁夏、重庆、天津、上海、湖北、北京、河北、安徽、福建、山西、河南、江西、吉林、四川、陕西、云南、贵州、广西、海南、辽宁、甘肃、内蒙古、黑龙江、青海、新疆。江苏、山东、浙江各项总量指标占 30 个省份的比重如综合指数分析，且多数相对指标或平均指标的数值表现也很好；宁夏总量指标数值小，但多数相对指标或平均指标的数值表现突出，故第一主成分得分远远高于其他省份。广东、湖南、重庆、天津、上海、湖北、北京、河北八个省份总量指标数值处于中上游，其 R&D 人员折合全时当量占 30 个省份的 33.15%、R&D 经费内部支出占 34.68%、技术改造经费支出占 23.64%、专利申请数占 30.09%、新产品销售收入占 37.36%、有研发机构的企业数占 28.11%，其相对指标或平均指标除个别省份的个别指标外，其他数值表现都比较好，故第一主成分得分也高于平均水平。排名靠后的云南、贵州、广西、海南、辽宁、甘肃、内蒙古、黑龙江、青海、新疆各项总量指标占比不足一成，R&D人员折合全时当量占30个省份的8.85%、R&D经费内部支出占6.35%、技术改造经费支出占5.73%、专利申请数占8.42%、新产品销售收入占4.83%、有研发机构的企业数占8.57%，多数相对指标或平均指标的数值表现较差，故第一主成分得分排名倒数。

2016年医药制造业第二主成分得分高于平均水平的有14个省份，低于平均水平的有16个省份，得分最高的宁夏为6.32分，得分最低的江苏为-3.30分。将各省份第二主成分得分按从高到低的顺序排列为：宁夏、重庆、山西、浙江、天津、福建、湖南、上海、湖北、河北、辽宁、广西、甘肃、北京、贵州、海南、吉林、内蒙古、安徽、云南、陕西、黑龙江、广东、江西、新疆、河南、青海、四川、山东、江苏。

2016年医药制造业第三主成分得分高于平均水平的有15个省份，低于平均水平的有15个省份，得分最高的吉林为2.41分，得分最低的海南为-3.62分。将各省份第三主成分得分按从高到低的顺序排列为：吉林、重庆、湖南、江西、广西、宁夏、内蒙古、山东、青海、四川、贵州、陕西、湖北、安徽、新疆、河南、天津、江苏、河北、广东、云南、上海、辽宁、福建、黑龙江、北京、山西、浙江、甘肃、海南。

2016年医药制造业第四主成分得分高于平均水平的有11个省份，低于平均水平的有19个省份，得分最高的新疆为3.48分，得分最低的陕西为-2.85分。将各省份第四主成分得分按从高到低的顺序排列为：新疆、青海、浙江、安徽、宁夏、江苏、广东、天津、海南、福建、内蒙古、四川、甘肃、江西、湖南、山东、贵州、云南、河北、河南、辽宁、广西、黑龙江、重庆、湖北、吉林、山西、上海、北京、陕西。

2016年医药制造业第五主成分得分高于平均水平的有15个省份，低于平均水平的有15个省份，得分最高的上海为2.17分，得分最低的辽宁为-1.61分。将各省份第五主成分得分按从高到低的顺序排列为：上海、天津、四川、青海、重庆、北京、海南、陕西、福建、广东、河北、云南、湖南、甘肃、安徽、贵州、山东、宁夏、新疆、内蒙古、江西、湖北、江苏、广西、浙江、吉林、山西、黑龙江、河南、辽宁。

2016年医药制造业主成分综合得分（见表7-2）高于平均水平的有13个省份，低于平均水平的有17个省份，得分最高的浙江为3.12分，得分最低的新疆为-1.81分。将各省份医药制造业主成分综合得分从高到低排列为：浙江、江苏、宁夏、山东、湖南、重庆、广东、天津、湖北、上海、河北、安徽、福建、北京、山西、吉林、江西、广西、贵州、云南、河南、陕西、辽宁、四川、内蒙古、海南、甘肃、黑龙江、青海、新疆。浙江、江苏、山东、广东等省份技术创新总量指标数值大，主成分综合得分排名靠前。宁夏总量指标数值小，但各项相对指标数值突出，使其排名靠前。但总的来说，经济发展水平高，经济总量大，医药制造业技术创新能力就强，经济发展水平低，经济总量小，医药制造业技术创新能力就低。

再次说明，主成分得分为正，表明该省份的技术创新能力高于平均水平；得分为负，表明该省份技术创新能力低于平均水平。

小结：我国医药制造业技术创新能力主要集中在江苏、山东、浙江3个省份，其各项总量指标数值占全国的40%左右。其次是广东、湖南、重庆、天津、上海、湖北、北京、河北8个省份，其总量指标数值占全国的30%左右，且多个相对指标或平均指标的数值表现也比较好。宁夏总量指标数值小，但各项相对指标数值突出，值得其他省份借鉴。

表7-2　各地区各个行业主成分综合得分

地区	医药制造业	航空、航天器及设备制造业	电子及通信设备制造业	计算机及办公设备制造业	医疗仪器设备及仪器仪表制造业	信息化学品制造业
北京	-0.11	-0.07	0.52	2.17	0.42	-0.77
天津	0.93	0.57	0.54	-0.05	-1.13	0.01
河北	0.19	-0.72	-0.35	-0.92	-0.65	-0.01
山西	-0.40	剔除	-1.17	-0.84	-0.98	-0.92
内蒙古	-1.13	剔除	剔除	剔除	-1.37	-0.23
辽宁	-1.04	0.90	-0.93	-1.01	-0.76	-0.25
吉林	-0.59	剔除	-0.58	剔除	0.44	剔除
黑龙江	-1.74	1.37	0.38	剔除	-1.35	剔除
上海	0.42	-0.06	-0.10	-0.95	-0.17	-1.08
江苏	3.04	0.40	0.84	1.19	3.61	3.88
浙江	3.12	-0.91	1.05	0.10	1.54	0.60
安徽	0.11	-0.28	0.03	0.27	1.01	-0.61
福建	0.04	剔除	0.45	0.42	-0.51	-0.95
江西	-0.60	0.34	-0.87	-0.80	-0.01	-0.17
山东	2.36	-0.85	-0.34	2.59	-0.01	0.12
河南	-1.02	-0.54	1.93	-0.87	-0.48	-0.11
湖北	0.45	-0.69	-0.30	-0.53	-0.21	0.29
湖南	1.43	-0.41	0.04	-0.35	0.98	-0.94
广东	1.28	0.18	3.31	1.15	1.07	-0.03
广西	-0.68	剔除	-1.31	-1.18	-0.72	剔除
海南	-1.26	剔除	剔除	剔除	剔除	剔除

续表

地区	医药制造业	航空、航天器及设备制造业	电子及通信设备制造业	计算机及办公设备制造业	医疗仪器设备及仪器仪表制造业	信息化学品制造业
重庆	1.31	-0.93	-0.59	0.20	-0.27	0.30
四川	-1.05	0.36	-0.25	0.16	-0.29	-0.31
贵州	-0.77	-0.17	-1.10	剔除	0.61	剔除
云南	-0.99	剔除	-0.92	-0.76	-0.61	剔除
陕西	-1.02	1.52	-0.58	剔除	-0.58	0.32
甘肃	-1.28	剔除	0.28	剔除	0.10	剔除
青海	-1.76	剔除	剔除	剔除	剔除	0.93
宁夏	2.57	剔除	剔除	剔除	0.31	0.00
新疆	-1.81	剔除	剔除	剔除	剔除	-0.06

2. 各地区与医药制造业技术创新能力主成分的对应分析

通过主成分分析了解了各省份医药制造业技术创新能力中各个主成分的表现，但医药制造业技术创新能力中各个主成分对各个省份所起的作用，同样可以通过对应分析反映出来，作对应分析仍然按照极差标准化的方法对其数据进行处理，根据处理的结果进行对应分析，结果如图7-2所示。

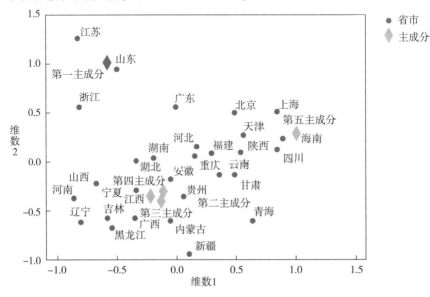

图7-2　各地区与医药制造业技术创新能力主成分对应分析

从图 7-2 可以看出，第一主成分对江苏、浙江、山东、广东的作用突出，即这些省份受总量指标与相对指标或平均指标的综合影响大；第二、三、四主成分对宁夏、江西、贵州、青海、新疆、内蒙古、广西、吉林、河南、辽宁、黑龙江、山西、湖北、湖南、安徽、甘肃、福建、河北、重庆、云南的作用突出，即这些省份主要受与新产品开发有关的相对指标、与 R&D 有关的相对指标的指标或平均指标的指标影响大；第五主成分对上海、北京、天津、陕西、海南、四川的作用突出，即受研发人员人均 R&D 经费内部支出的影响大。

（三）各地区医药制造业技术创新能力的聚类分析

在聚类分析中，通过各种聚类方法的比较，最终选定在计算样品间距离时采用欧式距离的平方，在样品和小类、小类和小类之间的距离采用离差平方和法。用 SPSS 软件对 30 个省份医药制造业进行聚类，聚类指标仍然是上述分析所选用的 18 个指标（对指标进行标准差标准化处理），结果如图 7-3 所示。

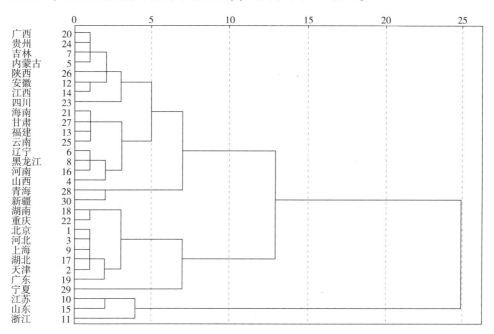

图 7-3　各地区医药制造业技术创新能力聚类

根据图 7-3 的结果，可以将 30 个省份分为 6 类：

第一类：浙江、山东、江苏；

第二类：宁夏；

第三类：广东、天津、湖北、上海、河北、北京、重庆、湖南；

第四类：四川、江西、安徽、陕西、内蒙古、吉林、贵州、广西；

第五类：山西、河南、黑龙江、辽宁、云南、福建、甘肃、海南；

第六类：新疆、青海。

这和主成分分析的结果有少许差别。

二、各地区航空、航天器及设备制造业技术创新能力的测算与分析

（一）各地区航空、航天器及设备制造业技术创新能力综合指数测算与分析

1. 各地区航空、航天器及设备制造业技术创新能力综合指数的测算

收集 2016 年各地区航空、航天器及设备制造业技术创新能力资料时发现，内蒙古、吉林、广西、海南、西藏、甘肃、青海、宁夏、新疆这 9 个省份各项指标数值均为零，故将其剔除。山西有 8 项指标为零、福建有 12 项指标为零、云南有 11 项指标为零，故在分析问题时也将其剔除，对剩余的 19 个省份进行分析。上海、浙江、安徽、重庆等技术改造经费支出、技术改造经费强度指标为零，故也将这两个指标剔除，有研发机构的企业数占企业总数的比重也剔除，因为该行业的企业数及有研发机构的企业数的数值均比较小，会造成指标值波动较大，例如，若某省市企业数为 1，且有研发机构，那么该指标数值就是 100%，若某地企业数为 10 个，有研发机构的企业数为 6 个，那么该指标值为 60%。

2013 年只能对北京、天津、河北、辽宁、黑龙江、上海、江苏、浙江、江西、山东、河南、湖北、湖南、广东、四川、贵州、陕西 17 个省份进行分析（其他省份的各指标数值要么为 0，要么数值很小），但江西省 R&D 人员强度存在极端数值（871），故将其剔除。

搜集各地区航空、航天器及设备制造业 16 个省份基期年（2013 年）技术创新能力的 15 项指标，并计算指标的最小值、最大值、平均值。同样收集 19 个省份 2016 年反映技术创新能力的 15 项指标，按照前述综合指数的编制方法，编制各地区航空、航天器及设备制造业技术创新能力指数，结果如表 7-3 所示。

表 7-3 各地区航空、航天器及设备制造业技术创新能力综合指数　　　单位：%

地区	投入指数	产出指数	效益指数	内部环境	加权综合指数	等权综合指数
北京	103.87	110.50	114.86	102.69	107.82	107.98
天津	57.79	281.05	1431.24	31.54	394.21	450.41
河北	95.43	49.98	79.78	92.16	78.01	79.34
辽宁	114.66	296.23	619.99	189.34	285.13	305.05
黑龙江	615.38	860.04	139.16	106.55	491.77	430.28

地区	投入指数	产出指数	效益指数	内部环境	加权综合指数	等权综合指数
上海	109.67	68.49	91.19	164.70	104.63	108.51
江苏	82.93	338.84	446.46	291.94	274.21	290.04
浙江	53.20	170.71	190.83	24.75	110.29	109.87
安徽	187.13	26.86	526.58	71.16	183.75	202.93
江西	128.19	604.20	1247.89	32.31	475.76	503.15
山东	49.34	203.94	74.22	25.02	95.83	88.13
河南	69.36	92.00	140.05	56.25	87.67	89.42
湖北	54.81	61.94	152.69	34.67	72.50	76.03
湖南	71.86	46.75	81.48	186.49	89.18	96.65
广东	62.26	481.42	771.78	74.38	332.34	347.46
重庆	104.34	17.22	327.49	8.25	103.61	114.32
四川	92.71	188.14	358.66	213.82	198.75	213.33
贵州	86.01	129.38	133.41	152.33	121.76	125.28
陕西	200.00	273.40	92.41	298.57	220.21	216.09

2. 各地区航空、航天器及设备制造业技术创新能力综合指数分析

航空、航天器及设备制造业技术创新投入好于 2013 年平均水平的有 8 个省份，低于平均水平的有 11 个省份，且各个省份技术创新投入指数相差较为悬殊，指数最高的黑龙江为 615.38%，最低的山东省仅为 49.34%。对各省份技术创新投入综合指数从高到低排序为：黑龙江、陕西、安徽、江西、辽宁、上海、重庆、北京、河北、四川、贵州、江苏、湖南、河南、广东、天津、湖北、浙江、山东。黑龙江技术创新投入总量指标数值较大，2016 年 R&D 人员全时当量占 19 个省份的 6.64%，R&D 经费内部支出占 9.78%，R&D 强度指标出现了极大值，其他两个投入指标的数值也比较大；陕西省技术创新投入总量大，2016 年 R&D 人员全时当量占 19 个省份的 32.52%，R&D 经费内部支出占 24.10%，其投入总量之大可见一斑，投入相对指标或平均指标数值表现也比较好，其投入表现远远高于 2013 年平均水平；黑龙江、陕西、辽宁、上海、北京这五个省份的 2016 年 R&D 人员全时当量占 19 个省份的 57.88%，R&D 经费内部支出占 62.07%，其投入总量占据了全国将近 60% 的份额，故其投入综合指标表现突出；而安徽、江西、重庆其技术创新投入总量小，2016 年 R&D 人员全时当量仅占 19 个省份的 0.95%，R&D 经费内部支出占 0.7%，除安徽 R&D 人员强度数值较小外，其他相对指标或平均指标的数值表现较好，河北也是投

入总量较小，但相对指标或平均指标的数值较大，致使其排名靠前，但总量指标小，整体竞争力差；而排名靠后的四川、贵州、江苏、湖南、河南、天津、广东、湖北这8个省份，R&D人员全时当量仅占19个省份的36.87%，R&D经费内部支出仅占35.20%，技术创新投入总量指标数值中等偏下，部分相对指标的数值偏小，故技术创新投入低于2013年平均水平。浙江、山东的技术创新总量指标数值小，相对指标数值也小，故其排名倒数。

航空、航天器及设备制造业技术创新产出好于2013年平均水平的有12个省份，低于平均水平的有7个省份，且各个省份技术创新产出指数相差较为悬殊，指数最高的黑龙江为860.04%，最低的重庆为17.22%。对各省份技术创新产出指数从高到低排序为：黑龙江、江西、广东、江苏、辽宁、天津、陕西、山东、四川、浙江、贵州、北京、河南、上海、湖北、河北、湖南、安徽、重庆。黑龙江投入总量较大，产出总量比较大，2016年专利申请数占19个省份的7.37%，新产品销售收入占3.01%，产出相对指标均出现了极值，故产出综合指数远远高于2013年平均水平。江西投入总量小，但产出总量并不算太小，其新产品销售收入占主营业务收入的比重出现了极大值，故产出综合指数也远高于2013年平均水平。广东省技术创新投入总量并不突出，但其2016年专利申请数却占19个省份的23.81%，新产品销售收入占4.06%，相对指标数值也比较大，故其产出综合指数排名靠前。天津、陕西、贵州、北京这4个省份技术创新投入总量指标的数值大，其产出总量指标数值也大，2016年专利申请数占19个省份的30.91%，新产品销售收入占43.06%，投入总量、产出总量都较大，新产品销售收入占主营业务收入的比重也大，但新产品出口销售率低。山东、江苏排名靠前的原因是产出相对指标表现突出所致。安徽、重庆技术创新投入总量小，产出也小，其产出相对指标数值也小，故排名靠后。其他排名靠后的省份，投入总量没有突出表现，产出也不突出，且新产品出口销售率均不到1%，产品在国际市场没有竞争力。

航空、航天器及设备制造业技术创新效益好于2013年平均水平的有14个省份，低于平均水平的有5个省份，且各个省份技术创新效益指数相差较为悬殊，指数最高的天津为1431.24%，最低的山东仅为74.22%。对各省份技术创新效益从高到低排序为：天津、江西、广东、辽宁、安徽、江苏、四川、重庆、浙江、湖北、河南、黑龙江、贵州、北京、陕西、上海、湖南、河北、山东。天津、江西、辽宁、江苏、四川技术创新投入及产出都比较低，但R&D人员产出效率、新产品开发产出效率十分突出，其创新效益远远好于2013年平均水平，这是值得其他省份学习借鉴的。广东、安徽人均专利申请数高，R&D人员产出效率也处于中等水平，故效益指数也高于2013年平均水平。陕西技术创新投入及产出总量非常大，但其创新效益却不及2013年的平均水平，这应该引起政府和企业的重视，应该总结经验和不足，提高其经营管理水平，提高创新效益。排名靠后的上海、湖南、河北、山东投入和产出总量低，反映产出效益的三项指标数值均处于最低水平。

　　航空、航天器及设备制造业技术创新内部环境好于 2013 年平均水平的有 9 个省份，低于平均水平的有 10 个省份，且各个省份技术创新内部环境指数相差较为悬殊，指数最高的陕西为 298.57%，最低的重庆为 8.25%。对各省份技术创新内部环境指数从高到低排序为：陕西、江苏、四川、辽宁、湖南、上海、贵州、黑龙江、北京、河北、广东、安徽、河南、湖北、江西、天津、山东、浙江、重庆。排名靠前的陕西、江苏、四川、贵州四省，2016 年有研发机构企业数占 19 个省份有研发机构企业数的 56.08%，除江苏外，政府支出占 R&D 经费内部支出的比重大，说明这些省市的政府及企业对航空、航天器及设备制造业技术创新环境较为重视。辽宁、黑龙江、上海、湖南政府支出占 R&D 内部支出的比重大，说明政府极为重视航空、航天器及设备制造业的发展。排名靠后的河北、安徽、江西、山东、浙江、重庆六省份，2016 年技术创新投入与产出总量小，在技术创新环境下，有研发机构的企业数仅占 19 个省份的 10.81%，且重庆、山东、江西、浙江政府支出占 R&D 经费内部支出的比重小。广东、河南、湖北、天津四省份，2016 年投入与产出总量不是太少，有研发机构的企业数仅占 19 个省市的 14.19%，且政府支出占 R&D 经费内部支出的比重小，这说明这些省份在经济发展的过程中企业及政府对航空、航天器及设备制造业技术创新环境重视程度不够。

　　航空、航天器及设备制造业技术创新综合指数（加权综合指数）好于 2013 年平均水平的有 14 个省份，低于平均水平的有 5 个省份，且各个省份技术创新内部环境指数综合指数相差较为悬殊，指数最高的黑龙江为 491.77%，最低的湖北仅为 72.5%。对各省份技术创新综合指数从高到低排序为：黑龙江、江西、天津、广东、辽宁、江苏、陕西、四川、安徽、贵州、浙江、北京、上海、重庆、山东、湖南、河南、河北、湖北。综合指数是上述技术创新投入、产出、效益及创新环境综合的结果。排名靠前的黑龙江投入总量与产出总量比较大，而且其多数相对指标或平均指标表现也十分突出，故综合指数遥遥领先于其他省份。江西投入与产出总量都非常低，但多数相对指标或平均指标表现十分突出，故综合指数也遥遥领先于其他省份。陕西、北京主要是其技术创新投入及技术创新产出总量表现突出所致。排名靠前的重庆、安徽、浙江投入与产出总量低，但多数相对指标或平均指标表现好。排名靠后的山东、河北其投入与产出总量指标数值小，其相对指标或平均指标数值表现也较差。湖北、湖南、河南投入与产出总量并不是太低，但多数相对指标或平均指标表现较差。

　　若从等权指数角度看，各地区航空、航天器及设备制造业技术创新综合指数好于 2013 年平均水平的有 14 个省份，低于平均水平的有 5 个省份。且各个省份技术创新综合指数相差较为悬殊，指数最高的江西为 503.15%，最低的仅湖北为 76.03%。对各省份技术创新综合指数从高到低排序为：江西、天津、黑龙江、广东、辽宁、江苏、陕西、四川、安徽、贵州、重庆、浙江、上海、北京、湖南、河南、山东、河北、湖北。排序结果与加权排序结果有少许出入。

小结：我国航空、航天器及设备制造业技术创新投入主要集中在陕西、黑龙江、辽宁、上海、北京5个省份，其投入总量占全国的60%左右，而安徽、江西、重庆投入总量小，但投入相对指标数值表现突出。创新产出主要集中于黑龙江、广东、天津、陕西、贵州、北京6个省份，其产出总量占全国的55%左右，江西、山东、江苏产出总量小，但产出相对指标数值表现突出。江西、江苏、四川技术创新效益好，这是值得其他省份学习借鉴的；陕西技术创新投入及产出总量非常大，但其创新效益却不及2013年的平均水平，这应该引起政府和企业的重视。陕西、江苏、四川、贵州的政府及企业对技术创新环境较为重视；辽宁、黑龙江、上海、湖南的政府较重视该行业的发展。综合来说，黑龙江、陕西、北京、天津、广东、辽宁技术创新能力好于2013年平均水平，总量指标数值起主要作用，江西、江苏、安徽等创新能力好于平均水平，相对指标数值起主要作用。

3. 各地区与航空、航天器及设备制造业技术创新能力各层次的对应分析

根据表7-3数据资料，进行对应分析，其输出结果如图7-4所示。

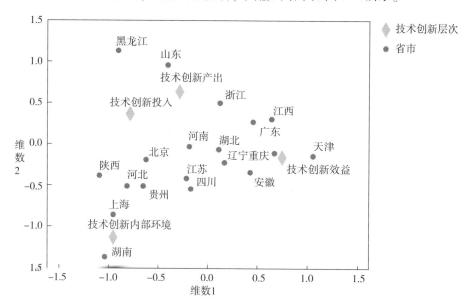

图7-4　各地区与航空、航天器及设备制造业技术创新能力各层次对应分析

从图7-4可以看出，技术创新投入对陕西、北京、河北、贵州、河南、江苏、四川的作用突出；技术创新产出对黑龙江、山东、浙江、河南的作用突出；技术创新效益对广东、江西、湖北、辽宁、重庆、天津、安徽、江苏、四川、河南的作用突出；创新内部环境对湖南、上海、河北、贵州、陕西的作用突出。

(二) 各地区航空、航天器及设备制造业技术创新能力的主成分分析

1. 各地区航空、航天器及设备制造业技术创新能力的主成分分析

用主成分法对上述 19 个省份航空、航天器及设备制造业技术创新能力进行分析，提取 6 个主成分，可以解释原有变量 89.16% 的信息。

第一主成分与 R&D 人员折合全时当量、R&D 经费内部支出有正的高度的相关关系，与新产品销售收入、有研发机构的企业数、政府支出占 R&D 经费内部支出的比重有正的中度的相关关系，与仪器和设备支出占 R&D 经费内部支出的比重有负的中度的相关关系。这几个指标要么是总量指标，要么是创新投入、创新环境的结构相对指标，故把第一主成分称为总量指标及结构相对指标主成分，这一主成分的方差贡献率为 22.91%；第二主成分与 R&D 人员强度、R&D 经费强度有正的高度的相关关系，与新产品销售收入占主营业务收入的比重、新产品出口销售率有正的中度的相关关系，这几个指标要么是投入强度相对指标，要么是产出相对指标，故称为投入与产出相对指标主成分，这一主成分的方差贡献率为 20.41%；第三主成分与 R&D 人员产出效率、新产品开发产出效率有正的高度的相关关系，与新产品销售收入、新产品销售收入占主营业务收入的比重有正的中度的相关关系，这几个指标与新产品产出及创新效益有关，故称为新产品产出与创新效益主成分，这一主成分的方差贡献率为 17.45%；第四主成分与人均专利申请数有正的高度的相关关系，与专利申请数有正的中度的相关关系，故称为与专利申请有关的主成分，这一主成分的方差贡献率为 11.66%；第五主成分与研发人员人均 R&D 经费内部支出有正的高度的相关关系，与政府支出占 R&D 经费内部支出的比重等有正的中度的相关关系，这一主成分的方差贡献率为 10.02%；第六主成分与仪器和设备支出占 R&D 经费内部支出的比重、有研发机构的企业数有正的中度的相关关系，这一主成分的方差贡献率仅为 6.71%。

2016 年航空、航天器及设备制造业技术创新能力第一主成分得分高于平均水平的有 9 个省份，低于平均水平的有 10 个省份，得分最高的陕西为 5.45 分，得分最低的重庆为-2.42 分。将各省份第一主成分得分按从高到低的顺序排列为：陕西、辽宁、四川、上海、北京、天津、贵州、江苏、湖南、广东、河南、黑龙江、湖北、河北、山东、浙江、安徽、江西、重庆。排名第一的陕西总量指标数值大，R&D 人员折合全时当量占 19 个省份的 32.52%，R&D 经费内部支出占 24.10%，专利申请数占 12.18%，新产品销售收入占 14.32%，有研发机构的企业数占 14.86%，且政府支出占 R&D 经费内部支出的比重大，仪器和设备支出占 R&D 经费内部支出的比重较小（负相关），故第一主成分得分遥遥领先于其他省份。辽宁、四川、上海、北京、贵州五省总量指标数值较大，R&D 人员折合全时当量占 19 个省份的 30.20%，R&D 经费内部支出占 41.87%，专利申请数占 31.39%，新产品销售收入占 34.79%，有研发

机构的企业数占 30.40%，且政府支出占 R&D 经费内部支出的比重大，仪器和设备支出占 R&D 经费内部支出的比重较小，故第一主成分得分也好于平均水平。天津总量指标数值位于中等偏上水平，两个相对指标的数值都偏小。湖南总量指标的数值处于中等水平，但政府支出占 R&D 经费内部支出的比重最大，仪器和设备支出占 R&D 经费内部支出的比重最小。江苏总量指标数值处于中等水平，政府支出占 R&D 经费内部支出的比重小，仪器和设备支出占 R&D 经费内部支出的比重较大。排名靠后的河北、山东、浙江、安徽、江西、重庆技术创新总量指标数值小，仪器和设备支出占总量占 R&D 经费内部支出的比重大。浙江、山东、重庆政府支出占 R&D 经费内部支出的比重极小，故排名靠后。总之，若总量指标数值越大、政府支出占 R&D 经费内部支出的比重越大，第一主成分得分就越高。

2016 年航空、航天器及设备制造业技术创新能力第二主成分得分高于平均水平的有 4 个省份，低于平均水平的多达 15 个省份，得分最高的黑龙江为 6.87 分，得分最低的天津为-1.20 分，将各省份第二主成分得分按从高到低的顺序排列为：黑龙江、江西、陕西、广东、江苏、山东、浙江、贵州、北京、上海、辽宁、四川、河南、湖南、河北、湖北、安徽、重庆、天津。

2016 年航空、航天器及设备制造业技术创新能力第三主成分得分高于平均水平的有 5 个省份，低于平均水平的多达 14 个省份，得分最高的江西为 4.11 分，得分最低的广东为-1.55 分。将各省份第三主成分得分按从高到低的顺序排列为：江西、天津、辽宁、江苏、四川、黑龙江、陕西、安徽、河北、北京、重庆、浙江、上海、河南、湖南、贵州、湖北、山东、广东。

2016 年航空、航天器及设备制造业技术创新能力第四主成分得分高于平均水平的有 6 个省份，低于平均水平的多达 13 个省份，得分最高的广东为 4.57 分，得分最低的湖南为-1.47 分。将各省份第四主成分得分按从高到低的顺序排列为：广东、安徽、辽宁、天津、江苏、四川、重庆、贵州、江西、陕西、北京、湖北、黑龙江、河南、浙江、山东、上海、河北、湖南。

2016 年航空、航天器及设备制造业技术创新能力第五主成分得分高于平均水平的有 7 个省份，低于平均水平的有 12 个省份，得分最高的安徽为 3.07 分，最低的江苏为-1.55 分。将各省份第五主成分按从高到低的顺序排列为：安徽、辽宁、上海、四川、湖南、黑龙江、重庆、河北、江西、陕西、北京、贵州、湖北、河南、天津、广东、浙江、山东、江苏。其中安徽、辽宁、上海、四川、黑龙江研发人员人均 R&D 经费内部支出数值大、政府支出占 R&D 经费内部支出的比重，尤其是安徽、辽宁研发人员人均 R&D 经费内部支出远远高于其他省份，故该主成分得分远高于平均水平。湖南研发人员人均 R&D 经费内部支出数值居中，但政府支出占 R&D 经费内部支出的比重出现了极值。重庆研发人员人均 R&D 经费内部支出数值居中、政府支出占 R&D 经费内部支出的比重为 0，但其得分却高于平均水平，主要原因是由其总量指标数值小，而该主成分的表达式中，总量指标前面的系数多为负数所致。但安徽、湖南、重庆总量指标数值小，总体竞争力小。河南、天津、广东、浙江、山东、江苏政府支出占 R&D 经费内部支出的比重数值小，排名倒数，且浙江、山东、河南研发人员人均 R&D 经费内部支出数值排名靠后，故第五主成分得分低。

2016 年航空、航天器及设备制造业技术创新能力第六主成分得分高于平均水平的有 8 个省份，低于平均水平的有 11 个省份，得分最高的江苏为 2.69 分，得分最低的湖南为−1.29 分。将各省份第六主成分按从高到低的顺序排列为：江苏、安徽、陕西、重庆、贵州、江西、河北、浙江、北京、黑龙江、山东、四川、河南、湖北、辽宁、上海、天津、广东、湖南。

2016 年航空、航天器及设备制造业技术创新能力主成分综合得分（见表 7-2）高于平均水平的有 8 个省份，低于平均水平的有 11 个省份，得分最高的陕西为 1.52 分，得分最低的重庆为−0.93 分。将各省份主成分综合得分按从高到低的顺序排列为：陕西、黑龙江、辽宁、天津、江苏、四川、江西、广东、上海、北京、贵州、安徽、湖南、河南、湖北、河北、山东、浙江、重庆。其中综合排名是各个主成分综合表现的结果，即要想总体排名靠前，总量指标表现固然重要，但相对指标或平均指标的表现同样要好。然而，我们也要认识到，总量指标数值越大，总体竞争力越强；若总量指标数值小、相对指标或平均指标数值大，尽管总体排名靠前，但竞争力仍然较弱。

小结：我国航空、航天器及设备制造业技术创新能力主要集中在陕西、黑龙江、辽宁、天津、广东、上海、北京、贵州 8 个省份，其各项总量指标数值占全国的70% 左右。江西、江苏、四川 3 个省份总量指标数值小，但多个相对指标或平均指标的数值表现比较好，值得其他省份借鉴。

2. 各地区与航空、航天器及设备制造业技术创新能力各主成分的对应分析

通过主成分分析了解了各省份航空、航天器及设备制造业技术创新能力中各个主成分的表现。航空、航天器及设备制造业技术创新能力中各个主成分对各个省份所起的作用，同样可以通过对应分析反映出来，但主成分得分有正数和负数，故作对应分析仍然按照极差标准化的方法对其数据进行处理，根据处理的结果进行对应分析，结果如图 7-5 所示。

根据图 7-5 可以看出，第一主成分、第六主成分对陕西、贵州、湖北、河南、河北、北京、重庆、四川、辽宁作用突出；第二主成分对黑龙江、广东的作用突出；第三主成分对天津、江西的作用突出；第四主成分对江苏、浙江、山东、广东的作用突出；第五主成分对湖南、上海、安徽的作用突出。

（三）各地区航空、航天器及设备制造业技术创新能力的聚类分析

在此部分的分析中，单位与单位之间的距离采用欧式距离的平方，单位与小类、

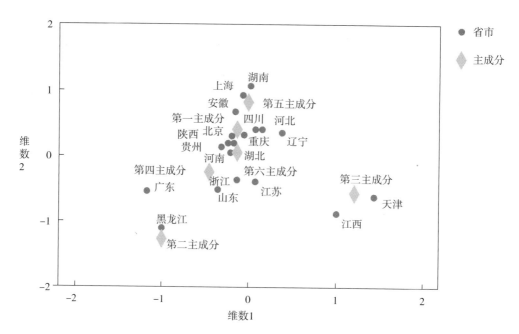

图 7-5　各地区与航空、航天器及设备制造业技术创新能力各主成分对应分析

小类与小类之间的距离采用最长距离法，其聚类结果如图 7-6 所示。

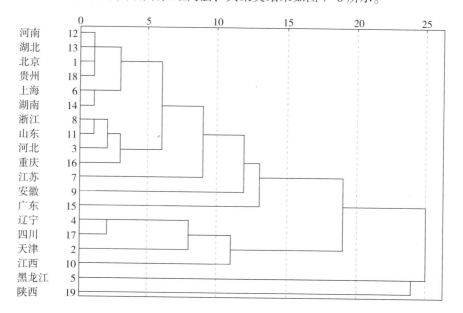

图 7-6　各地区航空、航天器及设备制造业技术创新能力聚类分析

根据图 7-6 数据显示，可以将 19 个省份分为六类：

第一类：陕西；

第二类：黑龙江；

第三类：江西、天津、四川、辽宁；

第四类：广东；

第五类：安徽；

第六类：江苏、重庆、河北、浙江、山东、湖南、上海、贵州、北京、湖北、河南。

这和使用离差平方和法的结果差别不大。和主成分分析的排序结果有少许差别。

三、各地区电子及通信设备制造业技术创新能力测算与分析

（一）各地区电子及通信设备制造业技术创新能力综合指数的测算与分析

1. 各地区电子及通信设备制造业技术创新能力综合指数的测算

收集各地区电子及通信设备制造业技术创新能力资料时发现，西藏各项指标均无数据、宁夏 12 项指标无数据、海南 8 项指标无数据、新疆总量指标数据太小，如 R&D 人员折合全时当量只有 1 人年，内蒙古、青海的总量指标数据也太小，不足以和其他省份抗衡，故将他们剔除。

在指标的选择上由于企业数少，故将有研发机构的企业数占企业总数的比重这一指标也剔除。山西、黑龙江两省技术改造经费支出、技术改造经费强度指标为零，吉林的技术改造经费支出只有 46.2 万元，还有一些省市的这两个指标的数据也不大，故也将这两个指标剔除。

而 2013 年只能对 25 个省份进行分析[①]，收集并计算 25 个省份各指标的最小值、最大值及平均值。同样收集 2016 年各项指标，按照前述综合指数的编制方法，编制电子及通信设备制造业技术创新能力指数，结果如表 7-4 所示。

表 7-4　各地区电子及通信设备制造业技术创新能力综合指数　　　单位：%

地区	投入指数	产出指数	效益指数	内部环境	加权综合指数	等权综合指数
北京	140.26	117.20	118.42	197.53	140.43	143.35
天津	91.37	155.30	142.72	24.80	107.50	103.55
河北	83.83	62.65	39.34	30.35	57.88	54.04

---

① 西藏、青海、新疆各项指标均无数值，海南、宁夏指标数值要么很小，要么没有，故只能对 25 个省份进行分析。

续表

地区	投入指数	产出指数	效益指数	内部环境	加权综合指数	等权综合指数
山西	17.59	9.40	1.07	-9.12	6.48	4.73
辽宁	80.24	54.74	118.35	12.39	66.64	66.43
吉林	55.21	63.27	73.19	48.02	59.79	59.92
黑龙江	64.88	55.56	57.30	340.58	115.71	129.58
上海	129.70	142.04	74.04	93.15	114.96	109.73
江苏	205.50	326.55	83.29	673.51	310.98	322.21
浙江	197.47	213.15	64.63	229.14	181.94	176.10
安徽	122.69	107.31	89.79	158.42	118.64	119.55
福建	139.89	169.01	83.17	98.08	128.92	122.54
江西	57.59	50.64	79.72	32.12	54.84	55.02
山东	118.54	132.43	92.59	54.68	104.74	99.56
河南	62.83	250.84	494.21	29.24	198.79	209.28
湖北	165.86	74.50	73.91	195.66	126.02	127.48
湖南	76.32	100.69	87.51	58.45	82.29	80.74
广东	583.73	982.59	99.20	825.06	654.75	622.65
广西	20.89	34.18	126.86	81.81	58.25	65.93
重庆	93.61	67.62	103.91	41.32	77.41	76.61
四川	107.28	99.25	91.35	75.28	95.28	93.29
贵州	48.30	12.84	79.30	33.91	40.98	43.59
云南	106.43	22.84	97.36	111.44	80.54	84.52
陕西	94.26	28.63	23.00	24.03	46.27	42.48
甘肃	11.65	94.11	113.09	107.50	85.75	89.84

2. 各地区电子及通信设备制造业技术创新能力综合指数分析

电子及通信设备制造业技术创新投入好于 2013 年平均水平的有 11 个省份，低于平均水平的多达 14 个省份，且各个省份技术创新投入指数相差较为悬殊，指数最高的广东为 587.73%，最低的山西仅为 17.59%。对各省份技术创新投入指数从高到低排序为：广东、江苏、浙江、湖北、北京、福建、上海、安徽、山东、四川、云南、陕西、重庆、天津、河北、辽宁、湖南、黑龙江、河南、江西、吉林、贵州、甘肃、广西、山西。其中，广东电子及通信设备制造业技术创新投入总量大，2016 年 R&D 人员全时当量占 25 个省份的 40.38%，R&D 经费内部支出占 45.74%，其投入总量之大可见一斑，投入相对指标数值表现也较好，故其投入表现远远好于 2013 年平均水平；排名第二的江苏，2016 年 R&D 人员全时当量占 25 个省份的 15.24%，R&D 经费内部支出占 11.12%，投入相对指标数值表现也比较好，故其投入表现远远好于 2013 年平均水平；浙江、湖北、北京、福建、上海、安徽、山东、四川 8 个省份其 2016 年 R&D 人员全时当量占 25 个省份的 32.29%，R&D 经费内部支出占 33.22%，投入总量也比较大，除四川、浙江的仪器和设备支出占 R&D 经费内部支出的比重及山东的 R&D 强度指标数值较小外，其他省市的投入相对指标数值表现也较好，故其技术创新投入表现好于 2013 年平均水平；云南省投入总量最小，投入强度指标数值也不高，但研发人员人均 R&D 经费内部支出，机器设备支出占 R&D 经费内部支出的比重远远高于其他省份，故技术创新投入综合指数也好于 2013 年平均水平，但其技术创新投入是没有竞争力的；黑龙江、吉林、贵州、甘肃、广西 2016 年 R&D 人员全时当量占 25 个省份的 0.75%，R&D 经费内部支出占 0.51%，投入总量小，投入相对指标数值表现也不突出，故其技术创新投入低于 2013 年平均水平。

电子及通信设备制造业技术创新产出好于 2013 年平均水平的有 11 个省份，低于平均水平的多达 14 个省份，且各个省份技术创新产出指数相差较为悬殊，指数最高的广东为 982.59%，最低的山西仅为 9.40%。对各省份技术创新产出指数从高到低排序为：广东、江苏、河南、浙江、福建、天津、上海、山东、北京、安徽、湖南、四川、甘肃、湖北、重庆、吉林、河北、黑龙江、辽宁、江西、广西、陕西、云南、贵州、山西。其中，广东省电子及通信设备制造业技术创新投入总量大，产出总量也大，2016 年专利申请数占 25 个省份的 46.06%，新产品销售收入占 44.15%，新产品销售收入占主营业务收入的比重、新产品出口销售率均比较高，故其产出综合指数远远高于其他省份；排名第二的江苏省 2016 年专利申请数占 25 个省份的 12.13%，新产品销售收入占 14.04%，新产品销售收入占主营业务收入的比重、新产品出口销售率均比较高，故其产出综合指数也远高于其他省份；河南、浙江、福建、天津、上海、山东、北京、安徽、湖南 9 个省份，2016 年专利申请数占 25 个省份的 29.08%，新产品销售收入占 34.67%，多数省份其他两个相对指标数值较大，故其产出综合指数高于 2013 年平均水平；河南省投入总量及产出总量属于中下水平，但由于产出相对指标的数值都是最大值，故产出综合指数高，但其技术创新竞争力弱；湖北投入与产出总量指标处于中等水平，但由于产出相对指标数值较小，其产出综合指数低于 2013 年平均水平；排名靠后的甘肃、吉林、黑龙江、广西、云南、贵州、山西投入总量小，产出总量也小，2016 年专利申请数仅占 25 个省份的 0.79%，新产品销售收入占 0.53%，且部分省份的产出相对指标数值也比较小，故其综合指数低于 2013 年平均水平。

电子及通信设备制造业技术创新效益好于 2013 年平均水平的有 7 个省份，低于平均水平的多达 18 个省份，且各个省份技术创新效益指数相差较为悬殊，指数最高的河南为 494.21%，最低的山西仅为 1.07%。对各省份技术创新效益指数从高到低排序为：河南、天津、广西、北京、辽宁、甘肃、重庆、广东、云南、山东、四川、安徽、湖南、江苏、福建、江西、贵州、上海、湖北、吉林、浙江、黑龙江、河北、陕西、山西。其中，河南 R&D 人员产出效率、新产品开发产出效率远远高于其他省份，故其技术创新效益综合指数遥遥领先；天津、广西、北京、辽宁、甘肃、重庆技术创新的三项指标数值均比较高，故技术创新效益综合指数高于 2013 年平均水平；黑龙江、河北、陕西、山西技术创新的三项指标数值均比较小，故其综合指数远远低于 2013 年平均水平。

电子及通信设备制造业技术创新内部环境好于 2013 年平均水平的有 9 个省份，低于平均水平的多达 16 个省份，且各个省份技术创新内部环境相差较为悬殊，指数最高的广东为 825.06%，最低的山西仅为 -9.12%。对各省份技术创新效益指数从高到低排序为：广东、江苏、黑龙江、浙江、北京、湖北、安徽、云南、甘肃、福建、上海、广西、四川、湖南、山东、吉林、重庆、贵州、江西、河北、河南、天津、陕西、辽宁、山西。其中，广东省 2016 年有研发机构的企业数占 25 个省份的 36.43%，江苏、浙江 2 个省份有研发机构的企业数占 25 个省份的 40.35%，这 3 个省份政府支出占 R&D 经费内部支出的比重比较小，说明企业对技术创新环境极为重视，安徽省有研发机构的企业数也比较多，占 25 个省份的 4.08%，且政府支出占 R&D 经费内部支出的比重比较大，说明企业与政府都对技术创新环境较为重视；黑龙江、北京、湖北、云南、甘肃五省市有研发机构的企业数仅占 25 个省份的 2.5%，但政府支出占 R&D 经费内部支出的比重大，说明政府对电子及通信设备制造业技术创新内部环境极为重视；而排名靠后的吉林、重庆、贵州、江西、河北、河南、天津、陕西、辽宁、山西 10 个省份有研发机构的企业数仅占 25 个省份的 7.22%，且政府支出占 R&D 经费内部支出的比重小，故技术创新综合指数低于 2013 年平均水平。

各地区电子及通信设备制造业技术创新综合指数（加权）环境好于 2013 年平均水平的有 12 个省份，低于平均水平的有 13 个省份，且各个省份技术创新综合指数相差较为悬殊，指数最高的广东为 654.73%，最低的山西仅为 6.48%。对各省份技术创新综合指数从高到低排序为：广东、江苏、河南、浙江、北京、福建、湖北、安徽、黑龙江、上海、天津、山东、四川、甘肃、湖南、云南、重庆、辽宁、吉林、广西、河北、江西、陕西、贵州、山西。综合指数是上述技术创新投入、产出、效益及创新环境综合的结果。其中，广东、江苏综合指数遥遥领先于其他省份是因为投入、产出及创新内部环境各项指标表现异常突出所致；河南省综合指数高是创新产出、创新效益突出所致；浙江是投入、产出及创新内部环境各项指标表现较好所致；北京四个方面均好于 2013 年平均水平所致；黑龙江主要是创新内部环境中政府支出占 R&D 经费内部支出的比重大所致；重庆、辽宁、吉林、广西、河北、江西、陕西、贵州、山西这九个省份各个方面均不及 2013 年的平均水平，也就是说电子及通信设备制造业技术创新并不是它们的强项。

各地区电子及通信设备制造业技术创新综合指数（等权）环境好于 2013 年平均水平的有 11 个省份，低于平均水平的多达 14 个省份，且各个省份技术创新综合指数相差较为悬殊，指数最高的广东为 622.65%，最低的山西仅为 4.73%。对各省份技术创新综合指数从高到低排序为：广东、江苏、河南、浙江、北京、黑龙江、湖北、福建、安徽、上海、天津、山东、四川、甘肃、云南、湖南、重庆、辽宁、广西、吉林、江西、河北、贵州、陕西、山西。排序结果与加权排序结果有少许出入。

小结：我国电子及通信设备制造业技术创新投入主要集中在广东，投入总量占全国的 40% 左右，其次是江苏，投入总量占全国的 10% 左右，再次是浙江、湖北、北京、福建、上海、安徽、山东、四川 8 个省份，投入总量占全国的 32% 左右，且多个相对指标的数值表现好；云南投入总量小，但投入相对指标数值表现好。创新产出主要集中于广东，产出总量占全国的 44% 左右，其次是江苏，产出总量占 12% 左右，再次是河南、浙江、福建、天津、上海、山东、北京、安徽、湖南 9 个省份，产出总量占全国的 30% 左右，且多数省份的相对指标数值较大。河南、天津、广西、辽宁、甘肃、重庆技术创新效益好，这是值得其他省份学习借鉴的。广东、江苏、浙江企业对技术创新环境极为重视，黑龙江、北京、湖北、云南、甘肃的政府对技术创新环境极为重视。综合来说，广东、江苏、河南、浙江、北京、福建、湖北、安徽、上海、天津、山东、四川技术创新能力好于 2013 年平均水平，总量指标数值起主要作用；黑龙江好于 2013 年平均水平主要是相对指标起主要作用。

3. 各地区与电子及通信设备制造业技术创新能力各层次的对应分析

根据表 7-4 的数据资料，进行对应分析，其输出结果如图 7-7 所示。

如图 7-7 所示，技术创新投入和技术创新产出几乎重叠，可看成一类，技术创新投入和技术创新产出对浙江、广东、上海、福建、河北、陕西、四川、湖南、山东、天津的作用突出；创新效益对河南、贵州、广西、辽宁、天津、江西、重庆、吉林的作用突出；创新内部环境对黑龙江、江苏、湖北、北京、安徽、云南、甘肃的作用突出；山西是一离群单位，即哪个方面对其影响均不突出。

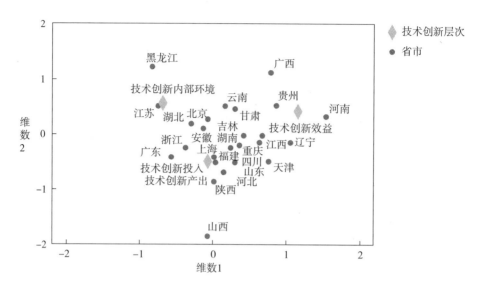

图 7-7　各地区与电子及通信设备制造业技术创新能力各层次对应分析

（二）各地区电子及通信设备制造业技术创新能力的主成分分析

1. 各地区电子及通信设备制造业技术创新能力的主成分分析

用主成分分析法对上述 25 个省份的电子及通信设备制造业技术创新能力进行分析，提取 5 个主成分，可以解释原有变量 89.20% 的信息。

根据成分矩阵，第一主成分与 R&D 人员折合全时当量、R&D 经费内部支出、专利申请数、新产品销售收入、有研发机构的企业数有正的高度的相关关系，这几个指标均为总量指标，可称为总量指标主成分，其方差贡献率为 34.57%；第二主成分与 R&D 人员产出效率、新产品开发产出效率有正的高度的相关关系，与新产品销售收入占主营业务收入的比重、新产品出口销售率有正的中度的相关关系，这几个指标属于产出相对指标及创新效益指标，故可称作产出相对指标及创新效益指标主成分，方差贡献率为 20.70%；第三主成分与 R&D 人员强度有正的高度的相关关系，与 R&D 经费强度、新产品销售收入占主营业务收入的比重有正的中度的相关关系，与 R&D 人员人均专利申请数有负的中度的相关关系，这一主成分的经济含义并不明确，方差贡献率为 16.85%；第四主成分与研发人员人均 R&D 经费内部支出、仪器和设备支出占 R&D 经费内部支出的比重有正的中度的相关关系，方差贡献率为 11.59%；第五主成分与政府 R&D 经费支出占 R&D 经费内部支出的比重有正的中度的相关关系，方差贡献率为 5.49%。

2016 年电子及通信设备制造业技术创新能力第一主成分得分高于平均水平的有 6 个省份，低于平均水平的有 19 个省份，得分最高的广东为 9.69 分，最低的云南为-1.81分，将各省份第一主成分得分按从高到低的顺序排列为：广东、江苏、浙江、福建、河南、北京、上海、天津、安徽、山东、四川、湖南、湖北、甘肃、陕西、河北、黑龙江、辽宁、重庆、吉林、江西、贵州、山西、广西、云南。其中，广东、江苏、浙江3个省份总量指标数值大，R&D人员折合全时当量占25个省份的65.16%，R&D经费内部支出占64.64%，专利申请数占65.21%，新产品销售收入占64.70%，有研发机构的企业数占76.79%，这3个省份各项总量指标占该行业技术创新总量的60%以上，即电子及通信设备制造业主要集中于这3个省份；福建、河南、北京总量指标数值也比较大，R&D人员折合全时当量占25个省份的8.20%，R&D经费内部支出占8.70%，专利申请数占6.48%，新产品销售收入竟占15.35%，有研发机构的企业数占4.78%，故第一主成分得分高于平均水平。其实，河南省的投入与产出总量指标除新产品销售收入数值比较大外，其他几个总量指标的数值处于中下等水平，其排名靠前是因为在第一主成分的表达式中，相对指标前的符号多为正，而河南省多个相对指标的数值表现非常好；排名靠后的黑龙江、辽宁、吉林、贵州、山西、广西、云南七个省份，R&D人员折合全时当量占25个省份的1.48%，R&D经费内部支出占1.22%，专利申请数占1.48%，新产品销售收入占0.67%，有研发机构的企业数占1.45%，可见其总量指标数值之小，第一主成分得分排名靠后不言而喻。

2016年电子及通信设备制造业技术创新能力第二主成分得分高于平均水平的有8个省份，低于平均水平的有17个省份，得分最高的河南为7.56分，得分最低的湖北为-1.92分，将各省份第二主成分得分按从高到低的顺序排列为：河南、天津、甘肃、湖南、福建、江苏、重庆、吉林、河北、山西、江西、山东、上海、黑龙江、广西、云南、浙江、北京、贵州、广东、安徽、辽宁、四川、陕西、湖北。

2016年电子及通信设备制造业技术创新能力第三主成分得分高于平均水平的有11个省份，低于平均水平的有14个省份，得分最高的黑龙江为3.91分，得分最低的云南为-2.66分，将各省份第三主成分得分按从高到低的顺序排列为：黑龙江、浙江、北京、甘肃、湖南、安徽、陕西、福建、四川、河北、天津、湖北、上海、吉林、河南、山西、山东、江苏、江西、贵州、广东、重庆、辽宁、广西、云南。

2016年电子及通信设备制造业技术创新能力第四主成分得分高于平均水平的有12个省份，低于平均水平的有13个省份，得分最高的湖北为2.69分，得分最低的山西为-3.40分，将各省份第四主成分得分按从高到低的顺序排列为：湖北、北京、云南、重庆、辽宁、河南、福建、上海、天津、安徽、浙江、山东、四川、广东、黑龙江、陕西、吉林、河北、甘肃、贵州、江西、湖南、广西、江苏、山西。

2016年电子及通信设备制造业技术创新能力第五主成分得分高于平均水平的有12个省份，低于平均水平的有13个省份，得分最高的黑龙江为2.42分，得分最低的辽宁为-1.42分。将各省份第五主成分按从高到低的顺序排列为：黑龙江、云南、湖北、江苏、广东、山西、河南、贵州、河北、甘肃、广西、安徽、重庆、湖南、江西、北京、吉林、陕西、四川、上海、福建、山东、天津、浙江、辽宁。

2016 年电子及通信设备制造业技术创新能力主成分综合得分（见表 7-2）高于平均水平的有 11 个省份，低于平均水平的有 14 个省份，得分最高的广东为 3.31 分，最低的广西为-1.31 分。将各省份综合得分按从高到低的顺序排列为：广东、河南、浙江、江苏、天津、北京、福建、黑龙江、甘肃、湖南、安徽、上海、四川、湖北、山东、河北、陕西、吉林、重庆、江西、云南、辽宁、贵州、山西、广西。其中，广东省第一主成分即总量指标数值表现异常突出，尽管其他方面表现欠佳，但其主成分综合得分仍然领先于其他省份；河南省第二主成分即产出相对指标及创新效益指标数值表现异常突出，除第三主成分表现欠佳外，其他几个主成分得分都高于平均水平，故其排名靠前；浙江、江苏第一主成分表现突出，也使其综合得分排名靠前；黑龙江、甘肃尽管综合排名靠前，是相对指标或平均指标表现良好造成的，其总量指标数值较小，总体来说其技术创新能力仍然比较差，但其管理水平及企业和政府对电子及通信设备制造业的支持是值得其他省份借鉴的；排名靠后的江西、云南、辽宁、贵州、山西、广西第一、第二、第三主成分表现都比较差。

小结：我国电子及通信设备制造业技术创新能力主要集中在广东、江苏、浙江 3 个省份，其各项总量指标数值占全国的比重均超过 60%，相对指标表现也比较好；其次是福建、河南、北京 3 个省份，各项总量指标占全国的比重在 8% 左右。黑龙江、甘肃总量指标数值小，但多数相对指标表现比较好，其综合排名也比较靠前。

2. 各地区与电子及通信设备制造业技术创新能力各主成分的对应分析

按照极差标准化的方法对其主成分得分进行处理，根据处理的结果进行对应分析，结果如图 7-8 所示。

根据图 7-8 可以看出，第一主成分对广东、江苏的作用突出；第二、第四主成分对山东、上海、北京、安徽、湖南、甘肃、吉林、河北、河南、湖北、重庆、江西、黑龙江作用突出；第三主成分对浙江、辽宁、陕西、天津、北京、福建、四川、上海、山东的作用突出；第五主成分对云南、山西、广西、贵州、江苏的作用突出。

(三) 各地区电子及通信设备制造业技术创新能力的聚类分析

在此部分的分析中，单位与单位之间的距离采用欧式距离的平方，单位与小类、小类与小类之间的距离采用最长距离法，其聚类结果如图 7-9 所示。

根据图 7-9，可以将 25 个省份分为 5 类：

第一类：广东；

第二类：河南；

第三类：江苏、浙江、陕西、河北、四川、安徽、福建、天津、湖南、甘肃；

第四类：北京、湖北、黑龙江；

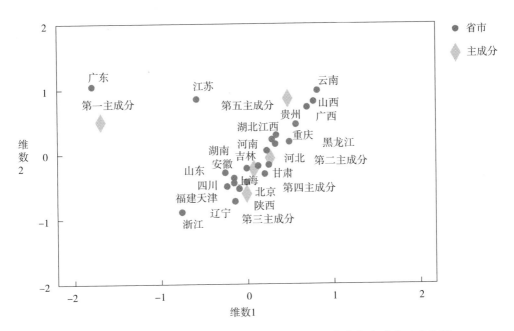

图7-8　各地区与电子及通信设备制造业技术创新能力各主成分对应分析

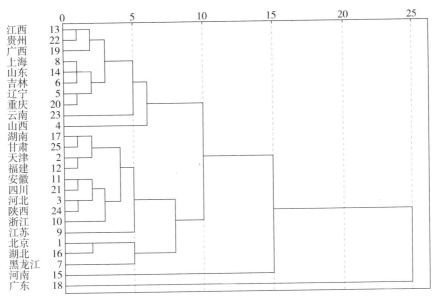

图7-9　各地区电子及通信设备制造业技术创新能力聚类分析

第五类：山西、云南、辽宁、重庆、吉林、山东、上海、广西、贵州、江西。

这和使用离差平方和法的结果差别不大，但结合主成分分析，最长距离法更贴合实际。

四、各地区计算机及办公设备制造业技术创新能力的测算与分析

（一）各地区计算机及办公设备制造业技术创新能力综合指数的测算与分析

1. 各地区计算机及办公设备制造业技术创新能力综合指数的测算

搜集各地区计算机及办公设备制造业技术创新能力资料时发现，2016 年海南、西藏、甘肃、宁夏、青海各项指标均无数据，吉林省有 15 项指标无数据，贵州省有 16 项指标无数据，黑龙江省有 9 项指标无数据，内蒙古、陕西总量指标数据小，无法与其他省份抗衡，故在分析时将其剔除。

在指标的选择上，仍然将有研发机构的企业数占企业总数的比重、技术改造经费支出、技术改造经费强度这三个指标剔除。

2013 年的指标海南、贵州、西藏、甘肃、青海、宁夏、新疆无数据，山西省有 13 项指标无数据，重庆市有 10 项指标无数据，内蒙古、陕西总量指标小，故仅对 20 个省份计算其最小值、最大值及平均值。搜集 20 个省份计算机及办公设备制造业反映技术创新能力的 15 项指标数值并计算其最小值、最大值及平均值。同样搜集 2016 年各个省份计算机及办公设备制造业反映技术创新能力的 15 项指标数值，根据前述综合指标的编制方法，其综合指数如表 7-5 所示。

表 7-5　各地区计算机及办公设备制造业技术创新能力综合指数　　单位：%

地区	投入指数	产出指数	效益指数	内部环境指数	加权综合指数	等权综合指数
北京	189.34	170.90	196.45	38.11	154.98	148.70
天津	116.18	166.11	56.12	36.50	103.21	93.73
河北	48.09	10.97	14.75	6.19	21.91	20.00
山西	71.87	19.60	4.01	-3.10	27.63	23.10
辽宁	25.77	33.03	17.10	43.29	29.72	29.00
上海	39.81	174.34	30.56	18.76	74.11	65.87
江苏	108.43	472.22	150.16	539.03	312.03	317.46
浙江	89.51	228.43	63.03	174.37	142.86	138.84
安徽	68.26	189.38	111.80	109.43	121.54	119.72
福建	178.03	194.31	33.34	56.72	129.71	115.60
江西	22.38	78.41	51.73	5.33	41.65	39.46

续表

地区	投入指数	产出指数	效益指数	内部环境指数	加权综合指数	等权综合指数
山东	243.21	368.76	84.00	49.98	210.38	186.48
河南	32.03	12.57	29.50	18.48	22.98	23.15
湖北	85.03	2.05	7.84	9.64	29.62	26.14
湖南	100.26	37.83	23.59	30.37	52.22	48.01
广东	186.96	275.60	51.92	888.90	326.93	350.84
广西	27.78	181.25	38.12	0.00	70.33	61.79
重庆	64.03	245.11	147.48	45.36	131.31	125.50
四川	87.22	11.39	8.46	252.22	81.72	89.82
云南	46.12	39.66	32.15	6.19	33.40	31.03

2. 各地区计算机及办公设备制造业技术创新能力综合指数分析

各地区计算机及办公设备制造业技术创新投入好于 2013 年平均水平的有 7 个省份，低于平均水平的多达 13 个省份，且各个省份技术创新投入指数相差较为悬殊，指数最高的山东为 243.21%，最低的江西仅为 22.38%。对各省份其技术创新投入指数从高到低排序为：山东、北京、广东、福建、天津、江苏、湖南、浙江、四川、湖北、山西、安徽、重庆、河北、云南、上海、河南、广西、辽宁、江西。其中，山东计算机及办公设备制造业技术创新投入总量大，2016 年 R&D 人员全时当量占 20 个省份的 21.56%，R&D 经费内部支出占 17.50%，其投入总量之大可见一斑，投入相对指标或平均指标数值表现也突出，投入综合指数远远高于 2013 年平均水平；广东技术创新投入总量大，2016 年 R&D 人员全时当量占 20 个省份的 22.44%，R&D 经费内部支出占 21.39%，但投入相对指标或平均指标数值中只有研发人均 R&D 经费内部支出数值较大，其他三个相对指标数值处于较低水平，但由于投资总量最多，故 2016 年投入综合指数也远远高于 2013 年平均水平；北京 2016 年 R&D 人员全时当量数值小，仅占 20 个省份的 2.28%，但 R&D 经费内部支出大，占 11.30%，R&D 人员强度及研发人员人均 R&D 经费内部支出数值大，尤其是研发人员人均 R&D 经费内部支出是最大值，故其投入综合指数也高于 2013 年平均水平；福建、江苏 R&D 人员全时当量占 20 个省份的 25.77%，R&D 经费内部支出占 23.04%，福建与 R&D 有关的相对指标或平均指数数值比较大，江苏仪器仪表支出占 R&D 经费内部支出比重及研发人员人均 R&D 经费内部支出数值较大，故 2016 年投入综合指数也高于 2013 年平均水平；天津、湖南投入总量指标处于中等水平，但 R&D 人员强度表现十分突出，R&D 经费强度也处于中上水平，天津的其他两个相对指标或平均指标的数值表现也比较好，故其投入综合指数也高于 2013 年平均水平；山西、河北、云南、河南、广西、辽宁、江西 7 个省份技术创新投入总量小，R&D 人员全时当量占 20 个省份的 3.07%，R&D 经费内部支出仅占 2.16%，且相对指标及平均指标表现也比较差，故综合指数低于 2013 年平均水平。

各地区计算机及办公设备制造业技术创新产出好于 2013 年平均水平的有 11 个省份，低于平均水平的有 9 个省份，且各个省份相差悬殊，指数最高的江苏为 472.22%，最低的湖北仅为 2.05%。对各省份技术创新产出综合指数从高到低排序为：江苏、山东、广东、重庆、浙江、福建、安徽、广西、上海、北京、天津、江西、云南、湖南、辽宁、山西、河南、四川、河北、湖北。其中，江苏、山东、广东 3 个省份投入总量大，产出总量也大，2016 年专利申请数占 20 个省份的 63.14%，新产品销售收入占 70.91%，江苏省产出相对指标数值、山东新产品销售收入占比遥遥领先于其他省份；重庆、浙江、福建、安徽、天津专利申请数占 20 个省份的 17.48%，新产品销售收入占 20.66%，且产出相对指标数值较大；北京、上海专利申请数占 20 个省份的 14.78%，新产品销售收入占 7.14%，北京新产品销售收入占主营业务收入的比重位居前列，上海新产品出口销售率位居前列，其综合产出指数高于 2013 年平均水平；广西投入和产出总量都不大，但新产品出口销售率却是全国第一，新产品几乎都用于出口，但由于总量低，其产出能力并不强；江西、云南、辽宁、山西、河南、河北、湖北七省份，投入总量小，产出总量也小，2016 年专利申请数仅占 20 个省份的 1.49%，新产品销售收入占 0.47%，且产出相对指标数值也比较小，故产出综合指数远远低于 2013 年平均水平。

各地区计算机及办公设备制造业技术创新效益好于 2013 年平均水平的有 4 个省份，低于平均水平的多达 16 个省份，且各个省份技术创新效益指数相差悬殊，指数最高的北京为 196.45%，最低的山西仅为 4.01%。对各省份技术创新效益指数从高到低排序为：北京、江苏、重庆、安徽、山东、浙江、天津、广东、江西、广西、福建、云南、上海、河南、湖南、辽宁、河北、四川、湖北、山西。其中，江苏投入和产出总量均比较大，综合指数排名靠前，其 R&D 人员产出效率、新产品开发产出效率十分突出，且人均专利申请数处于中上水平；北京投入与产出总量均不占明显优势，但 R&D 人员人均专利申请数、R&D 人员产出效率也是遥遥领先，新产品开发产出效率也处于中上水平；重庆、安徽的投入与产出总量不高，但创新效益指标表现均比较好，故其创新效益综合指数高，这是值得其他省学习和借鉴的；江西、广西投入与产出总量都比较小，但 R&D 人员产出效率、新产品开发产出效率并不是太低，故其综合指数处于中间水平；云南、河南、辽宁、河北、湖北、山西六省投入和产出总量都比较低，技术创新效益指标均比较低，故综合指数远低于 2013 年平均水平。

各地区计算机及办公设备制造业技术创新内部环境好于 2013 年平均水平的有 5

个省份，低于平均水平的多达 15 个省份，且各个省份技术创新内部环境指数相差较为悬殊，指数最高的广东为 888.90%，最低的山西仅为 -3.10%。对各省份技术创新内部环境指数从高到低排序为：广东、江苏、四川、浙江、安徽、福建、山东、重庆、辽宁、北京、天津、湖南、上海、河南、湖北、云南、河北、江西、广西、山西。其中，排名靠前的广东、江苏 2016 年有研发机构企业数占 20 个省份的 74.75%，说明企业对技术创新环境非常重视，其内部环境指数远远高于 2013 年平均水平；浙江有研发机构的企业数位居第三，但数量已大大减少，政府资金占 R&D 经费内部支出的比重位居于中等水平；四川、安徽两省有研发机构的企业数少，但政府支出占 R&D 经费内部支出的比重大，位居前两位，故技术创新内部环境也高于 2013 年平均水平；排名靠后的河南、湖北、云南、河北、江西、广西、山西 7 个省份有研发机构的企业数仅占 20 个省份的 2.79%，且政府支出占 R&D 经费内部支出的比重都很小，说明企业和政府对技术创新环境重视程度不够，其综合指数低于 2013 年平均水平。

各地区计算机及办公设备制造业技术创新综合指数（加权）好于 2013 年平均水平的有 9 个省份，低于平均水平的有 11 个省份，且各个省份相差较为悬殊，指数最高的广东为 326.93%，最低的河北仅为 21.91%。对各省份技术创新综合指数从高到低排序为：广东、江苏、山东、北京、浙江、重庆、福建、安徽、天津、四川、上海、广西、湖南、江西、云南、辽宁、湖北、山西、河南、河北。排名最前的广东主要是由技术创新投入、产出及内部环境总量表现突出所致，但其创新效益表现不佳，故应注重创新效益的提高；江苏技术创新各个部分总量表现突出，多数相对指标或平均指标表现都比较好；山东省技术创新投入与产出总量指标及相对指标表现好，但创新效益及创新内部环境（主要是有研发机构的企业数少）比较差，故也应注重创新效益的提高，企业及政府应营造良好的创新内部环境。计算机及办公设备制造业主要集中于广东、山东、江苏。而排名靠后的江西、云南、辽宁、湖北、山西、河南、河北 7 个省份无论哪个方面的指标数值都比较低，技术创新综合指数也远远低于 2013 年平均水平。

各地区计算机及办公设备制造业技术创新综合指数（等权）好于 2013 年平均水平的有 8 个省份，低于平均水平的有 12 个省份，且各个省份技术创新综合指数相差较为悬殊，指数最高的广东为 350.84%，最低的河北仅为 20.00%。对各省份技术创新综合指数从高到低排序为：广东、江苏、山东、北京、浙江、重庆、安徽、福建、天津、四川、上海、广西、湖南、江西、云南、辽宁、湖北、河南、山西、河北。这与加权综合指数的排序结果几乎相同。

小结：我国计算机及办公设备制造业技术创新投入主要集中在山东、广东两个省份，各投入总量指标数值占全国的 40% 左右，其次是北京、福建、江苏 3 个省份，投入总量指标数值占全国的 30% 左右，且这些省份多数投入相对指标数值表现较好。创新产出主要集中于江苏、山东、广东 3 个省份，产出总量占全国的 63% 以上，其次是北京、上海、重庆、浙江、福建、安徽、天津 7 个省份，产出总量占全国的 30% 左右，且产出相对指标数值较大。广西投入和产出总量都不大，但产出相对指标数值表现突出。江苏、北京、重庆、安徽等省份，技术创新效益好，这是值得其他省份学习借鉴的。广东、江苏、浙江等省份的企业对技术创新环境极为重视，四川、安徽等省份的政府对技术创新环境极为重视。综合来说，广东、江苏、山东 3 个省份具有绝对的创新优势，其创新能力远远好于 2013 年平均水平；北京、浙江、重庆、福建、安徽、天津技术创新能力也好于 2013 年平均水平。

3. 各地区与计算机及办公设备制造业技术创新能力各层次的对应分析

根据表 7-5 的数据资料进行对应分析，由于山西的技术创新内部环境指数为-3.10，不符合对应分析对数据的要求，在此取 0 值，其实数据也差别不大，并不影响分析结果，其输出结果如图 7-10 所示。

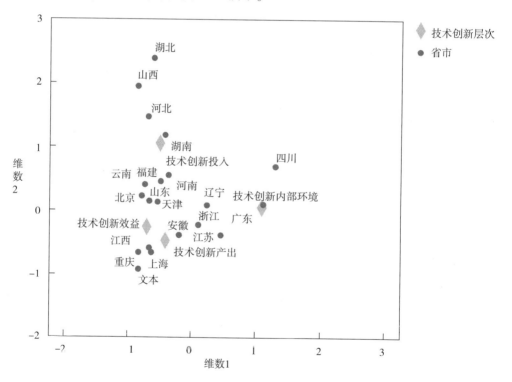

图 7-10 各地区与计算机及办公设备制造业技术创新能力各层次对应分析

根据图 7-10，湖北、山西、河北、湖南、河南、福建、云南、山东、北京、天津主要受技术创新投入指数的影响；广西、重庆、上海、江西、安徽、浙江、江苏、辽宁、河南、福建、云南、山东、北京、天津主要受技术创新产出或创新效益的影响；广东、四川、辽宁、浙江、江苏主要受技术创新内部环境的影响。

(二) 各地区计算机及办公设备制造业技术创新能力的主成分分析

1. 各地区计算机及办公设备制造业技术创新能力的主成分分析

用主成分分析法对上述 20 个省份计算机及办公设备制造业技术创新能力进行分析，提取 5 个主成分，可以解释原有变量 88.28% 的信息。

根据成分矩阵，第一主成分与 R&D 人员折合全时当量、R&D 经费内部支出、专利申请数、新产品销售收入、新产品销售收入占主营业务收入的比重存在正的高度的相关关系，与仪器和设备支出占 R&D 经费内部支出的比重、R&D 人员产出效率、新产品开发产出效率、有研发机构的企业数存在正的中度的相关关系，与 R&D 人员人均专利申请数有正的低度的相关关系，这几个指标中包含了所有的总量指标，还有四个是结构相对指标或效益指标，可称为总量主成分及效益指标主成分，其方差贡献率为 36.43%；第二主成分与 R&D 经费强度存在正的高度的相关关系，与 R&D 人员强度存在正的中度的相关关系，与新产品出口销售率、新产品开发产出效率存在负的中度的相关关系，前两个属于投入强度指标，且是正相关，后两个是产出相对指标或效益指标，且是负相关，故这一主成分的经济含义并不十分明确，其方差贡献率为 18.94%；第三主成分与研发人员人均 R&D 经费内部支出、R&D 人员人均专利申请数、R&D 人员产出效率存在正的中度相关关系，前两个指标反映平均指标的变动，后面两个属于效益指标，所以可称第三主成分为平均指标或效益指标主成分，其方差贡献率为 13.11%；第四主成分与政府支出占 R&D 经费内部支出的比重存在正的高度的相关关系，方差贡献率为 11.24%；第五主成分与仪器和设备支出占 R&D 经费内部支出的比重存在正的中度的相关关系、与有研发机构的企业数存在负的中度的相关关系，这一主成分的经济含义并不明显，其方差贡献率为 8.56%。

2016 年各地区计算机及办公设备制造业技术创新能力第一主成分得分高于平均水平的有 8 个省份，低于平均水平的有 12 个省份，得分最高的山东为 4.87 分，得分最低辽宁为 -2.25 分。将各省份第一主成分得分按从高到低的顺序排列为：山东、江苏、广东、北京、重庆、福建、安徽、浙江、天津、上海、湖南、四川、江西、广西、云南、河南、湖北、河北、山西、辽宁。其中，山东、江苏、广东、北京、福建 5 个省份，总量指标数值大，R&D 人员折合全时当量占 20 个省份的 72.06%，R&D 经费内部支出占 73.23%，专利申请数占 81.77%，新产品销售收入占 81.20%，有研发机构的企业数占 80.66%，且仪器和设备支出占 R&D 经费内部支出的比重、R&D 人员产出效率、新产品开发产出效率数值表现也比较突出，故第一主成分得分排名靠前；重庆、安徽、浙江三省市，总量指标数值也比较大，R&D 人员折合全时当量占 20 个省份的 10.50%，R&D 经费内部支出占 9.07%，专利申请数占 10.53%，新产品销售收入占 14.20%，有研发机构的企业数占 13.77%，且重庆、安徽仪器和设备支出占 R&D 经费内部支出的比重、R&D 人员产出效率、新产品开发产出效率数值表现非常突出，故第一主成分得分也高于平均水平；排名靠后的江西、广西、云南、河南、湖北、河北、山西、辽宁 8 个省份，总量指标数值非常小，R&D 人员折合全时当量仅占 20 个省份的 3.58%，R&D 经费内部支出占 3.67%，专利申请数占 1.53%，新产品销售收入占 0.85%，有研发机构的企业数占 2.79%，且仪器和设备支出占 R&D 经费内部支出的比重、R&D 人员产出效率、新产品开发产出效率数值也比较小，故第一主成分得分远远低于 2016 年平均水平。总之，总量指标数值大，第一主成分得分就高。

各地区计算机及办公设备制造业技术创新能力第二主成分得分高于平均水平的有 10 个省份，低于平均水平的有 10 个省份，得分最高的北京为 3.19 分，得分最低的重庆为-3.25 分。将各省份第二主成分得分按从高到低的顺序排列为：北京、山东、湖南、山西、福建、湖北、云南、河北、浙江、天津、广东、河南、四川、辽宁、安徽、江西、上海、广西、江苏、重庆。

各地区计算机及办公设备制造业技术创新能力第三主成分得分高于平均水平的有 9 个省份，低于平均水平的有 11 个省份，得分最高的北京为 4.59 分，得分最低的广东为-2.27 分。将各省份第三主成分得分按从高到低的顺序排列为：北京、安徽、重庆、湖北、四川、江西、辽宁、广西、江苏、浙江、云南、河南、上海、天津、河北、湖南、山西、福建、山东、广东。

各地区计算机及办公设备制造业技术创新能力第四主成分得分高于平均水平的有 8 个省份，低于平均水平的有 12 个省份，得分最高的四川为 4.66 分，得分最低的浙江-1.15 分。将各省份第四主成分得分按从高到低的顺序排列为：四川、广东、湖北、辽宁、山东、河南、江西、安徽、北京、上海、河北、福建、广西、云南、湖南、重庆、江苏、天津、山西、浙江。

各地区计算机及办公设备制造业技术创新能力第五主成分得分高于平均水平的有 8 个省份，低于平均水平的有 12 个省份，得分最高的山东 1.95 分，得分最低的广东为-2.74 分。将各省份第五主成分得分按从高到低的顺序排列为：山东、四川、重庆、天津、安徽、湖南、浙江、福建、河北、江西、山西、河南、云南、上海、广西、湖北、江苏、辽宁、北京、广东。

各地区计算机及办公设备制造业技术创新能力综合得分（见表 7-2）高于平均水平的有 9 个省份，低于平均水平的有 11 个省份，综合得分最高的山东为 2.59 分，得分最低的广西为-1.18 分。将各省份技术创新能力综合得分按从高到低的顺序排列为：山东、北京、江苏、广东、福建、安徽、重庆、四川、浙江、天津、湖南、湖北、云南、江西、山西、河南、河北、上海、辽宁、广西。其中，山东省总量指标数值大，相对指标或平均指标表现好，除第三主成分得分比较低以外，其他四个主成分得分都高于平均水平；北京总量指标数值大，绝大多数相对指标或平均指标表现好，第一、第二、第三主成分得分远远高于平均水平，但第四、第五主成分得分低于平均水平，由于第四、第五主成分解释原有指标的信息小，故北京总体排名第二；江苏总量指标或效益指标表现突出，第一主成分得分高，但第二主成分得分低，从另一方面说明其产出相对指标或效益指标表现好；广东总量指标或效益指标表现突出，且政府对该产业较为支持，故第一、第四主成分得分高于平均水平，但第二、第三、第五主成分得分低于平均水平；福建第一、第二、第五主成分得分高，但第三、第四主成分得分低。排名靠前的 5 个省份，其总量指标数据占据了全国至少72%及以上，故这 5 个省市技术创新能力强。安徽、重庆第一、第三、第五主成分得分高于平均水平，但第二主成分得分低于平均水平；四川第一、第二主成分低于平均水平，但第三、第四、第五主成分高于平均水平；浙江第一、第二、第五主成分高于平均水平，但第三、第四主成分低于平均水平，其综合的结果高于 2016 年平均水平。湖北、云南、江西、山西、河南、河北、辽宁、广西 8 省总量指标数值极小，8 省占 20 个省份的比重均不超过 4%，尽管有部分相对指标或平均指标数值表现较好，但总体上说主成分得分较低，技术创新能力弱。

　　小结：我国计算机及办公设备制造业技术创新能力主要集中在山东、江苏、广东、北京、福建 5 个省份，各项总量指标数值占全国的比重均在 72%～82%，多数相对指标的数值表现也比较好；其次是重庆、安徽、浙江 3 个省份，各项总量指标数值占全国的比重均在 10% 左右，相对指标的数值表现也比较好。四川总量指标数值较小，但多数相对指标表现较好，故其综合排名比较靠前。

　　2. 各地区与计算机及办公设备制造业技术创新能力各主成分的对应分析

　　仍然按照极差标准化的方法对其主成分得分进行处理，根据处理的结果进行对应分析，结果如图 7-11 所示。

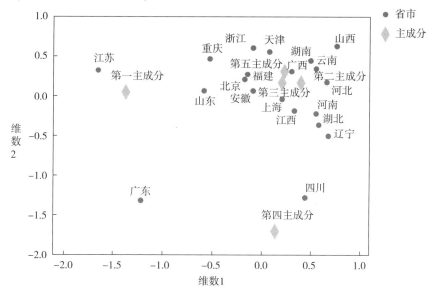

图 7-11　各地区与计算机及办公设备制造业技术创新能力主成分对应分析

根据图7-11，第一主成分对江苏、广东、山东、重庆、北京、福建作用突出；第二、第三、第五主成分对辽宁、湖北、河南、江西、上海、安徽、山东、北京、重庆、福建、浙江、天津、广西、湖南、山西、云南、河北作用突出；第四主成分对四川、广东、辽宁、湖北、河南、江西作用突出。

(三) 各地区计算机及办公设备制造业技术创新能力的聚类分析

在此部分的分析中，单位与单位之间的距离采用欧式距离的平方，单位与小类、小类与小类之间的距离采用离差平方和法，其聚类结果如图7-12所示。

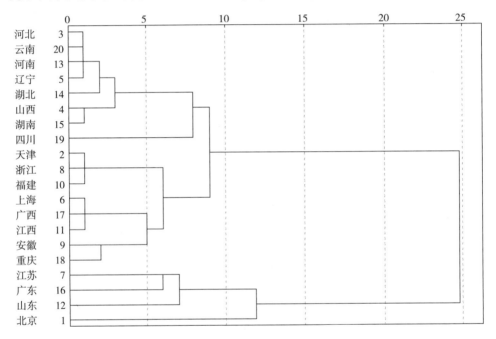

图7-12 各地区计算机及办公设备制造业技术创新能力聚类

根据图7-12，可以将20个省份分为5类：

第一类：山东、广东、江苏；

第二类：北京；

第三类：安徽、重庆、江西、上海、广西、福建、天津、浙江；

第四类：四川；

第五类：湖南、山西、湖北、辽宁、河南、河北、云南。

当然，还可以再细分。这与主成分分析结果有一些出入。若用最长距离法将20个省份分为五类的话，第五类包含的单位太多，有14个单位，不符合杰米尔曼准则。若分8类，分的组数过多，也不太符合统计分组的要求，故还是选择了离差平方和的方法。

五、各地区医疗仪器设备及仪器仪表制造业技术创新能力的测算与分析

（一）各地区医疗仪器设备及仪器仪表制造业技术创新能力综合指数的测算与分析

1. 各地区医疗仪器设备及仪器仪表制造业技术创新能力综合指数的测算

搜集各地区医疗仪器设备及仪器仪表制造业技术创新能力资料时发现，2016年西藏无数据、海南多项指标无数据、青海9项指标无数据、新疆8项指标无数据，即使有数据，总量指标数值也很小，故将其剔除，只能对27个省份进行分析。

同样，在指标选择上将技术改造经费支出、技术改造经费强度、有研发机构的企业数占企业总数的比重也剔除。

搜集2013年的指标时，海南、西藏无数据，青海12项指标无数据、新疆7项指标无数据，故同样对27个省份进行分析。

按照前述综合指数的编制方法，编制医疗仪器设备及仪器仪表制造业技术创新能力综合指数，结果如表7-6所示。

表7-6 各地区医疗仪器设备及仪器仪表制造业技术创新能力综合指数 单位:%

地区	投入指数	产出指数	效益指数	内部环境指数	加权综合指数	等权综合指数
北京	159.26	199.07	152.21	84.14	154.77	148.67
天津	154.25	79.56	65.90	32.98	89.92	83.18
河北	71.16	62.70	79.16	75.49	71.09	72.13
山西	45.96	19.97	67.61	78.18	48.94	52.93
内蒙古	76.11	2.19	23.11	-13.65	25.38	21.94
辽宁	65.40	61.88	68.40	176.00	87.06	92.92
吉林	39.29	4.17	213.93	257.83	107.39	128.81
黑龙江	83.91	40.46	52.96	156.14	79.13	83.37
上海	116.20	125.10	107.23	97.37	113.31	111.48
江苏	364.62	589.87	166.66	745.86	468.85	466.75
浙江	209.34	355.86	148.10	302.67	259.71	253.99
安徽	70.76	90.72	259.74	53.26	111.04	118.62
福建	92.26	117.47	93.66	67.30	95.11	92.67
江西	46.55	77.62	153.00	9.97	69.85	71.79

地区	投入指数	产出指数	效益指数	内部环境指数	加权综合指数	等权综合指数
山东	150.05	116.44	92.82	101.24	118.76	115.14
河南	78.10	93.74	70.72	49.25	75.55	72.95
湖北	95.55	82.24	132.13	6.55	81.07	79.12
湖南	100.44	118.32	235.49	124.55	137.63	144.70
广东	198.98	318.51	114.06	326.49	243.36	239.51
广西	77.44	40.01	78.97	50.48	61.12	61.72
重庆	86.02	78.15	121.15	64.66	86.42	87.50
四川	53.53	58.76	134.53	45.83	69.76	73.16
贵州	12.81	26.21	239.28	117.46	83.05	98.94
云南	42.82	49.56	93.89	14.49	49.39	50.19
陕西	102.17	63.67	80.74	259.90	117.88	126.62
甘肃	72.44	308.65	128.36	162.88	172.58	168.08
宁夏	63.03	62.27	213.53	36.85	87.67	93.92

2. 各地区医疗仪器设备及仪器仪表制造业技术创新能力综合指数分析

医疗仪器设备及仪器仪表制造业技术创新投入好于 2013 年平均水平的有 9 个省份，低于 2013 年平均水平的多达 18 个省份，且各个省份技术创新投入指数相差较为悬殊，指数最高的江苏省为 364.62%，最低的贵州省仅为 12.81%。对各省份技术创新投入指数从高到低排序为：江苏、浙江、广东、北京、天津、山东、上海、陕西、湖南、湖北、福建、重庆、黑龙江、河南、广西、内蒙古、甘肃、河北、安徽、辽宁、宁夏、四川、江西、山西、云南、吉林、贵州。其中，江苏、浙江、广东三省医疗仪器设备及仪器仪表制造业技术创新投入总量大，2016 年 R&D 人员全时当量占 27 个省份的 53.82%，R&D 经费内部支出占 53.88%，其投入总量超过了全国的一半，投入相对指标或平均指标数值处于中等或中上等水平，其投入综合指数远远高于 2013 年平均水平；北京、天津、山东其投入总量也比较大，2016 年 R&D 人员全时当量占 27 个省份的 15.26%，R&D 经费内部支出占 18.36%，且投入相对指标的表现也比较好；上海、陕西、湖南 R&D 人员全时当量占 27 个省份的 9.77%，R&D 经费内部支出占 10.32%，投入相对指标表现也比较好，故其投入综合指数好于 2013 年平均水平；黑龙江、内蒙古、甘肃总量指标数值非常小，但其中有的相对指标或平均指标的数值表现较为突出，所以其排名不算太靠后；宁夏、江西、山西、云南、吉林、贵州投入总量少，2016 年 R&D 人员全时当量占 27 个省份的 1.87%，R&D 经费内部支出占 1.60%，尽管个别省市的个别相对指标或平均指标的数值表现比较好，但其投入综合指数仍远远低于 2013 年平均水平。

各地区医疗仪器设备及仪器仪表制造业技术创新产出好于 2013 年平均水平的有 9 个省份，低于平均水平的多达 18 个省份，且各个省份技术创新产出指数相差较为悬殊，指数最高的江苏为 589.87%，最低的内蒙古仅为 2.19%。对各省份技术创新投入指数从高到低排序为：江苏、浙江、广东、甘肃、北京、上海、湖南、福建、山东、河南、安徽、湖北、天津、重庆、江西、陕西、河北、宁夏、辽宁、四川、云南、黑龙江、广西、贵州、山西、吉林、内蒙古。其中，江苏、浙江、广东投入总量大，产出总量也大，2016 年专利申请数占 27 个省份的 55.66%，新产品销售收入占 62.01%，且产出相对指标的数值也比较大，故其综合指数遥遥领先；甘肃投入总量排名倒数，产出总量也排名倒数，但新产品销售收入占主营业务收入的比重为 56.28%，新产品出口销售率为 92.48%，这两个指标都处于第一的水平，故其创新产出综合指数比较高，但由于总量小，其创新产出是没有竞争力的；北京、上海、山东投入总量与产出总量均比较大，2016 年专利申请数占 27 个省份的 14.92%，新产品销售收入占 16.09%，且产出相对指标的数值表现也比较好；湖南、福建其投入与产出总量指标数值均处于中等偏下水平，除湖南新产品出口销售率数值小外，两省的产出相对指标的数值比较大，其综合得分也高于 2013 年平均水平；宁夏、云南、黑龙江、广西、贵州、山西、吉林、内蒙古八省份，投入总量小，产出总量也小，2016 年专利申请数占 27 个省份的 2.32%，新产品销售收入占 1.50%，多数省市投入相对指标数值也比较小（个别省份的个别指标值稍大），故其创新产出综合指数低于 2013 年平均水平。

各地区医疗仪器设备及仪器仪表制造业技术创新效益好于 2013 年平均水平的有 15 个省份，低于平均水平的有 12 个省份，且各个省份技术创新效益指数相差较为悬殊，指数最高的安徽为 259.74%，最低的内蒙古仅为 23.11%。对各省份其技术创新效益指数从高到低排序为：安徽、贵州、湖南、吉林、宁夏、江苏、江西、北京、浙江、四川、湖北、甘肃、重庆、广东、上海、云南、福建、山东、陕西、河北、广西、河南、辽宁、山西、天津、黑龙江、内蒙古。其中，安徽、贵州、湖南、吉林、宁夏几个省份技术创新投入与产出较低，但人均申请专利数、R&D 人员产出效率、新产品开发产出效率指标数值表现突出，其创新效益远高于 2013 年平均水平，这是值得其他省份学习借鉴的；江苏、浙江、广东投入与产出总量高，虽然技术创新效益指标数值不及前述各省市，但其表现也比较好，故创新效益也好于 2013 年平均水平；排名靠后的辽宁、山西、天津、黑龙江、内蒙古等投入与产出总量小，技术创新效益各项指标数值也比较小，其综合指数远低于 2013 年平均水平。

各地区医疗仪器设备及仪器仪表制造业技术创新内部环境好于 2013 年平均水平的有 11 个省份，低于平均水平的多达 16 个省份，且各个省份技术创新内部环境指数相差较为悬殊，指数最高的江苏为745.86%，最低的内蒙古仅为-13.65%。对各省份技术创新内部环境指数从高到低排序为：江苏、广东、浙江、陕西、吉林、辽宁、甘肃、黑龙江、湖南、贵州、山东、上海、北京、山西、河北、福建、重庆、安徽、广西、河南、四川、宁夏、天津、云南、江西、湖北、内蒙古。其中，江苏、广东、浙江2016年有研发机构企业数占27个省份的70.46%，说明企业对技术创新环境重视程度较高但政府支出占R&D内部支出的比重相对来说偏低；陕西、吉林、辽宁、甘肃、黑龙江、贵州有研发机构的企业数少，仅占27个省份的2.71%，但政府支出占R&D内部支出的比重大，故创新内部环境也高于2013年平均水平；广西、四川、宁夏、云南、江西、湖北、内蒙古本身规模不大，且有研发机构的企业数少，这7省仅占27个省份的4.1%，且政府支出占R&D经费内部支出的比重也小，故创新内部环境远低于2013年平均水平。

各地区医疗仪器设备及仪器仪表制造业技术创新加权综合指数好于2013年平均水平的有11个省份，低于平均水平的多达16个省份，且各个省份技术创新综合指数相差较为悬殊，指数最高的江苏为468.85%，最低的内蒙古仅为25.38%。对各省份技术创新综合指数从高到低排序为：江苏、浙江、广东、甘肃、北京、湖南、山东、陕西、上海、安徽、吉林、福建、天津、宁夏、辽宁、重庆、贵州、湖北、黑龙江、河南、河北、江西、四川、云南、山西、内蒙古。其中，江苏、浙江、广东投入总量大，产出总量也大，且多项相对指标或平均指标的数值都比较大，投入、产出、效益及创新内部环境都好于2013年平均水平，故综合指数也远远高于2013年平均水平；甘肃总量指标数值均非常小，但几乎所有的相对指标或平均指标的数值均比较大，故其综合指数也比较高；北京、上海投入、产出、效益综合指数表现好，但创新内部环境不尽如人意；山东投入、产出及创新内部环境比较好，但创新效益比较差；湖南各个方面均好于平均水平；陕西投入及创新内部环境表现好；安徽和吉林投入、产出均表现不佳，但创新效益比较好；这些省份最终综合指数的表现好于2013年平均水平。河南、河北、江西、广西、云南、山西、内蒙古各个方面数值均比较小，故综合指数远低于2013年平均水平。

各地区医疗仪器设备及仪器仪表制造业技术创新综合指数（等权）好于2013年平均水平的有11个省份，低于平均水平的16个省份，且各个省份技术创新综合指数相差较为悬殊，指数最高的江苏为466.750%，最低的内蒙古仅为21.939%。对各省份技术创新综合指数从高到低排序为：江苏、浙江、广东、甘肃、北京、湖南、吉林、陕西、安徽、山东、上海、贵州、宁夏、辽宁、福建、重庆、黑龙江、天津、湖北、四川、河南、河北、江西、广西、山西、云南、内蒙古。这一排序与加权综合指数的排序稍微有些差别。

小结：我国医疗仪器设备及仪器仪表制造业技术创新投入主要集中在江苏、浙江、广东3个省份，其投入总量占全国的半壁江山，投入相对指标数值表现较好；

其次是北京、天津、山东3个省份，其投入总量占全国的15%以上，相对指标的表现也比较好；再次是上海、陕西、湖南3个省份，其投入总量占全国的10%左右，投入相对指标表现也比较好。黑龙江、内蒙古、甘肃等省份投入总量小，但多数投入相对指标数值表现较好。创新产出主要集中于江苏、浙江、广东3个省份，产出总量占全国的55%以上，产出相对指标的数值也比较大；其次是北京、上海、山东3个省份，产出总量占全国的15%左右，且产出相对指标数值较大。甘肃投入和产出总量都不大，但产出相对指标数值表现突出。安徽、贵州、湖南、吉林、宁夏等省份，技术创新效益好，这是值得其他省份学习借鉴的。江苏、广东、浙江等省份的企业对技术创新环境重视程度高，陕西、吉林、辽宁、甘肃、黑龙江、贵州等政府对技术创新环境极为重视。综合来说，江苏、浙江、广东3省具有绝对的创新优势；其次是北京、上海、山东、陕西、湖南5省份，也具有一定的创新优势；甘肃、安徽、吉林尽管综合指数好于2013年平均水平，但由于总量指标数值小，故缺乏创新优势。

3. 各地区与医疗仪器设备及仪器仪表制造业技术创新能力各层次的对应分析

根据表7-6数据资料进行对应分析，其中内蒙古的技术创新内部环境指数为负数，不符合对应分析中数值都大于等于0的要求，在此我们索性将其取值为0，但这并不影响其最终结果，其输出结果如图7-13所示。

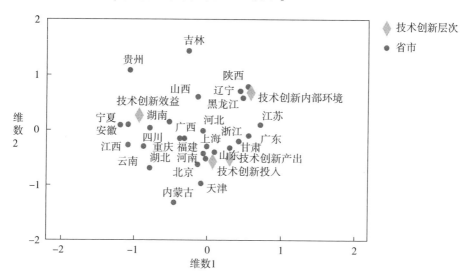

图7-13　各地区与医疗仪器设备及仪器仪表制造业技术创新能力各层次对应分析

根据图7-13数据显示，技术创新投入及技术创新产出对河北、广西、重庆、湖北、内蒙古、天津、北京、河南、福建、山东、上海、甘肃、浙江、广东、江苏的影响突出；技术创新效益对云南、江西、安徽、宁夏、四川、贵州、河北、广西、重庆、湖南、湖北的影响突出；技术创新内部环境对吉林、山西、辽宁、陕西、黑龙江、江苏等的影响突出。

(二) 各地区医疗仪器设备及仪器仪表制造业技术创新能力的主成分分析

1. 各地区医疗仪器设备及仪器仪表制造业技术创新能力的主成分分析

用主成分分析法对上述 27 个省份的医疗仪器设备及仪器仪表制造业技术创新能力进行分析，提取 5 个主成分，可以解释原有变量 87.23% 的信息。

从成分矩阵可以看出，第一主成分与 R&D 人员折合全时当量、R&D 经费内部支出、专利申请数、新产品销售收入、有研发机构的企业数均为正的高度的相关关系，第一主成分包含了所有的总量指标，故可称总量指标主成分，其方差贡献率为 34.70%；第二主成分与 R&D 人员人均专利申请数、R&D 人员产出效率、新产品开发产出效率存在正的中度的相关关系，与 R&D 人员强度存在负的中度的相关关系，与 R&D 经费强度存在负的高度的相关关系，这几个指标是投入强度或创新效益指标，故称其为投入强度或创新效益主成分，其方差贡献率为 20.68%；第三主成分与新产品销售收入占主营业务收入的比重存在正的高度的相关关系，与新产品出口销售率、新产品开发产出效率有正的中度的相关关系，这几个指标为与新产品有关的产出相对指标或效益指标，故称为与新产品有关的相对指标主成分，其方差贡献率为 14.84%；第四主成分与研发人员人均 R&D 经费内部支出有正的中度的相关关系，与 R&D 人员强度、仪器和设备支出占 R&D 经费内部支出的比重有负的中度的相关关系，其方差贡献率为 9.72%；第五主成分与政府 R&D 经费支出占 R&D 经费内部支出的比重有正的中度的相关关系，其方差贡献率为 7.29%。

2016 年各地区医疗仪器设备及仪器仪表制造业技术创新能力第一主成分得分高于平均水平的有 7 个省份，低于平均水平的多达 20 个省份，得分最高的江苏为 9.24 分，得分最低的内蒙古为 -1.74 分。将各省份第一主成分得分按从高到低的顺序排列为：江苏、浙江、广东、北京、山东、湖南、安徽、上海、天津、河南、湖北、宁夏、重庆、福建、甘肃、江西、河北、四川、陕西、贵州、云南、广西、辽宁、黑龙江、山西、吉林、内蒙古。其中，排名靠前的江苏、浙江、广东、北京、山东 R&D 人员折合全时当量占 27 个省份的 65.95%，R&D 经费内部支出占 69.10%，专利申请数占 65.72%，新产品销售收入占 74.32%，有研发机构的企业数占 78.74%，可见其总量指标数值之大；湖南、安徽 R&D 人员折合全时当量占 27 个省份的 3.80%，R&D 经费内部支出占 4.17%，专利申请数占 6.19%，新产品销售收入占 7.46%，有研发机构的企业数占 5.32%，其产出总量指标的数值表现好于投入总量指标的数值表现，且总量指标的数值处于中上游，故第一主成分得分高于平均水平；排名处于中游的上海、天津、河南、湖北、重庆、福建、河北、四川、陕西其总量指标数值处于中等或中等偏下水平，但由于和前面五省总量指标差距太大，故其得分低于平均水平；同样排名处于中游的宁夏、甘肃、江西总量指标数值非常小，其处于中游主要是第一主成分的表达式中相对指标前面的系数多为正数，而这三省多数相对指标的数值表现突出；排名靠后的贵州、云南、广西、黑龙江、山西、吉林、内蒙古七省总量指标数值小，R&D 人员折合全时当量占 27 个省份的 2.38%，R&D 经费内部支出占 1.73%，专利申请数占 1.93%，新产品销售收入占 1.19%，有研发机构的企业数占 1.86%，可见其总量指标数值之小，故其第一主成分得分排名靠后。

2016 年各地区医疗仪器设备及仪器仪表制造业技术创新能力第二主成分得分高于平均水平的有 13 个省份，低于平均水平的有 14 个省份，得分最高的安徽为 3.30 分，得分最低的天津为-3.33 分。将各省份第二主成分得分按从高到低的顺序排列为：安徽、贵州、吉林、湖南、江西、宁夏、四川、湖北、江苏、山东、云南、重庆、广西、河南、河北、上海、福建、北京、广东、山西、浙江、辽宁、内蒙古、陕西、黑龙江、甘肃、天津。

2016 年各地区医疗仪器设备及仪器仪表制造业技术创新能力第三主成分得分高于平均水平的有 11 个省份，低于平均水平的有 16 个省份，得分最高的甘肃为 4.62 分，最低的内蒙古为-3.08 分。将各省份第三主成分得分按从高到低的顺序排列为：甘肃、宁夏、湖南、浙江、安徽、贵州、北京、陕西、天津、福建、黑龙江、重庆、河北、吉林、广东、上海、湖北、辽宁、江西、云南、四川、山西、河南、山东、广西、江苏、内蒙古。

2016 年各地区医疗仪器设备及仪器仪表制造业技术创新能力第四主成分得分高于平均水平的有 11 个省份，低于平均水平的有 16 个省份，得分最高的甘肃为 2.82 分，得分最低的黑龙江为-2.39 分。将各省份第四主成分得分按从高到低的顺序排列为：甘肃、吉林、内蒙古、北京、广西、上海、广东、湖北、江苏、江西、山西、陕西、安徽、云南、辽宁、浙江、贵州、四川、重庆、山东、河南、湖南、福建、天津、河北、宁夏、黑龙江。

2016 年各地区医疗仪器设备及仪器仪表制造业技术创新能力第五主成分得分高于平均水平的有 10 个省份，低于平均水平的有 17 个省份，得分最高的吉林为 2.22 分，得分最低的湖北为-1.26 分。将各省份第五主成分得分按从高到低的顺序排列为：吉林、陕西、辽宁、黑龙江、贵州、江苏、山西、广东、上海、四川、浙江、甘肃、河南、重庆、云南、河北、宁夏、湖南、江西、山东、福建、天津、广西、内蒙古、安徽、北京、湖北。

2016 年各地区医疗仪器设备及仪器仪表制造业技术创新能力综合得分（见表 7-2）高于平均水平的有 10 个省份，低于平均水平的有 17 个省份，综合得分最高的江苏为 3.61 分，最低的内蒙古为-1.37 分。将各省份综合得分按从高到低的顺序排列为：江苏、浙江、广东、安徽、湖南、贵州、吉林、北京、宁夏、甘肃、山东、江西、上海、湖北、重庆、四川、河南、福建、陕西、云南、河北、广西、辽宁、山西、天津、黑龙江、内蒙古。其中，江苏第一主成分即总量指数数值表现异常突出，第二主成分、第四主成分、第五主成分得分均好于平均水平，故综合得分也遥遥领先于其他省份；浙江、广东也是第一主成分表现异常突出，使综合得分也领先于其他省份；安徽、湖南第二、第三主成分表现突出，第一主成分也好于平均水平，故综合得分也比较高；贵州、吉林、宁夏、甘肃尽管综合得分靠前，但主要是相对指标或平均指标表现非凡所致，而总量指标数值太小，高技术产业技术创新能力不具有竞争优势；河南、陕西、天津等总量指标的数值并不是太小，主要是多个相对指标或平均指标的数值表现相对来说比较差所致；山西、黑龙江、内蒙古等总量指标数值小，多数相对指标或平均指标数值也小，故综合得分小，排名在后。

小结：我国医疗仪器设备及仪器仪表制造业技术创新能力主要集中在江苏、浙江、广东、北京、山东 5 个省份，其各项总量指标数值占全国的比重均在 65% 以上，多数相对指标的数值表现也比较好；其次是湖南、安徽两个省份，其各项总量指标数值占全国的比重均在 5% 左右，相对指标的数值表现也比较好。贵州、吉林、宁夏、甘肃 4 个省份，其总量指标数值小，但多数相对指标或平均指标表现非凡。

2. 各地区与医疗仪器设备及仪器仪表制造业技术创新能力各主成分的对应分析

仍然按照极差标准化的方法对其主成分得分进行处理，根据处理的结果进行对应分析，结果如图 7-14 所示。

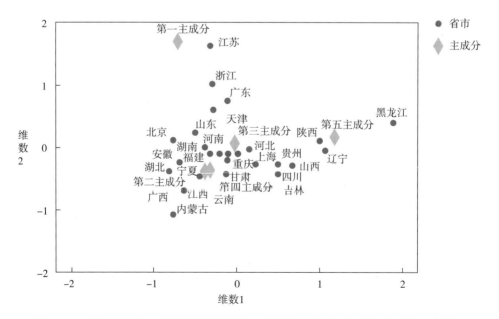

图 7-14 各地区与医疗仪器设备及仪器仪表制造业技术创新能力各主成分对应分析

根据图7-14数据显示，第一主成分对江苏、浙江、广东、天津作用突出；第二、第四、第三主成分对安徽、湖北、江西、云南、广西、内蒙古、湖南、福建、重庆、宁夏、甘肃、河南、河北、四川、上海、四川、山东、北京、福建、湖南、宁夏、甘肃、重庆、河北、云南、上海、河南作用突出；第五主成分对黑龙江、辽宁、陕西、贵州、山西、吉林的作用突出。

（三）各地区医疗仪器设备及仪器仪表制造业技术创新能力的聚类分析

在此部分的分析中，单位与单位之间的距离采用欧式距离的平方，单位与小类、小类与小类之间的距离采用离差平方和法，其聚类结果如图7-15所示。

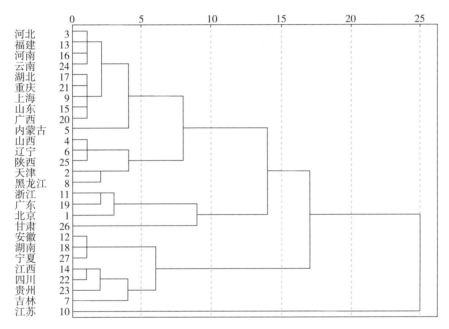

图7-15　各地区医疗仪器设备及仪器仪表制造业技术创新能力聚类

根据图7-15显示结果，可以将27个省份分为六类：

第一类：江苏；

第二类：北京、广东、浙江；

第三类：吉林、贵州、四川、江西、宁夏、湖南、安徽；

第四类：甘肃；

第五类：广西、山东、上海、重庆、湖北、云南、河南、福建、河北、内蒙古；

第六类：黑龙江、天津、陕西、辽宁、山西。

当然，还可以再细分，这和主成分分析结果有一些出入。若用最长距离法分，分为6类的话，第六类包含的单位太多，共有14个单位，不符合杰米尔曼准则。

六、各地区信息化学品制造业技术创新能力的测算与分析

（一）各地区信息化学品制造业技术创新能力的主成分分析

由于信息化学品制造业 2013 年没有列示出各个省份的具体数据，故无法编制综合指数，在此仅就截面数据进行分析。

1. 各地区信息化学品制造业技术创新能力的主成分分析

用主成分分析法对各地区信息化学品制造业技术创新能力进行分析，但在搜集资料时发现，吉林、黑龙江、海南、贵州、西藏、甘肃无数据；云南 5 项指标无数据，且总量指标数值较小；广西 9 项指标无数据，且总量指标小；重庆无新产品开发经费支出，故新产品开发产出效率无法计算，但我们用均值（高估了重庆该指标数据）代替，即对 23 个省份进行分析。

同样，在指标选择上将技术改造经费支出、技术改造经费强度、有研发机构的企业数占企业总数的比重也剔除。

用主成分分析法对 23 个省份信息化学品制造业技术创新能力进行分析，提取 5 个主成分，可以解释原有变量 86.29% 的信息。

根据成分矩阵，第一主成分与 R&D 人员折合全时当量、R&D 经费内部支出、专利申请数、新产品销售收入、有研发机构的企业数存在正的高度的相关关系，可称总量指标主成分，其方差贡献率为 32.39%；第二主成分与仪器和设备支出占 R&D 经费内部支出的比重、R&D 人员人均专利申请数有正的高度的相关关系，与 R&D 人员产出效率、政府支出占 R&D 经费内部支出的比重有正的中度的相关关系，与 R&D 经费强度有负的中度的相关关系，其经济含义不好解释，其方差贡献率为 21.45%；第三主成分与研发人员人均 R&D 经费内部支出、R&D 人员产出效率、新产品开发产出效率有正的中度的相关关系，与新产品出口销售率有负的中度的相关关系，其方差贡献率为 15.09%；第四主成分与 R&D 人员强度、新产品销售收入占主营业务收入的比重有正的中度的相关关系，其方差贡献率为 9.99%；第五主成分与新产品开发产出效率有正的中度的相关关系，其方差贡献率为 7.38%。

2016 年各地区信息化学品制造业技术创新能力第一主成分得分高于平均水平的有 7 个省份，低于平均水平的有 16 个省份，得分最高的江苏为 9.18 分，得分最低的青海为 -2.77 分，将各省份第一主成分得分按从高到低的顺序排列为：江苏、浙江、湖北、山东、河南、河北、广东、陕西、宁夏、内蒙古、江西、新疆、北京、上海、重庆、天津、四川、湖南、辽宁、福建、安徽、山西、青海。其中，排名第一的江苏总量指标数值大，R&D 人员折合全时当量占 23 个省份的 26.95%，R&D 经费内部支出占 34.57%，专利申请数占 31.24%，新产品销售收入占 45.42%，有研发机构的企业数占 40.61%，总量指标之大可见一斑，故第一主成分得分远远高于其他省份；

浙江、湖北、山东、河南、河北、广东六省总量指标数值也比较大，R&D 人员折合全时当量占 23 个省份的 47.69%，R&D 经费内部支出占 32.12%，专利申请数占 37.32%，新产品销售收入占 26.59%，有研发机构的企业数占 39.39%，故第一主成分得分也高于平均水平；陕西、宁夏、内蒙古、江西、新疆、北京、上海、天津、四川、福建十省总量指标数值处于中下水平，R&D 人员折合全时当量占 23 个省份的 22.80%，R&D 经费内部支出占 28.91%，专利申请数占 27.70%，新产品销售收入占 22.65%，有研发机构的企业数占 14.55%，十省之和不足江苏一个省的数值；重庆、湖南、辽宁、安徽、山西、青海六省总量指标数值小，R&D 人员折合全时当量占 23 个省份的 2.55%，R&D 经费内部支出占 4.40%，专利申请数占 3.73%，新产品销售收入占 5.33%，有研发机构的企业数占 5.45%，故第一主成分得分小，排名靠后。

2016 年各地区信息化学品制造业技术创新能力第二主成分得分高于平均水平的有 9 个省份，低于平均水平的有 14 个省份，得分最高的青海为 7.18 分，得分最低的辽宁为-2.04 分。将各省份第二主成分得分按从高到低的顺序排列为：青海、江苏、重庆、福建、江西、山东、安徽、陕西、四川、天津、广东、河南、河北、宁夏、浙江、湖南、湖北、新疆、北京、上海、内蒙古、山西、辽宁。

2016 年各地区信息化学品制造业技术创新能力第三主成分得分高于平均水平的有 9 个省份，低于平均水平的有 14 个省份，得分最高的辽宁为 2.91 分，最低的福建为-2.21 分。将各省份第三主成分得分按从高到低的顺序排列为：辽宁、陕西、重庆、新疆、山西、内蒙古、青海、江苏、浙江、四川、湖北、江西、宁夏、天津、安徽、广东、北京、河南、湖南、河北、山东、上海、福建。

各地区信息化学品制造业技术创新能力第四主成分得分高于平均水平的有 10 个省份，低于平均水平的有 13 个省份，得分最高的天津为 2.89 分，得分最低的山西为-2.45 分。将各省份第四主成分得分按从高到低的顺序排列为：天津、重庆、湖北、河北、宁夏、浙江、新疆、河南、广东、青海、北京、内蒙古、山东、四川、上海、湖南、陕西、辽宁、江苏、江西、安徽、福建、山西。

各地区信息化学品制造业技术创新能力第五主成分得分高于平均水平的有 11 个省份，低于平均水平的有 12 个省份，得分最高的辽宁为 2.72 分，得分最低的重庆为-2.83 分。将各省份第五主成分得分按从高到低的顺序排列为：辽宁、青海、宁夏、天津、河北、内蒙古、山西、湖北、河南、江苏、山东、四川、安徽、广东、江西、浙江、新疆、湖南、上海、福建、北京、陕西、重庆。

尽管有些主成分与某指标有负的相关关系，但存在正相关关系的仍是主流，故我们仍认为主成分得分数值越大越好，2016 年各地区信息化学品制造业技术创新能力综合得分（见表7-2）高于平均水平的有 8 个省份，低于平均水平的有 15 个省份，综合得分最高的江苏为 3.88 分，得分最低的上海为-1.09 分。将各省份综合得分按从高到低的顺序排列为：江苏、青海、浙江、陕西、重庆、湖北、山东、天津、宁夏、河北、广东、新疆、河南、江西、内蒙古、辽宁、四川、安徽、北京、山西、湖南、福建、上海。其中，江苏第一主成分即总量指标数值表现异常突出，第二、第三、第五主成分得分高；浙江、湖北、山东、河北第一主成分得分也高，多数相对指标或平均指标的表现较好。信息化学品制造业最集中的地方是在江苏、浙江、湖北、山东、河北等省份；青海总量指标数值最小，第一主成分得分最低，但其他四个主成分得分都高于平均水平，也就是说其相对指标或平均指标的数值表现最好；陕西、重庆总量指标的数值比较小，排名靠前的原因是多个相对指标或平均指标的数值表现较好；四川、安徽除第二主成分得分高于平均水平外，其他几个都低于平均水平；北京、湖南、福建、上海各个主成分得分都低于平均水平，即无论是总量指标还是相对指标，其数值都比较小。

小结：我国信息化学品制造业技术创新能力主要集中在江苏，各项总量指标数值占全国的比重在26%以上，最高的达到45%，多数相对指标的数值表现也比较好；其次是浙江、湖北、山东、河南、河北、广东6个省份，其各项总量指标数值占全国的比重均在30%左右，相对指标的数值表现也比较好。青海、陕西、重庆3个省份，其总量指标数值小，但多数相对指标或平均指标表现非凡。

2. 各地区与信息化学品制造业技术创新能力各主成分的对应分析

在此部分仍然按照极差标准化的方法对其主成分得分进行处理，根据处理的结果进行对应分析，结果如图7-16所示。

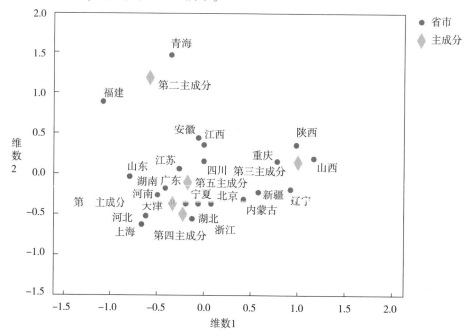

图7-16 各地区与信息化学品制造业技术创新能力各主成分对应分析

根据图 7-16 数据显示，第一、第四、第五主成分对上海、河北、天津、湖北、宁夏、北京、浙江、河南、湖南、广东、山东、江苏、四川、江西、安徽、内蒙古、新疆作用突出；第二主成分对青海、福建、江西、安徽作用突出；第三主成分对山西、陕西、重庆、辽宁、新疆、内蒙古的作用突出。

（二）各地区信息化学品制造业技术创新能力的聚类分析

在此部分的分析中，单位与单位之间的距离采用欧式距离的平方，单位与小类、小类与小类之间的距离采用离差平方和法，其聚类结果如图 7-17 所示。

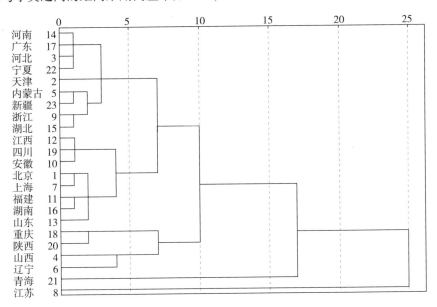

图 7-17　各地区信息化学品制造业技术创新能力聚类

根据图 7-17 数据显示，可以将 23 个省份分为六类：

第一类：江苏；

第二类：青海；

第三类：陕西、重庆；

第四类：湖北、浙江、新疆、内蒙古、天津、宁夏、河北、广东、河南；

第五类：辽宁、山西；

第六类：山东、湖南、福建、上海、北京、安徽、四川、江西。

当然，还可以再细分，这和主成分分析结果有一些出入。

本篇结语：本篇首先阐述了技术创新理论，在其理论的指导下，借鉴他人技术创新能力的研究，根据指标体系建立的原则，选取了 18 个指标构成技术创新能力评价指标体系，运用该指标体系，分别从动态及静态两个方面，对我国各地区、各行业及各地区分行业技术创新能力进行了测度与分析。结果显示，我国高技术产业各地区、各行业及各地区分行业技术创新能力存在极大的差别，也就是说产业创新能力存在着极大的聚集状况。且总体来看，经济发达的东部地区高技术产业的技术创新能力好于中西部地区，但个别行业的个别省份除外。

根据产业聚集理论，聚集有聚集经济和聚集不经济之分。由于经济活动在空间上并非均匀分布，而是呈现局部集中的特征，当企业经济活动这种空间上的局部集中现象达到一定规模时，往往伴随着分散状态下所没有的经济效率，这种因众多企业的空间聚集而产生的效率称作聚集经济。在聚集经济条件下，资源利用效率明显提高，由此而来的是成本节约、收入或效用增加。然而在现实中，并不是任何类型的集聚都可以给厂商和居民带来利益。与聚集经济相对应，厂商和居民在空间聚集的同时，也可能带来经济效益的减少或成本的增加，这就是聚集不经济。例如，工业和居民在空间地区上的集中，虽然节约了居民通行时间和成本，但机器轰鸣、烟尘滚滚、排污较严重的工厂，显然会影响人的生命健康，破坏生态环境，从而使居民的社会福利减少，效益水平降低。聚集效应就是社会经济活动及相关要素因空间聚集所形成的聚集经济与聚集不经济的综合经济效益。当聚集经济大于聚集不经济时，社会经济活动表现为经济效果的增加或费用的减少。

根据聚集经济理论及我国高技术产业发展的空间布局及行业布局，在努力克服聚集不经济的前提下，还是需要集中在高技术产业技术创新优势明显的省份进行集中发展。但又要根据我国东北振兴计划、中部崛起计划、西部大开发计划及"一带一路"倡议，对技术创新优势不突出的省份及行业，也应给予必要的关怀。

第三篇

高技术产业竞争力研究

第八章　竞争力理论

一、当代关于竞争力问题的各种学说

（一）创新说

约瑟夫·熊皮特（J. A. Schumpeter）在其《经济发展理论》一书中提出了经济创新的概念，这在第二篇已叙述。创新一般包含 5 个方面的内容：①制造新的产品，制造出尚未为消费者所知晓的新产品；②采用新的生产方法，采用在该产业部门实际上尚未知晓的生产方法；③开辟新的市场；④获得新的供应商，获得原材料或半成品的新的供应来源；⑤形成新的组织形式。创新的产生离不开对知识和技术的投资。若是竞争对手无法迅速察觉新的竞争趋势，最先发明创新的企业可能因此改写彼此的竞争态势。新技术、客户新需求、新的产业环节、压低上游成本、政府法令规章的改变等都是造成竞争优势改变的因素。波特（Michael E. Poter）也很看重创新在企业取得竞争优势时所扮演的角色。他所谓的创新不仅指技术上的改善，而且指做事方法的改进，比如新的促销方法、新的组织方式。波特认为，进入国际市场中进行竞争的企业，在创新时必须同时考虑国内市场的需求和国际市场的需求。如果企业过分拘泥于国内市场的需求，会损害其在国际市场上的竞争力，这主要是由于国际市场上客户对产品的需求不同于国内市场上客户对产品的需求。而且，专注于国内市场的厂商创新压力较小，创新的意愿也较弱。需要指出的是，波特在竞争力问题研究方面更大的贡献则是其钻石理论。

（二）钻石体系说

波特的"钻石体系说"认为，一个国家的特定产业是否具有国际竞争力取决于六个要素：①生产因素，包括人力资源、自然资源、知识资源、资本资源、基础设施等，其中特别强调的"要素创造"而不是一般的要素禀赋；②需求条件，包括市场需求的量和质（需求结构、消费者的行为特点等）；③相关与辅助产业的状况；④企业策略、组织方式、管理方式和竞争方式；⑤行政行为；⑥机会变数。由于波特把上述要素罗列为类似钻石的菱形图形，所以也有人称其为"菱形理论"。波特认为，充沛的天然资源是国家竞争优势的第一个关键要素。同时，他也承认，国家缺乏某些生产因素时，这种不利现象也可能转换成产业升级的动力与压力。国家竞争优势的第二个关键要素是需求条件，波特将需求条件看作产业发展的动力，尤其是国内市场需求。在波特看来，国内市场大小与国家竞争优势并没有必然的关系。相反，内部市场需求如果能激发企业竞争，抢先发展高级与精致的产品，领先国际市场声势，本国市场即使规模不大，照样可以形成产业的竞争优势。国家竞争优势的第三个关键要素是相关与辅助产业的表现。产业能够体系化，不但有彼此拉拔效果，甚至能转换成其他国家无法仿效，也无法取代的竞争优势。国家竞争优势的第四个关键要素是企业策略、组织结构、管理方式和竞争方式。波特认为，企业的目标、战略、组织结构往往随产业和国情的差异而不同，区域竞争优势也就是指各种差异条件的最佳组合。若一个企业及所在地的政府鼓励创新，往提升创新能力等方面努力，企业或地区的竞争力就会提高。机会变数是影响国家竞争优势的可变因素。机会的来源可能是自然演化的，也可能是由一个偶然的事件促成的，问题的关键在于如何去捕捉稍纵即逝的机会。政府也是一可变因素，过分地干预和极度地放任是不可取的两个极端，合理的选择应该是以产业政策等方式适度地介入。波特认为，由产业国际竞争力所决定的产业兴衰从根本上决定着一个国家的命运。在此基础上，波特把一国产业参与国际竞争过程分为要素驱动、投资驱动、创新驱动、财富驱动四个阶段。他认为，国家竞争优势的源泉在于各个产业中的企业的活力，他尤其关注企业的竞争优势。如果国家能为企业提供诸如此类的良好环境，产业生产力得以大幅度提高，国家也将连带受益，综合国力也会增加。为此，波特在《竞争优势》一书中提出了价值链的概念，认为企业内各部门间若能联结为一链状机能，将提升产品价值，进而形成本身竞争力。在波特看来，并非价值链上的每一个环节都能创造价值，那些真正创造价值的经营活动，就是企业价值链的"战略环节"。

（三）制度说

道格拉斯·诺斯（Douglass C. North）强调了制度对于提高国家竞争力的重要性。他对那种把产业革命的原因归结于偶然技术革命的说法不以为然。而认为应把目光转向一个社会如何从封建制度以及产权系统的漫长孕育过程中脱胎走向现代化阶段。一个在西欧发展的有效率的经济组织正是西方兴起的原因。对一个国家而言，除非现存的经济组织是有效率的，否则经济增长不会简单地发生，即"有效率的经济组织"是经济增长的关键。要保持经济组织有效率，需要在制度上作出合理的安排，以造成一种刺激，将个人的经济努力变成私人收益率接近社会收益率的活动（所谓正当的经济活动）。由此而来的结论是，社会的发展和变革一定表明该社会的产权制度越来越能有效地调动个人的积极性，从而把有限的资源和精力用到对社会最有益的活动中去。如果这种制度安排十分有利的话，还可以克服环境（自然资源和社会资源）的不足。美国另一位经济学家曼库尔·奥尔森（Mancur Olson）也强调制度的重要性，他认为经济发展与否取决于制度安排。进而，一国的竞争力归根结底与一国的制度安排有关。奥尔森指出：当许多发达国家的经济一直徘徊不前时，有一些发展中国家在经济增长方面却取得了惊人的成就。这种大相径庭的结果，绝非因为不同的国家拥有各异的资本或其他资源。一般来说，这一切也并非是由于那些经济状况最佳的国家获得了很多的资本，或某些国家的人民曾经被迫大量地去储蓄，更不是源于这些国家人均享有极多的土地和丰富的自然资源。经济上成功的国家往往拥有各种各样的制度——不同的法律和组织安排以及经济政策，而那些在经济上不那么成功的国家则缺少这些制度。换言之，一个国家制度的质量在根本上决定了其经济成效。在奥尔森看来，市场制度在一开始总是不完善的，只要其基本的框架适应生产力发展的要求，即使在某些方面有缺陷，但仍不妨碍经济成长。不可能等各个方面都安排好了之后，再来发展。他认为，只有在那些稳定的、充满信任感的和发达的民主社会中，一个繁荣市场所需要的各种条件从长期来看才有保证。

二、关于竞争力问题的其他观点

（一）WEF 和 IMD 的观点

世界经济论坛（WEF）和瑞士洛桑国际管理学院（IMD）这两个竞争力的权威评价机构阐发了自己的观念。认为国际竞争力是指一国的企业或企业家设计、生产和销售产品和劳务的能力，其价格和非价格特性比竞争对手更具有市场吸引力。他们认为，国际竞争力是一个综合的概念，包括两个方面，一方面是由企业内部效率形成的竞争力；另一方面是受环境左右而形成的竞争力，后者是更主要的内容。所以在他们看来，国际竞争力既产生于企业内部效率，又取决于国内、国际和部门的环境。国际竞争力比较研究的重点是受环境左右而形成的竞争力。世界经济论坛的《全球国际竞争力报告》中以未来 5～10 年的中长期人均 GDP 的经济增长为基础，建立多因素决定的系统评价体系，其理论基础是新古典学派经济增长理论、技术进步内生化经济增长模型和大量经验性研究文献的综合。而瑞士洛桑国际管理学院的《世界国际竞争力年鉴》则从国际竞争力概念的定义出发，着眼于国家整体的现状水平、实力和发展的潜力，兼顾国际竞争的资产条件和竞争过程、国内经济与全球经济、引进吸收与输出扩张、个人风险与社会凝聚力的整个国家经济社会发展的四大平衡关系，强化市场经济理论在系统描述中的评价原则的开发与运用，建立系统科学的综合评价体系。两机构都是从国内经济实力、国际化、政府管理要素、金融、基础设施、企业管理、科学技术、国民素质等角度来评价各国竞争力。

（二）综合国力论

有些学者则认为国家竞争力是一国综合国力的体现，如汉斯·摩根索（Hans

J. Morgenthau）认为，国家竞争力不仅以一国创造财富的能力为标志，而且体现于一国蕴含的军事能力、政治能力、文化能力及外交能力。他认为，国际纷争的背后，无不掩藏着争夺国家间的权力这一本质。日本人则把综合国力分为三个侧面：一是国际贡献能力，包括经济、金融、科技、财政实力和对外活动积极性以及在国际社会中的活动能力；二是生存能力，包括人口、资源、经济和防御实力、国民意志、友好同盟关系；三是强制能力，包括军事实力、战略物资和技术、经济、外交能力。其测算综合国力是采用社会调查法，也称德尔菲法。这是一种直观判断预测方法，它是按"国力贡献能力""生存能力""强制能力"三个侧面进行调查，再按调查结果评分统计，最后取平均值即为国力值。美国乔治敦大学战略与国际研究中心主任克莱因（Ray S. Cline）1980 年提出过一个公式，其综合国力方程为：综合国力＝（基本实体＋经济能力＋军事能力）×（战略意图＋国家意志）。这一方程值得称道的地方主要有两点：一是它把国力明确分为物质要素和精神要素两大类，并使国力概念真正超越了军事力量的范畴；二是非常简单而深刻地指出了各力量要素之间的内在关系，综合国力是软实力和硬实力的乘积而非简单的加减关系，任何一方等于零，综合国力都是零。克莱因的综合国力方程把决定综合国力的众多要素大大简化了。但其战略目标、国民意志、政府要素、政策水平等要素也很难找到一个客观统一的估价标准，因而克莱因评分有主观臆断的偏见。同时，克莱因公式是静态的，即没有从时间变化动态地来估算综合国力，无法评价同一国家在各不同历史时期的综合国力变化状态。德国物理学家威廉·富克斯（Withelm Fucks）于 1965 年出版了轰动世界的《国力方程》一书。他认为，国家力量的发展类似于自然过程和生物过程：从生物的发展过程看，某一物种中的一小部分将首先在它们被引进并成长的新文化中按指数增长率增长。当它们的总数达到了特定的资源可以维持长期限度（饱和限度）时，这种增长将下降。国家力量的发展也是如此。富克斯通过以外推法的派生公式为基础的科学方式，选择类似于生物种类逻辑增长的数学公式作为计算国力及其基本要素（如人口、钢、能源等）的公式，即用定量分析方法研究世界各国的国家综合实力与潜力。公式为：$M_t = 0.5 (M_s) t + (M_e) t$。式中，$M_t$ 表示 t 时期的国家力量指数；$(M_s) t$ 和 $(M_e) t$ 分别表示 t 时期的钢和能源指数。后来，富克斯在 1978 年版的《明天的强国》一书中，重新修正了他原来的某些预测。根据中国从 1950～1975 年 25 年的人口增长、钢铁生产和能源消费等方面数据都比美国和西欧发展要快的事实，富克斯预言，21 世纪将是中国世纪。

（三）政府政策论

政府政策论认为，政府的产业目标、保护政策、奖励出口以及补贴等手段是国家竞争力之本。这样的论点主要是从日、韩等国家对汽车、钢铁、造船与半导体等少数大型产业的研究而来。但是，这种论点有明显偏颇之处。例如，第二次世界大战后的意大利，政府产业政策的影响力相当薄弱，但是意大利的出口成长率一度仅次于日本，高居世界第二位，该国的生活水准也不断提升。在日本的传真机、机器人和先进材料等重要产业中，政府的影响力很微弱。日本的许多成功企业，例如汽车业，实际上并不是政府扶植的对象。首先打入美国市场的本田汽车在走向世界的过程中反而遭到来自政府有关部门的重重阻挠几乎被迫歇业。而日本政府从1971年开始积极推动的飞机工业以及1978年开始的软件工业至今也未能跃升到国际领导地位。有的行业虽然在政府的保护下获得了成功，却付出了更为昂贵的代价。韩国政府野心勃勃地投入石化、机床等产业，但是成绩并不理想。环视各国，凡是政府强力介入的产业，绝大多数无法在国际竞争中立足。这说明在产业的国际竞争中，政府固然有它的影响力，但绝非主角。

（四）管理文化论

管理文化论认为企业是创造国家竞争优势的主体，企业管理文化论也构成了本书研究的一个视角。这种理论认为，每个社会都有其独特的文化传统和价值观，包括显性的意识形态和隐性的集体意识，它们共同决定着社会的行为准则和人们的理想追求，从而决定着一个国家经济生活的组织方式，进而影响着经济发展的效率和速度。如日本传统的文化理念形成了日本企业独特的经营模式，其中集体领导、劳资协作、终身雇佣制、全面质量管理常被认为是日本企业竞争优势的来源。这一理论的贡献在于看到了企业管理文化对企业经营效率的深层作用，但忽视了另一个基本事实，即并不存在一个通用的企业文化模式，在特定时期创造出竞争优势的文化理念在其他场合有可能成为企业发展的阻碍。在20世纪90年代日本企业就面临着这一困境。作为回应，本田汽车反过来采取了美国式的个人负责制，以终身雇佣制著称的日本丰田汽车公司也结束了永不辞退工人的历史。

（五）劳工组织论

劳工组织论是从集体行动的非理性角度理解一国的竞争优势，他们认为工会是一种反动组织，是技术改进和经济成长的障碍。工会为了维持既得利益，千方百计阻止先进的自动化技术推行，妨碍了对人力资本根据效率所作出的边际调整；工会制造了劳动力要素的二元市场结构并形成了工资刚性，阻碍了自动化技术的推行和跨工种的合作。根据美国麻省理工学院的调查，如果按工种、工序比较，美国汽车业装配工人的个体效率并不低于日本工人，但是如果比较整个生产体系的效率，日本企业却要高得多。其主要原因是日本企业分工灵活，工序协作好。美国工会为了保护会员的就业权利，防止资方削减雇工人数，就在劳资谈判时把工种分得很细，其结果是既妨碍了自动化的推行，也阻碍了工序间的合作，从而导致生产效率低下。这一理论所涉及的仅仅是产业竞争中的一个现象，它并不能揭示出国家竞争优势的创造源泉和因素。

　　综观有关竞争力问题的各种理论和观点，我们不难发现，早期的经典理论仅仅是为我们提供了探讨竞争力问题的一个切入点，并不足以解释问题的全部。后来学者的贡献在一定程度上拓宽了对竞争力问题研究的视野。到目前为止，还没有一个系统而成熟的理论框架来指导人们从经济学的角度探讨竞争力的深层次问题，这也是一种遗憾。

第九章　高技术产业竞争力
评价指标体系的构建

一、竞争力的概念

　　竞争力的产生源于竞争行为，竞争力是两个或两个以上竞争主体（国家、地区、企业、产品等）在追求一个或多个竞争对象的过程中所表现出来的力量，即竞争力就是竞争主体在竞争过程中所表现出来的能力。这种能力是竞争主体在竞争过程中逐步形成并表现出来的，是竞争主体多方面因素和实力的综合体现。

　　WEF 在 1985 年的《关于竞争力的报告》中提出，国际竞争力是"企业主目前和未来在各自的环境中以比它们国内和国外的竞争者更有吸引力的价格和质量来进行设计生产并销售货物以及提供服务的能力和机会。"在 1997 年的《全球竞争力报告》中将竞争力定义为："在人均实际收入方面达到持续高增长的能力，就像以不变价来测定人均 GDP 一样。" IMD 在 1997 年的《国际竞争力年鉴》中将国际竞争力定义为："一国或一公司在国际市场上均衡地生产出比其竞争对手更多财富的能力，或者一个国家在其特有的经济与社会结构里，依靠自然资源禀赋以创造附加价值，或者着重于改善国内经济环境条件以吸引国外投资，或者依靠国内内部型经济和发展国际型经济，以创造并提高附加价值、增加一国财富的能力。" WEF 和 IMD 均将竞争力看作一个综合的概念，包括既相互联系又相互补充的两个方面：一方面是企业内部效率形成的竞争力；另一方面是由环境决定而形成的竞争力，同时强调国家获取财富的能力和提高人均收入水平的能力。竞争力体现为企业或企业家在各种环境中成功地从事经营活动的能力，如果一个企业不能够对国内、国际和部门环境做出灵活反应并创造价值，那也就无所谓竞争力。同样，如果一国的经济环境不能为企业提供或创造有利的环境，一国的国际竞争力也无从谈起。美国《关于工业竞争力的总统委员会报告》认为："国际竞争力是在自由良好的市场条件下，能够在国际市场上提供好的产品、好的服务同时又能提高本国人民生活水平的能力。"中国社会科学院工业经济研究所的《我国工业品国际竞争力比较研究》课题组认为，国际竞争力是"在国际间自由贸易条件下（或在排除了贸易壁垒因素的假设条件下），一国某特定产业的产出品所具有的开拓市场、占据市场并以此获得利润的能力"。并指出："就国际竞争而言，国际竞争力的核心就是比较生产力，国际竞争的实质就是比较生产力的竞争。"

　　金碚（1996）认为，以上关于国际竞争力的各种定义尽管存在差异，但基本含义是一致的，即所谓国际竞争力是一国特定产业通过在国际市场上销售其产品而反映出来的生产力。对国际竞争力的这种理解，充分体现了当代世界处于市场经济占主体和经济发展处于工业社会阶段的时代特征：在市场经济中，经济活动的关键环节是生产效率和市场营销，产业国际竞争力最终通过产品的市场占有份额来衡量和检验；在工业社会中，最求经济效率，以尽可能少的投入生产尽可能多的产出是人类活动的"中轴原理"，所以国际竞争力归根结底就是各国同一产业或同类企业之间相互比较的生产力。

竞争力按照参与竞争的主体不同，分为国家竞争力、区域竞争力、产业竞争力、企业竞争力、产品竞争力。现代竞争力理论主要是从对企业竞争力的探讨和对国家竞争力的研究发展起来的。而后许多学者将企业竞争力和国家竞争力理论方法应用到产业和区域等层面，逐步发展起了产业竞争力理论。

关于国家竞争力，WEF 认为，国家竞争力是一个国家达到永续经济成长及高国民平均所得目标的总体能力。IMD 认为，国家竞争力是一个国家创造资源附加值，并增进全体国民财富的实力。波特认为，国家竞争力是国家为其产业创造良好的发展成长环境，进而使该国企业具备竞争优势，产业也拥有国际竞争力之能力。WEF 对国家竞争力的定义强调的是国家的目标在于追求稳定而持续的经济成长率，IMD 的定义则更加细致，不仅包括资产与过程，强调了内引性与外张性，也考虑了全球性以及地区性，波特关于国家竞争力的定义强调国家竞争力的高低取决于国内企业经营环境的好坏。

关于产业竞争力，波特认为，产业竞争力就是指在一定的贸易条件下，产业所具有的开拓市场、占据市场并以此能够获得比竞争对手更多利润的能力。金碚（1996）认为，一国产业总体的国际竞争力不仅取决于各产业的产业竞争力，而且取决于一国产业结构是否体现其国际比较优势。换句话说，一国产业总体的国际竞争力是其比较优势的综合反映，因此，一国产业总体的国际竞争力并不是其各个产业的国际竞争力的简单加总，它不仅涉及各国同类产品之间的比较生产力关系，而且涉及各国产业结构之间的比较关系。波特关于产业竞争力的概念强调的是产业的扩张能力与获利能力，金碚关注的是产业在国际间比较中所体现出的综合能力。

金碚（2003）认为，企业竞争力是指在竞争性市场中，一个企业能够比其他企业更有效地向消费者（或者市场）提供产品或服务，并且能够使自身得以发展的能力或者综合素质。而所谓"更有效地"是指，以更低的价格或者消费者更满意的质量持续地生产和销售（统计上表现为拥有较高的市场占有率）；所谓"使自身得以发展"是指，企业能够实现经济上长期的良性循环，具有持续的良好业绩，从而成为长久生存且不断壮大的强势企业（在统计上表现为长期具有较高的盈利率）。

产品是企业产出的表现形式，因而产品竞争力是指企业生产出的产品符合市场要求的程度。

国家竞争力、产业竞争力、企业竞争力受到学者的重点关注，由于产品竞争力的微观性较强且与企业竞争力直接联系，因此一般与企业竞争力联合分析。产业竞争与宏观方面的国家竞争力和微观层面的企业竞争力具有紧密的联系，是联系两者的纽带。企业竞争力的提升是产业竞争力增强的基础，而众多产业竞争力增强的结果又会导致国家竞争力的提高。

　　本书认为，一国产业在参与市场竞争时，首先要面对国内市场，只有在国内取得了较高的业绩才能参与国际竞争，因此我们主要研究的是我国地区之间的区域产业竞争力的比较。

　　区域产业竞争力是指产业在区域之间的竞争力，是特定区域的特定产业在国内市场上的表现或地位，通常由该区域产业所具有的提升有效产品或服务的能力显示出来。所以，区域高技术产业竞争力就是区域高技术产业在国内市场上的表现或地位。

二、高技术产业竞争力评价文献综述

　　国外关于高技术产业竞争力的研究成果较为丰富，主要从政府政策和高技术产业竞争力的度量指标等方面开展研究，并重点关注研发强度、技术创新等因素对竞争力的影响。政策方面的研究，如美国竞争力委员会会长 Daniel F. Burton 从政府制定政策的角度，通过现实描述分析了高技术产业的竞争状况。Merchant 研究了美国政府在高技术产业中的作用，并指出政府的产业政策对于高技术产业竞争力的提高具有重要作用；指标方面的研究，如 Braddorn 和 Hartley 通过劳动生产率、出口以及销售利润率等指标，测定了英国航空产业的竞争力，并与美国和欧洲其他国家进行了比较，认为从 1980 年到 2000 年，英国航空业的竞争力是上升的。波特等学者比较了以国家和技术为导向的 3 个竞争力指标，即传统的佐治亚理工学院（Georgia Tech）的高技术产业竞争力指数（HTI）、经过修订的仅仅是统计意义上的 HTI 以及 WEF 每年给出的全球竞争力指数（GCI），探讨了这些指标的差异。

　　国内对高技术产业竞争力的研究，主要集中在以下两个方面：一是仅构建评价指标体系；二是既构建了评价指标体系，又用构建的指标体系进行实证研究。

　　在第一方面的研究中，穆荣平（2000）在研究高技术产业特征及高技术产业界定方法基础上，借鉴国内外有关国家竞争力、产业竞争力、企业竞争力和产品竞争力评价方法的成果，构建中国高技术产业国际竞争力评价指标体系，他从竞争潜力、竞争实力、竞争态势、竞争环境四个方面，选取了 43 个具体指标构成评价指标体系。谢章澍、朱斌（2001）在对高技术产业界定的基础上，从协同理论出发，划分了高技术内外生竞争力变量，在产业内生竞争力因素分析中，从产业投入、产业产出、产业技术创新能力三个方面分析问题；在产业外生竞争力环境分析中，从产业政策环境、产业技术支持环境、产业孵化环境三个方面分析了问题，并在分析的基础上，从内生竞争力因素中选取了 17 个指标，从外生竞争力因素中选取 13 个指标构成评价指标体系。温海峰（2004）在分析了高新技术产业与高技术产业差异的基础上，给出了评价指标体系设计的原则，从内生要素和外生要素出发，从核心竞争力（投入、产出）、基础竞争力（技术创新）、环境竞争力（政策环境、技术环境、社会环境）中提取 54 个具体指标构成了评价指标体系。陈来运（2008）用生态学原理对影响高技术产业竞争力的区域生态系统进行了研究，建立了高技术产业竞争力的评价指标体系，但并未运用该指标体系进行实证分析。

在第二方面的研究中，唐中赋、顾培亮（2003）从投入水平、产出水平、效益水平、潜力水平四个方面，选择了 16 个具体项指标，构成高新技术产业发展水平综合评价指标体系，用高技术产业发展度（是高技术产业发展水平的相对度量，是反映一个国家或地区的高新技术产业发展水平达到期望发展水平的程度，是反映高新技术产业发展程度最直接的综合性指标）来度量高技术产业的发展水平，对我国高技术产业的发展水平做了实证分析，并得出我国高新技术产业发展水平目前仍处于初级阶段的结论。金碚（2003）主持的"中国产业和企业国际竞争力研究"课题，给出了《中国经营报》企业竞争力检测指标体系的初步设计方案，通过金碚整理，给出了 16 项指标构成评价指标体系，其中有 10 个指标是显性的，反映了企业的规模、业务增长、盈利水平、持续盈利能力、资本实力、资本盈利和增值能力、资金利用效率、劳动效率、价值创造能力、出口竞争力，在此基础上《中国经营报》开发了一个计算机软件，即"中国经营报企业竞争力检测体系"数据库系统，运用这个系统，以 2001 年上市公司年报中的数据，对若干行业的企业竞争力进行了初步的模拟测评，以检验所建立的统计指标体系的科学性和可行性。王建刚、于英川（2004）从产业投入、产业产出、产业技术创新能力、产业政策环境、技术支持环境五个方面，选取了 14 项指标构成高新技术产业竞争力评价指标体系，并用主成分分析法对我国各省份高技术产业竞争力进行了分析，得出我国高技术产业呈现明显的东、中、西分布，竞争力从东部沿海依次向中、西部推移。王昌林（2007）出版专著，围绕实现我国高技术产业由大国向强国转变这一主线，比较系统地研究了未来一段时间我国高技术产业发展的战略和对策。吴永林等（2009）出版专著，阐述了北京高技术产业发展问题。方毅、徐光瑞（2009）从产业投入水平、产业产出水平、产业技术创新能力、产业政策环境四个方面，选择了 10 个指标构成高技术产业竞争力评价指标体系，用因子分析法对我国各省份高技术产业竞争力进行了分析，得出规模因子、政策因子、技术创新因子，其中规模因子对竞争力的影响最大。从总体上看，我国高技术产业竞争力地区差异非常大。符想花（2010）从高技术产业的投入、产出（包括科技创新）、经济效益三个方面，选出了 18 项指标反映高技术产业的发展水平，并用因子分析、聚类分析方法对区域高技术产业发展水平进行了比较研究，得出我国东部地区高技术产业的发展水平明显好于中西部地区，高技术产业发展水平与经济发展水平密切相关，但也有例外。林秀梅、徐光瑞（2010）从投入、产出、技术创新、发展环境和生产效率等方面，选取 15 项指标，用因子分析对我国地区高技术产业的竞争力进行了静态比较和动态比较，得出我国地区高技术产业竞争力强少弱多，静态分布不均衡；产出总量指标数值大，技术创新不足，各省份特点不同，优势各异。李伟铭、刘骋、王浩（2013）从实力竞争力、创新竞争力、产业发展、环境竞争力、产业竞争力五个方面，选取 9 个二级指标和 32 个基本指标构成地区高技术产业竞争力评价指标体系，利用主成分分析、聚类分析方法，对我国各省份高技术产业的竞争力进行了分析，得出：我国高技术产业在地理区位上形成三大集聚区；按照地理区位的不同将 30 个省市划分为七块地区；从我国高技术产业的区域空间分布特征来看，不同类别区域的高技术产业竞争力存在差异，高技术产业的发展阶段也存在差异。赵宏志、刘凤朝、王元地（2014）从规模、效益、效率、创新、成长、市场六个方面，选取 12 个指标，通过构建区域高技术产业竞争力综合指数，从宏观层面对我国区域高技术产业竞争力类型进行了划分，根据 1997~2011年我国各省区高技术产业竞争力综合指数和它们在全国位次的变化，将我国各省区高技术产业竞争力划分为高水平稳定型、较高水平波动型、低水平波动型和较低水平波动型四类。区域高技术产业竞争力的高低不仅取决于竞争力总体水平，还取决于各分项指标之间的相互作用和组合关系，根据 1997~2011 年我国各省区高技术产业竞争力内部结构的特点，将我国各省区高技术产业竞争力划分为规模市场主导型、强创新弱市场型、绝对市场主导型、结构基本均衡型和结构特殊不均衡型五类。赵丹琪、陈为（2017）从规模、效益、知识创新、机构支持、发展环境五个方面，选取 23 个指标，采用综合评价指数对长江中游城市群高技术产业竞争力进行了评价。通过与长三角进行对比发现长江中游城市群高技术产业竞争力普遍偏低，处于初级发展水平。对长江中游高技术产业各细分行业比较优势进行综合分析后发现，各省在高技术产业细分行业上表现出不同的比较优势，应当培养自身的竞争力，实现差异化发展。

这些研究有的建立了高技术产业竞争力评价指标体系，有的运用建立的指标体系对高技术产业竞争力进行了评价，但由于研究者所站角度不同，其选用的统计指标及指标的多少也不相同。而且由于统计制度的变迁，一些指标现在已无法计算或无法找到，且大多数研究缺乏用科学的方法对所建立的指标体系进行有效的鉴别，以致指标冗余和指标对评价对象的判别能力不足。由于所选指标不同、指标体系不同、评价方法不同，其结论也存在一定的差距。但无论如何，上述各项成果，都将为我们提供理论上或方法上的帮助。

三、已有的高技术产业竞争力评价指标体系

在构建高技术产业竞争力评价指标体系之前，我们先给出他人创建的指标体系。谢章澍、朱斌（2001）构建的高技术产业竞争力评价指标体系，将总量指标和相对指标相结合，但目前部分指标数值无法获取。其指标体系如表 9-1 所示。

表 9-1　高技术产业竞争力评价指标体系

高技术产业竞争力	**产业内生竞争力**	产业投入	产业 R&D 经费
			产业 R&D 经费强度
			产业 R&D 人员
			产业 R&D 人员强度
		产业产出	产业增加值占制造业增加值比例
			产业增加值占产业产值的比例
			高技术产品出口额占制造业制成品出口额比例
			贸易竞争力指数
			高技术产业产值
			高技术产品出口额
			高技术产品附加值率
		产业技术创新能力	创新成功率
			自主创新产品率
			新产品销售率
			新产品出口销售率
			企业与外部技术力量研发合作项目数
			企业拥有专利数
	产业外生竞争力	产业政策环境	R&D 经费占 GDP 的比例
			政府 R&D 经费投入占 R&D 经费总额比例
			每年对高技术企业减免税额占当年总减免税额比例
			每年对高技术企业信贷额占当年信贷总额比例
			风险资金数
		产业技术支持环境	高校科研机构 R&D 人员数占 R&D 人员总数的比例
			基础研究经费占 R&D 经费总额比例
			收入三大系统（SCI、ISP、EI）论文数
			本科以上学历毕业生数占 R&D 人员数比例
		产业孵化环境	高技术园区已开发的面积总数
			园区内创业中心孵化成功的高技术企业数
			园区内上网计算机数
			入园高技术企业数年增长率

金碚及中国社会科学院工业经济研究所专家和《中国经营报》共同开发的《中国经营报》（2003）企业竞争力检测项目给出的评价指标体系中，总量指标与相对指标相结合，但后面几个指标需要采用特殊人群问卷的方法间接地进行计量，工作量较大，指标体系如表9-2所示。

表9-2　《中国经营报》企业竞争力检测指标体系的初步设计方案

指标名称	指标性质及主要含义	可反映的其他含义或影响
销售收入	规模	市场份额
近3年销售收入年平均增长率	业务增长	市场份额、成长性
利润总额	盈利水平	规模
近3年利润总额年平均增长率	持续盈利能力	成长性
净资产	资本实力	融资能力
净资产利润率	资本盈利和增值能力	负债的影响
总资产贡献率	资金利用效率	负债的影响、融资能力
全员劳动生产率	劳动效率	销售收入及冗员
总收益率	价值创造能力	人才竞争中的态势
出口收入占销售收入的比重	出口竞争力	国际化
近3年技改投资与信息化建设投资占销售收入的比重	技术实力	投资于提高竞争力的融资能力
R&D占销售收入的比重	潜在的技术竞争力	技术密集程度
拥有专利数	自主知识产权	技术优势
公众评价（人气指数）	品牌影响力	广告效果
财经记者评价	企业家及管理水平	不可直接计量的因素
行业分析师评价	资本市场表现	不可直接计量的因素

　　王建刚、于英川（2004）给出的高新技术产业竞争力评价指标体系中，产业投入与产业产出中的总量指标多，相对指标少，指标体系如表9-3所示。

表 9-3   高新技术产业竞争力评价指标体系

高新技术产业竞争力	产业投入	产业 R&D 经费
		产业 R&D 人员
	产业产出	产业增加值
		高技术产业产值
		高技术产品出口额
		高技术产业产值占 GDP 的比重
		产业利润
	产业技术创新能力	新产品销售率
		新产品出口销售率
		企业拥有专利数
	产业政策环境	R&D 经费占 GDP 的比重
		政府 R&D 经费投入占 R&D 经费总额比例
	产业技术支持环境	R&D 人员数占科研活动人员数的比重
		科研活动人员占企业从业人员的比重

唐中赋、顾培亮（2004）构建的高技术产业发展水平综合评价指标体系，所用指标均为相对指标，其指标体系如表 9-4 所示。

表 9-4   高技术产业发展水平综合评价指标体系

高新技术产业发展水平	投入水平	高技术产业 R&D 经费/高技术产业销售额
		高技术研究开发人员/高技术产业职工人数
		企业研究开发人员数/研究开发人员总数
		企业研究开发经费/研究开发总经费
	产出水平	高技术产业增加值/国内生产总值
		高技术制造业增加值/全部制造业增加值
		高技术产品出口额/商品出口总额
		高技术产业产值占 GDP 的比重
		高技术产品出口额/全球全部工业制成品出口额
	效益水平	高技术产业增加值/高技术产业产值
		高技术产业对经济增长贡献率
		高技术商品化率
		高技术成果利用率

高新技术产业发展水平	潜力水平	高技术 R&D 经费年增长率
		高技术产业增加值年增长率
		高技术产品出口额年增长率
		国际直接投资/全社会固定资产投资额

而方毅、徐光瑞（2009）所用指标较少，指标体系如表9-5所示。

表9-5 我国地区高技术产业竞争力评价指标体系

高技术产业竞争力	产业投入水平	产业 R&D 人员投入强度
		产业 R&D 经费投入强度
	产业产出	高技术产业产值
		高技术产品出口额
		高技术产业利税总额
		国内市场占有率
	产业技术创新能力	拥有专利数
		新产品销售率
		新产品出口销售率
	产业政策环境	科技活动经费筹集中政府资金

符想花（2010）经过分析，按照总量指标与相对指标结合的原则，构建了如表9-6所示的指标体系。

表9-6 反映高技术产业发展状况的统计指标体系

高技术产业发展状况	产业投入	从业人员年平均数
		研究和试验发展（R&D）人员折合全时当量
		R&D 人员强度
		政府资金占科技活动经费筹集额的比重
		R&D 经费内部支出
		R&D 经费强度
		固定资产投资额
		固定资产年平均价值
		从业人员人均固定资产价值

高技术产业发展状况	产业产出	高技术产业增加值
		高技术产业增加值占工业增加值的比重
		高技术产业的出口交货值
		拥有发明专利数
		新产品产值
		新产品产值占高技术产业产值比重
		新产品出口销售率
	产业效益	高技术产业劳动生产率
		高技术产业固定资产增加值率

赵宏志、刘凤朝、王元地（2014）给出的高技术产业竞争力评价指标体系中，其规模中所含指标少（产出规模只有总产值，其他两个属于投入规模），指标体系如表9-7所示。

表9-7　区域高技术产业竞争力评价指标体系

高技术产业竞争力	规模	总就业人数
		总产值
		固定资产原值
	效益	资产利润率
		产品销售率
		资产利润率
	效率	劳动生产率
	创新	R&D 经费支出
		研发人员数
		新产品销售收入比重
	成长	产值增长率
	市场	市场占有率

赵丹琪、陈为（2017）给出的评价指标体系，多为总量指标，相对指标或平均指标较少，其指标体系如表9-8所示。

表9-8 高技术产业竞争力评价指标体系

一级指标	二级指标	三级指标
内生竞争力	规模指标	企业数
		从业人数
		投资额
		新增固定资产
	效益指标	利润总额
		出口交货值
		项目建成投入产率
		新产品销售收入
	知识创新	技术市场合同成交金额
		有效发明专利数
		R&D 人员
		R&D 经费内部支出
		新产品开发经费支出
外生竞争力	机构支持指标	研发机构数
		高校个数
		金融机构贷款数
	发展环境指标	政府科研支出
		外商投资总额
		人均 GDP
		铁路、公路、水路货运总量
		互联网普及率
		人均图书拥有量
		每十万人高等教育人数

由于篇幅和内容的限制，这里不再一一列出。从上述的指标体系可以看出，不同的研究者，对同一问题进行研究所用的指标不同，指标数量多少也不同。但对这些指标体系进行研究，可以发现以下问题：一是未列出指标选择的理由；二是一些指标缺乏足够的鉴别能力；三是由于统计制度的变化，一些指标现在无法计算；四是选取的指标有的多为总量指标，而有的多为相对指标。鉴于此，我们将在对高技术产业竞争力理解的基础上，选取能够反映高技术产业竞争力的统计指标，并在此基础上，进行鉴别力分析，从而得到一套较为全面、有效、便于统计和计算的指标体系。

四、构建新的高技术产业竞争力的评价指标体系

从现有的反映高技术产业竞争力的统计指标体系看，其共同点均包含高技术产

业投入、高技术产业产出两个方面。在对高技术产业竞争力理解的基础上，按照构建反映高技术产业技术创新能力的指标体系应遵循的原则，借鉴他人的研究成果，结合第二篇中技术创新能力的研究总结，我们从高技术产业投入（包括技术创新投入）、高技术产业产出（包括技术创新产出）、高技术产业效益三个方面构建新的反映高技术产业竞争力的评价指标体系。

在此需要说明的是，在第二篇高技术产业技术创新能力研究中，我们将产业政策环境和产业技术支持环境作为技术创新能力的一个方面进行了讨论，但在竞争力研究中不再单独列出，而是将其归入高技术产业投入中进行讨论。

（一）理论统计指标体系的构建

1. 反映高技术产业竞争力投入指标的理论遴选

一个产业要获得发展，就必须有投入。高技术产业是一种高投入、高智力的产业。要提高高技术产业的竞争力，就得有大量人力、物力、财力的投入，尤其是R&D 发展活动的投入。资金是高技术产业的血液，资金源源不断地供给，才能保证高技术产业健康成长。而人才是知识、智能的载体，从世界各国的发展经验来看，高技术产业的发展和人才的密集程度有相当强的相关关系。"硅谷"之所以能获得举世瞩目的成就，与其周围的斯坦福大学和一大批科研机构聚集大量优秀人才是分不开的。我国高技术园区的典范"中关村"周围也云集了清华大学等全国最著名的高等院校和科研实力雄厚的中科院等科研机构里的一大批当代中国最优秀的人才。

高技术产业从业人员平均人数、R&D 人员、R&D 人员折合全时当量均是反映高技术产业人力资源投入的指标。根据《中国高技术产业统计年鉴（2017）》各省份的指标数据计算，在 0.01 的显著性水平下，这三个指标之间均存在高度的正的显著性的相关关系，相关系数均在 0.95 以上，所以上述指标就不应全部包含在指标体系中。高技术产业从业人员平均人数是高技术产业人力资源投入最具综合性的指标（关系到高技术产业的发展规模），在分析问题中理应予以保留，然而在国际上，通常用 R&D 活动的规模和强度指标反映一国的科技实力和核心竞争力，用 R&D 人员反映投入从事拥有自主知识产权的研究开发活动的人力规模，为了与国际接轨并突出反映高技术产业技术创新状况，我们仅选用 R&D 人员折合全时当量这一指标，与此对应，指标体系中应包含 R&D 人员强度这一相对指标，这一指标也可以反映产业技术支撑能力。

R&D 经费内部支出、R&D 经费外部支出、新产品开发经费支出、引进技术经费支出、消化吸收经费支出、购买境内技术经费支出、技术改造经费支出是反映高技术产业与科技活动有关的资金投入指标。根据第二篇技术创新能力分析，再结合他人的研究成果，仅保留 R&D 经费内部支出这一总量指标，相对指标选用 R&D 经费强度。在 R&D 经费内部支出中，为了突出政府对高技术产业发展的支持力度，将政府资金占 R&D 经费内部支出的比重这一指标考虑在内，这也是从产业政策支撑方面选取的指标。

施工项目、新开工项目、建成投产项目、投资额、新增固定资产是反映高技术产业固定资产投资情况的指标。施工项目、新开工项目、建成投产项目是从项目的角度观察固定资产的投资情况，并不能说明固定资产投资总体规模，且根据《中国高技术产业统计年鉴（2017）》各省份的指标数据进行计算，在 0.05 的显著性水平下，施工项目、新开工项目、建成投产项目均与投资额、新增固定资产存在高度的正的显著性的相关关系，相关系数在 0.87 以上，故在此我们不考虑施工项目、新开工项目、建成投产项目这三个指标。投资额是报告期固定资产投资；新增固定资产是报告期内已经完成建造和购置过程，并已交付生产或使用单位的固定资产价值，可能是当年投资当年交付使用，也可能是包括往年投资当年交付使用。根据《中国高技术产业统计年鉴（2017）》各省份的指标数据进行计算，在 0.05 的显著性水平下，投资额与新增固定资产存在高度的正的显著性的相关关系，相关系数为 0.97，故我们仅保留投资额这一个总量指标，质量指标用从业人员人均投资额来表示。

资产总计是企业拥有或控制的能以货币计量的经济资源，包括各种财产、债权和其他权利，是最具综合性的资产，根据《中国高技术产业统计年鉴（2017）》各省份的指标数据进行计算，在 0.05 的显著性水平下，其与投资额存在中度的相关关系，相关系数为 0.69，故也保留资产总计这一指标，相对指标用从业人员人均资产来表示。

在该层次内部，R&D 人员折合全时当量与 R&D 经费内部支出存在高度的相关关系，相关系数为 0.986，本应剔除一个变量，但这两个变量，前者是从人力投入方面说明高技术产业投入，后者是从财力方面说明高技术产业的投入，舍弃哪个都不太合适，为此，均予以保留。而这两个指标均与资产总计存在高度的相关关系，相关系数均在 0.95 以上，故将资产总计剔除。

这样，经过分析和比较，保留 R&D 人员折合全时当量、R&D 人员强度、R&D 经费内部支出、R&D 经费强度、政府资金占 R&D 经费内部支出的比重、投资额、从业人员人均投资额、从业人员人均资产总计八个指标。

2. 反映高技术产业竞争力产出指标的理论遴选

主营业务收入、利润总额是反映高技术产业产出的综合指标，根据《中国高技术产业统计年鉴（2017）》各省份指标数据进行计算，在 0.01 的显著性水平下，两者存在高度的正的显著性的相关关系，相关系数为 0.99，在此我们仅保留主营业务收入这一指标。高技术产业主营业务收入占规模以上工业企业主营业务收入的比重可以反映高技术产业在工业中所处的地位和所起的作用。

根据第二篇高技术产业技术创新能力分析，本部分用专利申请数来反映企业科技创新的数量，用新产品销售收入反映企业创新能力在生产经营活动的成果，用新产品销售收入占主营业务收入的比重反映企业创新能力的相对指标。

一个国家（地区）高技术产业的国际竞争力，最终表现在高技术产品的国际市场占有率上，占有率越高，表明该国（地区）高技术产业的国际竞争力越强。与占有率相对应的是高技术产品的出口竞争力，通常用贸易竞争力指标来衡量，贸易竞争力指数=（出口总额-进口总额）/（出口总额+进口总额），贸易竞争力指数大于0，表明该国（地区）高技术产品的生产技术水平、生产效率高于国际水平，出口竞争力较强，其产业的国际竞争力也较强。然而遗憾的是，在中国高技术产业统计年鉴中只有高技术产业的出口交货值这一指标，却没有高技术产业的进口数字，所以只好选择高技术产业的出口交货值这一总量指标分析问题，并用新产品出口销售率反映新产品的国际市场竞争能力。

这样，经过分析和比较，保留主营业务收入、主营业务收入占规模以上工业企业主营业务收入的比重、专利申请数、新产品销售收入、新产品销售收入占主营业务收入的比重、高技术产业的出口交货值、新产品出口销售率七个指标。

3. 反映高技术产业效益指标的理论遴选

高技术产业劳动生产率是反映高技术产业人的劳动效益的指标，但其计算方法较多，根据《中国高技术产业统计年鉴》给出的指标，我们用下面的公式计算：

$$高技术产业劳动生产率 = \frac{高技术产业主营业务收入}{高技术产业从业人数平均人数}$$

反映资产效益的指标也比较多，在此可以计算资产利润率，计算公式为：

$$高技术产业资产利润率 = \frac{高技术产业利润总额}{高技术产业资产总计}$$

高技术产业资产利润率的计算分母，理论上应该按高技术产业的（年初资产总计+年末资产总计）/2进行计算，但这里我们采用简化的处理，直接用统计年鉴中的资产总计进行计算。

这样，经过理论遴选及同类型指标相关性分析，我们选取了17项指标构成理论指标体系，这17项指标中包含技术创新能力的9个指标，又从整个高技术产业发展的角度选取了8项指标。

（二）反映高技术产业竞争力统计指标的数据来源及具体数据

反映高技术产业竞争力统计指标的总量指标数据直接来源于《中国高技术产业统计年鉴》（2017，2014）；相对指标或平均指标数据根据《中国高技术产业统计年鉴》《中国统计年鉴》（2017，2014）中有关指标计算而得。数据真实可靠，这在一定程度上保证了分析结果的真实性、可靠性，各个省份指标的具体数值如附表1、附表3所示。

（三）反映高技术产业竞争力指标的实证筛选

在实证筛选时仍采用鉴别力分析的方法。具体方法见第二篇高技术产业技术创新能力研究。根据搜集的 30 个省份（同样将西藏、港、澳、台剔除）上述统计指标数据进行计算，其标准差系数如表 9-9 所示。

表 9-9　各指标的标准差系数

	平均数	标准差	标准差系数（%）
R&D 人员折合全时当量	24354.73	41207.05	169.20
R&D 人员强度	5.54	2.60	46.88
R&D 经费内部支出	971849.66	1769063.20	182.03
R&D 经费强度	1.96	1.01	51.34
政府资金占 R&D 经费内部支出的比重	11.05	10.35	93.61
投资额	759.43	770.64	101.48
从业人员人均投资额	30.25	19.50	64.47
从业人员人均资产总计	134.42	53.49	39.79
主营业务收入	5126.22	8436.93	164.58
主营业务收入占规模以上工业企业主营业务收入的比重	10.22	6.55	64.11
专利申请数	6197.00	12435.68	200.67
新产品销售收入	15974724.53	31701089.00	198.45
新产品销售收入占主营业务收入的比重	25.03	12.87	51.41
高技术产业的出口交货值	1748.15	3740.28	213.96
新产品出口销售率	22.19	21.14	95.26
高技术产业劳动生产率	112.67	30.44	27.02
高技术产业资产利润率	7.40	4.24	57.21

数据来源：根据附表 3 指标数据计算得出。

各指标的均值和标准差的计量单位如附表 1、附表 3 所示。

劳动生产率的标准差系数最小，为 27.02%，在此认为其鉴别能力也比较高，据此，将选择的 17 个指标均保留下来，组成新的高技术产业竞争力评价指标体系，如表 9-10 所示。

表 9-10　新构建的高技术产业竞争力指标体系

一级指标	二级指标	三级指标	权重
高技术产业竞争力评价指标体系	产业技术投入	R&D 人员折合全时当量	1/8
		R&D 人员强度	1/8
		R&D 经费内部支出	1/8
		R&D 经费强度	1/8
		政府资金占 R&D 经费内部支出的比重	1/8
		投资额	1/8
		从业人员人均投资额	1/8
		从业人员人均资产总计	1/8
	产业技术产出	主营业务收入	1/7
		主营业务收入占规模以上工业企业主营业务收入的比重	1/7
		专利申请数	1/7
		新产品销售收入	1/7
		新产品销售收入占主营业务收入的比重	1/7
		高技术产业的出口交货值	1/7
		新产品出口销售率	1/7
	产业效益	劳动生产率	1/2
		资产利润率	1/2

第十章 高技术产业各地区竞争力的测度与分析

在此我们仍然采用第二篇区域高技术产业技术创新能力的测度方法分析和研究问题。

一、各省份高技术产业竞争力综合指数

(一) 高技术产业竞争力综合指数的编制

1. 确定每一评价指标的方向性和权数

在我们构建的新的指标体系中，指标均为正指标，故不用做趋同化处理。指标的权数如表9-10所示。

类指数同样采用了等权重处理方法。在计算总指数时采用不等权计算和等权计算两种方法。不等权处理考虑的是在高技术产业竞争力评价中，产业投入及产业产出应该处于较为重要的地位，故三个层次的权重给出分别是0.4、0.4、0.2。等权计算是指三个层次的权重相等。

2. 对数据进行无量纲处理

仍然采用第二篇高技术产业技术创新能力综合指数中的处理方法。基期年也采用的是2013年，这样分析问题方法一致、时间一致。2013年各地区高技术产业各指标的最小值、最大值与平均值如表10-1所示。

表 10-1 2013年各地区高技术产业各指标的最小值、最大值与平均值

指标	N	最小值	最大值	平均值
R&D 人员折合全时当量	30	103.30	208173.50	22340.39
R&D 人员强度	30	1.59	19.34	5.45
R&D 经费内部支出	30	3447.80	6612820.20	678064.20
R&D 经费强度	30	0.45	4.67	1.95
政府资金占 R&D 经费内部支出的比重	30	0.92	41.95	11.89
投资额	30	17.80	2617.75	518.48
从业人员人均投资额	30	2.46	82.18	24.46
从业人员人均资产总计	30	40.86	175.69	87.16

续表

指标	N	最小值	最大值	平均值
主营业务收入	30	20.68	27871.10	3867.90
主营业务收入占规模以上工业企业主营业务收入的比重	30	0.24	26.89	8.45
专利申请数	30	16.00	49691.00	4766.73
新产品销售收入	30	10065.00	97687741.60	10409088.20
新产品销售收入占主营业务收入的比重	30	1.98	46.23	20.81
高技术产业的出口交货值	30	0.24	15957.06	1642.84
新产品出口销售率	30	0.00	89.49	17.85
高技术产业劳动生产率	30	47.24	156.51	86.67
高技术产业资产利润率	30	-0.16	20.98	8.12

注：各指标的计量单位如附表1、附表3；无量纲化处理后的数据作为单项指数。

3. 计算领域指数和总指数

将 i 地区第 k 个指标经无量纲化处理的数值 Y_{ik} 乘以其权数（由于权重为等权重），将其结果相加除以指标个数即得该地区这一层次的指数，将各层次的指数乘以该领域的权重后相加可得到该地区的加权总指数，将各层次指数相加除以层次数即为等权指数。各地区高技术产业竞争力综合指数如表10-2所示。

表10-2　各地区高技术产业竞争力综合指数　　　　　单位：%

地区	投入指数	产出指数	效益指数	加权总指数	等权总指数
北京	159.85	141.59	178.10	156.20	159.85
天津	118.86	145.30	198.27	145.32	154.14
河北	120.68	53.59	97.42	89.10	90.36
山西	39.07	34.88	52.09	40.00	42.01
内蒙古	124.08	24.57	80.17	75.49	76.27
辽宁	119.35	59.10	85.21	88.42	87.89
吉林	66.49	37.77	178.45	77.39	94.24
黑龙江	139.36	61.97	90.63	98.66	97.32
上海	116.86	184.24	148.09	150.06	149.73
江苏	264.31	514.48	164.64	344.44	314.48

地区	投入指数	产出指数	效益指数	加权总指数	等权总指数
浙江	178.28	192.19	94.85	167.16	155.11
安徽	145.96	106.27	138.54	128.60	130.26
福建	131.03	158.98	137.78	143.56	142.60
江西	77.33	71.16	118.03	83.00	88.84
山东	179.16	191.50	219.41	192.15	196.69
河南	99.73	214.00	100.09	145.51	137.94
湖北	153.36	89.77	128.27	122.91	123.80
湖南	110.46	100.21	148.51	113.97	119.73
广东	366.40	813.88	103.88	492.89	428.05
广西	35.79	55.58	282.02	92.95	124.46
海南	103.91	21.63	120.21	74.26	81.92
重庆	86.20	152.79	193.29	134.25	144.09
四川	121.29	115.35	142.15	123.09	126.26
贵州	74.01	34.62	93.78	62.21	67.47
云南	72.80	22.24	96.01	57.22	63.68
陕西	174.44	61.72	94.51	113.37	110.22
甘肃	106.24	52.00	62.14	75.72	73.46
青海	132.57	22.20	139.65	89.84	98.14
宁夏	128.84	52.58	132.84	99.14	104.75
新疆	96.38	32.19	39.95	59.42	56.17

注：西藏多项指标数值为 0，或数值很小，故在分析时将其剔除。

（二）竞争力指数分析

若指数大于 100，说明这些省份该层次竞争力好于 2013 年的平均水平，发展态势较好；若指数小于 100，说明这些省份的发展不及 2013 年的平均水平。为了清楚地反映各个省份在竞争力各个层次的表现，我们将其指数排序。

高技术产业竞争力投入好于 2013 年平均水平的有 21 个省份，低于 2013 年平均水平的有 9 个省份，且各个省份投入指数相差较为悬殊，指数最高的广东为366.40%，最低的广西仅为 35.79%。对各省份投入指数从高到低排序为：广东、江苏、山东、浙江、陕西、北京、湖北、安徽、黑龙江、青海、福建、宁夏、内蒙古、四川、河北、辽宁、天津、上海、湖南、甘肃、海南、河南、新疆、重庆、江西、贵州、云南、吉林、山西、广西。排名靠前的省份多属于经济发达地区，排名靠后的省份多属于经济欠发达地区，也就是说投入综合指数与我国经济发展水平的高低密切相关。2016 年，广东 R&D 人员折合全时当量占 30 个省份的 27.54%，R&D 经费内部支出占 31.56%，投资额占 7.25%，投入总量大；江苏、浙江、山东 R&D 人员折合全时当量占 30 个省份的 32.51%，R&D 经费内部支出占 28.26%，投资额占 27.41%，投入总量也大，除两个强度相对指标的数值较大外，其他几个相对指标或平均指标的数值较小，但由于投入总量指标数值突出，其投入综合指数仍远远高于其他省份；陕西、北京、湖北、安徽、福建、四川、河北、天津、上海、湖南投入总量居于中等或中等偏上水平，R&D 人员折合全时当量占 30 个省份的 29.44%，R&D 经费内部支出占 30.91%，投资额占 35.79%，其相对指标或平均指标除个别省份的个别指标外均比较大，故其投入指数也高于 2013 年平均水平；黑龙江、青海、宁夏、内蒙古、甘肃、海南投入总量小，R&D 人员折合全时当量占 30 个省份的 1.69%，R&D 经费内部支出占 1.57%，投资额占 3.53%，其投入总量指标数值低于 2013 年平均水平，但投入相对指标或平均指标数值表现突出，说明这些省市对高技术产业的发展非常重视，这是值得其他省份重视和学习的；河南投入总量指标数值处于中等水平，其排名靠后的原因，主要是投入相对指标或平均指标数值都比较小；排名靠后的新疆、重庆、江西、贵州、云南、吉林、山西、广西等省市 R&D 投入无论是总量还是相对指标或平均指标都不及 2013 年平均水平，故应加强 R&D 人力及资金的投入，政府对高技术产业的发展也应予以高度重视，加强对高技术产业的支持力度。

高技术产业竞争力产出好于 2013 年平均水平的有 13 个省份，低于平均水平的多达 17 个省份。且各个省份技术创新产出能力指数相差较为悬殊，指数最高的广东省为 813.88%，最低的海南省仅为 21.63%。对各省份技术创新产出指数从高到低排序为：广东、江苏、河南、浙江、山东、上海、福建、重庆、天津、北京、四川、安徽、湖南、湖北、江西、黑龙江、陕西、辽宁、广西、河北、宁夏、甘肃、吉林、山西、贵州、新疆、内蒙古、云南、青海、海南。其中，广东主营业务收入占 30 个省份的 24.56%，专利申请数占 34.90%，新产品销售收入占 32.43%，出口交货值占 33.05%，产出总量大，且产出相对指标的数值也居于前列；江苏、浙江、山东主营业务收入占 30 个省份的 31.77%，专利申请数占 29.15%，新产品销售收入占 31.81%，出口交货值占 29.74%，产出总量也大，且产出相对指标的数值也居于中上游或上游水平，其整体发展水平好；河南、重庆投入水平低于 2013 年平均水平，但其产出水平却高于 2013 年平均水平，观测其产出指标数值，只有专利申请数这一项指标低于 2013 年平均水平（这与其 R&D 投入低有关），其他各项产出指标表现突出；上海、福建、天津、北京、四川、安徽、湖南主营业务收入占 30 个省份的

21.32%，专利申请数占 22.47%，新产品销售收入占 19.98%，出口交货值占 21.32%，产出总量处于中等偏上水平，其产出相对指标除个别省份的个别指标外均比较大，故其产出指数也比较高。排名靠后的省份高技术产业的投入指标数值小，产出指标数值也小。从总体上看，产出水平高于 2013 年平均水平的省份绝大多数属于投入水平较高的地区，产出水平低于 2013 年平均水平的省份绝大多数属于投入水平较低的地区，即投入与产出是有关系的，投入水平越高，产出水平也越高。

高技术产业效益好于 2013 年平均水平的有 19 个省份，低于平均水平的只有 11 个省份，且各个省份技术创新效益指数相差较为悬殊，指数最高的广西为 282.02%，最低的新疆仅为 39.95%。对各省份效益指数从高到低排序为：广西、山东、天津、重庆、吉林、北京、江苏、湖南、上海、四川、青海、安徽、福建、宁夏、湖北、海南、江西、广东、河南、河北、云南、浙江、陕西、贵州、黑龙江、辽宁、内蒙古、甘肃、山西、新疆。其中，广西、山东、吉林、江苏、湖南、福建、江西、海南反映经济效益的两个指标的表现均好于 2013 年平均水平，说明这些省市对人和资金的利用好，效益高；天津、重庆、北京、上海、四川、青海、安徽、宁夏、湖北、广东、河南其劳动生产率均高于 2013 年平均水平，但资产利润率却不及 2013 年的平均水平，故应加强资产的管理和利用；辽宁、甘肃、山西、新疆的劳动生产率和资产利润率两项指标均不及 2013 年平均水平，这些地方投入小，产出也小，且经济效益不佳。

高技术产业竞争力综合指数（加权总指数）好于 2013 年平均水平的有 15 个省份，低于 2013 年平均水平的有 15 个省份，且各个省份竞争总指数差距加大，指数最高的广东省为 492.89%，最低的山西省仅为 40.00%。对各省份高技术产业竞争力总指数按从高到低的顺序排列为：广东、江苏、山东、浙江、北京、上海、河南、天津、福建、重庆、安徽、四川、湖北、湖南、陕西、宁夏、黑龙江、广西、青海、河北、辽宁、江西、吉林、甘肃、内蒙古、海南、贵州、新疆、云南、山西。综合指数的高低是上述投入、产出、效益综合作用的结果，要提高技术创新综合指数，就应重视各个方面的协调发展。

高技术产业竞争力综合指数（等权总指数）好于 2013 年平均水平的有 17 个省份，低于 2013 年平均水平的有 13 个省份。指数最高的广东省为 428.05%，最低的山西为 42.01%。对各省份综合指数按从高到低的顺序排列为：广东、江苏、山东、北京、浙江、天津、上海、重庆、福建、河南、安徽、四川、广西、湖北、湖南、陕西、宁夏、青海、黑龙江、吉林、河北、江西、辽宁、海南、内蒙古、甘肃、贵州、云南、新疆、山西。从加权综合指数和等权综合指数的排序可以看到，排序结果有一定差别，主要是居中的省份，但差别不是太大。

小结：我国高技术产业竞争力投入主要集中在广东，其投入总量大，除投资额占全国比重较低外，其他投入总量指标数值均占全国的 30% 左右；其次是江苏、浙江、山东3个省份，其投入总量指标数值占全国30%左右；再次是陕西、北京、湖北、安徽、福建、四川、河北、天津、上海、湖南10个省份，其投入总量占全国的30%左右，其投入相对指标数值多数表现也比较好；黑龙江、青海、宁夏、内蒙古、甘肃投入总量指标数值小，但投入相对指标数值表现突出。竞争力产出主要集中在广东，各产出总量指标数值均占全国的30%左右，产出相对指标的数值也比较大；其次是江苏、浙江、山东3个省份，各产出总量指标数值均占全国的30%左右，且产出相对指标数值较大。上海、福建、天津、北京、四川、安徽、湖南7省份，各产出总量指标数值均占全国20%左右，多个产出相对指标数值表现也比较好；河南、重庆投入水平低于2013年平均水平，但产出各项指标表现突出。广西、山东、吉林、江苏、湖南、福建、江西、海南等省份效益好，这是值得其他省份学习借鉴的。综合来说，广东、江苏、山东、浙江4个省具有绝对的竞争优势；北京、上海、河南、天津、福建、重庆、安徽、四川、湖北、湖南、陕西11个省份，也具有一定的创新优势。

（三）各地区与竞争力各层次的对应分析

通过综合指数，了解了各层次综合指数及总指数在各个省份的具体表现，但各个层次的指数对各个省份起的作用如何，可以通过对应分析反映出来。

将各个省份作为属性变量 A，将高技术产业竞争力层次作为属性变量 B，各层次综合指数为指标数值，这样进行对应分析，得到的分析结果如图10-1所示。

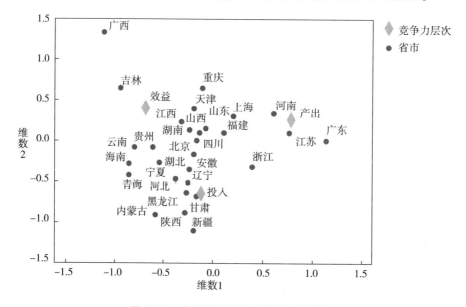

图10-1　各地区与竞争力层次对应分析

通过图 10-1 可以看出，高技术产业投入对新疆、陕西、内蒙古、甘肃、辽宁、黑龙江、湖北、河北、安徽、青海、宁夏、海南的作用突出；高技术产业产出对广东、江苏、河南、上海、福建、浙江的作用突出；高技术产业效益对广西、吉林、重庆、天津、山东、山西、四川、北京、江西、湖南、贵州、云南的作用突出。当然处于图形中间的像宁夏、安徽、湖北等省市可以说投入、效益对其影响均比较大。这与前面的分析基本一致。

二、用主成分分析法对各地区高技术产业竞争力进行测度与分析

（一）用主成分分析法对各地区高技术产业竞争力进行测度

对原有变量是否存在相关性进行检验，用 SPSS 软件对 2016 年 30 个省份（西藏数据不全，在分析时不再考虑）的 17 项指标数据进行分析（指标均为正指标，不需要做趋同化处理），结果如表 10-3 所示，从表 10-3 中可知，$\chi^2 = 691.78$，其 Sig. 为 0.00，故认为在 0.05 的显著性水平下，相关系数矩阵不大可能是单位矩阵，适合做主成分分析。

表 10-3　KMO 和 Bartlett 的检验

取样足够度的 Kaiser-Meyer-Olkin 度量		0.66
Bartlett 的球形度检验	近似卡方	691.78
	df	136.00
	Sig.	0.00

从主成分解释原有变量总方差的（见表 10-4）可以看到，在对问题分析时，提取 5 个主成分，就可以解释原有变量 84.22% 的信息。

表 10-4　解释的总方差

成分	初始特征值		
	合计	方差的百分比（%）	累积百分比（%）
1	7.61	44.75	44.75
2	2.63	15.44	60.19
3	1.56	9.17	69.36
4	1.34	7.88	77.23
5	1.19	6.99	84.22

注：提取方法为主成分分析法。

表 10-5　成分矩阵

指标	成分				
	1	2	3	4	5
R&D 人员折合全时当量	0.97	0.15	0.07	−0.12	0.04
R&D 人员强度	0.06	0.72	−0.39	0.32	−0.12
经费内部支出	0.95	0.17	0.08	−0.12	0.13
R&D 经费强度	0.01	0.88	−0.33	−0.07	−0.11
政府资金占 R&D 经费内部支出比重	−0.31	0.39	−0.38	−0.20	0.44
投资额	0.71	−0.29	0.04	0.03	−0.25
从业人员人均投资额	−0.51	−0.08	0.65	0.04	−0.07
从业人员人均资产总计	−0.42	0.51	0.52	0.33	0.28
主营业务收入	0.98	−0.03	0.11	−0.07	0.07
主营业务收入占规模以上工业企业主营业务收入比重	0.77	−0.04	−0.16	0.30	0.38
专利申请数	0.95	0.14	0.11	−0.14	0.13
新产品销售收入	0.97	0.08	0.14	−0.09	0.03
新产品销售收入占主营业务收入的比重	0.38	0.52	0.21	0.36	−0.44
出口交货值	0.96	0.00	0.14	−0.11	0.09
新产品出口销售率	0.48	−0.17	−0.16	0.33	−0.53
劳动生产率	0.17	−0.33	−0.04	0.82	0.39
资产利润率	0.12	−0.58	−0.54	0.07	−0.05

注：提取方法为主成分分析法。

根据成分矩阵（见表 10-5），可以写出主成分的表达式，例如第一主成分的表达式为：$Y_1 = （0.97 \times ZX_1 + 0.06 \times ZX_2 + \cdots + 0.12 \times ZX_{17}）／\sqrt{7.61}$

其中，ZX_i 为第 i 个标准化随机变量。

根据主成分的表达式计算各主成分得分，结果如表 10-6 所示。

表 10-6　各地区竞争力各主成分得分及综合得分

地区	第一主成分得分	第二主成分得分	第三主成分得分	第四主成分得分	第五主成分得分	综合得分
北京	0.30	2.37	−0.22	2.67	1.64	0.96

续表

地区	第一主成分得分	第二主成分得分	第三主成分得分	第四主成分得分	第五主成分得分	综合得分
天津	0.28	0.54	-0.04	2.90	-0.17	0.50
河北	-1.08	0.01	0.06	-0.72	-1.06	-0.72
山西	-1.38	-1.37	0.29	-1.85	-0.10	-1.14
内蒙古	-2.46	0.43	2.94	-0.35	-0.11	-0.95
辽宁	-1.44	1.43	-1.12	-1.30	0.91	-0.67
吉林	-1.29	-2.47	0.10	-0.21	0.88	-1.07
黑龙江	-1.37	2.66	-2.55	-0.71	-0.97	-0.67
上海	0.97	0.00	-1.05	0.82	1.21	0.58
江苏	6.75	-1.29	0.63	0.00	-0.21	3.40
浙江	1.63	2.44	-0.79	0.02	-1.90	1.07
安徽	-0.24	-0.07	0.57	0.50	-0.47	-0.07
福建	0.73	0.23	-0.75	0.77	-1.52	0.29
江西	-0.47	-2.21	0.26	-0.94	-0.21	-0.73
山东	1.78	-0.93	-0.41	0.97	0.00	0.82
河南	1.37	-1.69	0.27	0.39	-2.87	0.25
湖北	-0.33	0.25	-0.11	-0.20	0.31	-0.13
湖南	-0.09	-0.28	-0.78	0.08	-0.55	-0.22
广东	11.00	1.38	1.17	-1.63	1.08	6.16
广西	-0.73	-4.48	-2.19	0.14	0.26	-1.41
海南	-1.71	0.93	-1.23	-0.12	0.77	-0.82
重庆	0.64	-2.05	0.04	1.82	0.18	0.15
四川	0.10	-0.46	-0.45	-0.29	1.27	-0.00
贵州	-1.39	-0.25	-0.61	-1.28	0.58	-0.92
云南	-1.85	-0.42	0.53	-0.82	0.44	-1.04
陕西	-0.99	2.14	-1.59	-0.94	1.16	-0.30
甘肃	-1.88	0.86	0.89	-0.55	-1.24	-0.90
青海	-2.74	-0.38	2.49	0.20	1.98	-1.07
宁夏	-1.93	1.31	1.72	1.66	-0.38	-0.48
新疆	-2.16	1.39	1.94	-1.05	-0.89	-0.86

（二）主成分得分分析

第一主成分与 R&D 人员折合全时当量、R&D 经费内部支出、主营业务收入、专利申请数、新产品销售收入、出口交货值有正的高度的相关关系；与投资额、主营业务收入占规模以上工业企业主营业务收入的比重有正的中度的相关关系，这些指标除主营业务收入占规模以上工业企业主营业务收入的比重外，均为投入与产出的总量指标，反映了高技术产业的发展规模，故将第一主成分称为高技术产业竞争力的规模主成分，它能够解释原有变量 44.75% 的信息。规模主成分高于全国平均水平的有 11 个省份，19 个省份低于全国平均水平。第一主成分得分最高的广东为 11.00分，最低的青海为-2.77 分，高技术产业的发展规模在各个省份相差悬殊。将各省份第一主成分得分按从高到低的顺序排列为：广东、江苏、山东、浙江、河南、上海、福建、重庆、北京、天津、四川、湖南、安徽、湖北、江西、广西、陕西、河北、吉林、黑龙江、山西、贵州、辽宁、海南、云南、甘肃、宁夏、新疆、内蒙古、青海。广东各总量指标占比如综合指数分析，江苏、山东、浙江各总量指标占比也如综合指数分析，这四省除投资额占比较小外，其他各项指标占比均在 60% 左右，可见其总量指标之大。也就是说，我国高技术产业主要集中在这四个省份；河南、上海、福建、重庆、北京、天津、四川这七省 R&D 人员折合全时当量占 30 个省份的20.50%、R&D 经费内部支出占 22.22%、投资额占 24.68%、主营业务收入占24.61%、专利申请数占 19.52%、新产品销售收入占 23.17%、出口交货值占28.49%，除投资额外，其他几个总量指标占比不及广东一个省的占比，但其总量指标的数值仍较大，主成分得分也高于 2016 年平均水平。低于平均水平的湖南、安徽、湖北、陕西、河北总量指标的数值处于中等偏下水平，R&D 人员折合全时当量占 30个省份的 13.25%、R&D 经费内部支出占 12.18%、投资额占 23.64%、主营业务收入占 10.20%、专利申请数占 11.17%、新产品销售收入占 8.59%、出口交货值占5.11%，可见这几省的投入总量比产出总量占比高，故应加强管理，提高其产出水平。投资额占比越大，说明其对高技术产业的发展越重视。排名靠前的省份要么经济发展水平高，要么经济发展规模大，说明高技术产业的发展规模与经济发展水平或经济发展规模有密切的关系。而排名处在中游的安徽、广西等省份，经济发展水平并不高，经济发展规模也不大，但高技术产业发展规模表现却比较好，这说明在经济发展的过程中，这些地区对高技术产业发展比较重视。排名靠后的省份经济发展水平低、规模小。从总体上看，高技术产业的发展规模与经济发展规模及经济发展水平密切相关。

第二主成分与 R&D 经费强度有正的高度的相关关系，与 R&D 人员强度、从业人员人均资产总计、新产品销售收入占主营业务收入的比重有正的中度的相关关系，与资产利润率有负的中度的相关关系，故我们将第二主成分称为相对指标或平均指标主成分，前四个相对指标的数值越大，第二主成分得分就越高，而资产利润率高，第二主成分的得分就越小。但综合来看，第二主成分得分越高，高技术产业的竞争力也就越高，它能够解释原有变量15.44%的信息。该主成分高于全国平均水平的有16个省份，有14个省份低于全国平均水平。第二主成分得分最高的黑龙江为2.66分，得分最低的广西为-4.48分，其相对指标或平均指标的表现在各个省份之间相差悬殊。将各省份第二主成分得分按从高到低的顺序排列为：黑龙江、浙江、北京、陕西、辽宁、新疆、广东、宁夏、海南、甘肃、天津、内蒙古、湖北、福建、河北、上海、安徽、贵州、湖南、青海、云南、四川、山东、江苏、山西、河南、重庆、江西、吉林、广西。其中，黑龙江、陕西、辽宁、新疆、宁夏、海南、甘肃等省市，经济发展水平低、经济发展规模小，第一主成分表现不佳，但第二主成分表现比较好，说明这些省市尽管高技术产业总量不佳，但注重投入强度，并注重新产品的开发，新产品销售收入占主营业务收入的比重高；浙江、北京、广东总量指标表现好，投入强度表现也比较好，新产品销售收入占主营业务收入的比重高，第二主成分得分也比较高；而经济发展水平高、高技术产业总量表现好的山东、江苏投入强度表现并不突出，新产品销售收入占主营业务收入的比重处于中等水平，但资产利润率比较高；江西、吉林、广西经济发展水平低，反映高技术产业竞争力的规模表现并不太靠后，但相对指标的表现却比较差，应该引起重视。由于第二主成分与效益指标呈负相关，故认为排名靠后的省份其效益表现较好，这也和前面综合指数分析相呼应。

第三主成分与从业人员人均投资额、从业人员人均资产总计有正的中度的相关关系，与资产利润率有负的中度的相关关系，故该主成分主要是综合反映人均资产投入状况的主成分。人均资产越大，第三主成分得分就越高；资产利润率越高，第二主成分的得分就越小。但综合来看，第三主成分得分越高，高技术产业的竞争力也就越高，它能够解释原有变量9.17%的信息。该主成分高于全国平均水平的有15个省份，其余15个省份低于全国平均水平。得分最高的内蒙古为2.94分，得分最低的黑龙江为-2.55分。将各省份第三主成分得分按从高到低的顺序排列为：内蒙古、青海、新疆、宁夏、广东、甘肃、江苏、安徽、云南、山西、河南、江西、吉林、河北、重庆、天津、湖北、北京、山东、四川、贵州、福建、湖南、浙江、上海、辽宁、海南、陕西、广西、黑龙江。其中，排名靠前的内蒙古、青海、新疆、宁夏、甘肃等省份，经济发展水平低，高技术产业的规模总量不大，但人均资产价值高，说明这些省市对高技术产业是相当重视的，值得辽宁、海南、陕西、广西、黑龙江等省份学习；广东、江苏、河南等省市，经济规模大，高技术产业规模总量表现好，对人均资产的投入也高；浙江、上海经济规模大，高技术产业规模总量表现好，但人均资产的价值比较低，这应引起重视。由于该主成分与效益指标呈负相关，故认为排名靠后的省份其效益表现较好。

第四主成分仅与劳动生产率存在正的高度的相关关系，故称第四主成分反映活劳动效益的主成分，它能够解释原有变量 7.88% 的信息。该主成分高于全国平均水平的有 14 个省份，其余 16 个省份低于全国平均水平，得分最高的天津为 2.90 分，得分最低的山西为 −1.85 分，将各省份第四主成分得分按从高到低的顺序排列为：天津、北京、重庆、宁夏、山东、上海、福建、安徽、河南、青海、广西、湖南、浙江、江苏、海南、湖北、吉林、四川、内蒙古、甘肃、黑龙江、河北、云南、陕西、江西、新疆、贵州、辽宁、广东、山西。劳动生产率越高，说明企业的管理水平越好。天津、北京、重庆、山东、上海、福建经济水平高，企业的管理水平好；但宁夏、安徽、青海等省市经济发展水平低，但经济效益却比较高，这是值得其他省市借鉴的；广东经济发展水平高，但反映高技术产业经济效益指标的表现却比较差，应加强企业管理，提高企业的效益；云南、江西、新疆、贵州、辽宁、山西等省经济发展水平低，企业的管理水平也比较低，经济效益指标数值小。

第五主成分与新产品出口销售率存在负的中度的相关关系，还与政府资金占比等存在低度的正的相关关系，故这一主成分的经济含义不太明确，且仅能解释原有变量 6.99% 的信息，在此不做过多的解释和说明。

计算出各个省份各主成分得分后，以各个主成分的方差贡献率为权重，计算综合得分（在计算综合得分时，以累积方差贡献率对权重进行修正），其综合得分如表 10-6 所示。综合得分高于全国平均水平的有 10 个省份，有 20 个省份低于全国平均水平，这说明高技术产业竞争力在各个省份之间相差悬殊，得分最高的广东为 6.16 分，得分最低的广西为 −1.41 分，且分布呈现高度偏斜状态。将各省份综合得分按从高到低的顺序排列为：广东、江苏、浙江、北京、山东、上海、天津、福建、河南、重庆、四川、安徽、湖北、湖南、陕西、宁夏、黑龙江、辽宁、河北、江西、海南、新疆、甘肃、贵州、内蒙古、云南、吉林、青海、山西、广西。从整体上说，经济发展水平越高、经济规模越大，反映高技术产业发展规模的主成分表现就越好，其综合竞争力就越强。但像陕西、宁夏、黑龙江等省份，经济发展水平不高，但由于这些地区反映高技术产业发展的多数相对指标表现较好，其竞争力表现也比较好。要提高高技术产业的竞争力，不仅要注重总量指标的数值大小，也应关注相对指标的数值表现好坏。

同样，主成分得分只能给出高技术产业竞争力的大体排序。

小结：通过主成分分析可以看出，在我国高技术产业发展中，广东、江苏、山东、浙江 4 个省份，除投资额外，其他各项总量指标数值均占全国的 60% 左右，具有绝对的竞争优势；河南、上海、福建、重庆、北京、天津、四川这 7 个省份，其各项总量指标数值均占全国的 20% 左右，也具有一定的竞争优势。从整体上说，经济发展水平越高，经济规模越大，反映高技术产业发展规模的主成分表现就越好，其综合竞争力就越强；像陕西、宁夏、黑龙江等省份，经济发展规模不大，但由于这些地区反映高技术产业发展的多数相对指标表现较好，说明政府及企业对高技术产业的发展的重视程度高，其竞争力表现也比较好。

(三) 各地区与竞争力各主成分的对应分析

由于主成分得分有负数，同样需要对其进行处理，在此仍然采用极差标准化的方法。根据极差标准化的数据进行对应分析，结果如图10-2所示。

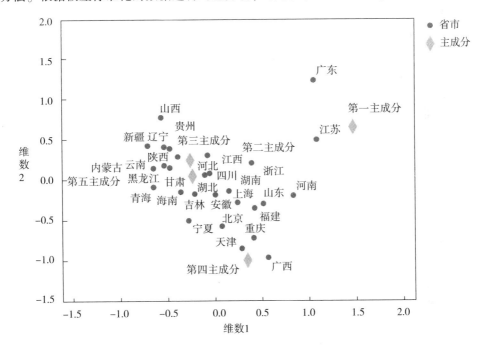

图 10-2　各地区与竞争力各主成分对应分析

从图10-2可以看出，可以将第一主成分划分为一类；第四主成分为一类；第二、第三、第五主成分归为一类。江苏、广东、河南、浙江主要受第一主成分的影响，即高技术产业的总量指标对它们的影响大；广西、重庆、天津、宁夏、北京、山东、福建、上海、河南主要受第四主成分的影响，即劳动生产率对它们的影响大；陕西、贵州、新疆、辽宁、陕西、江西、云南、甘肃、内蒙古、黑龙江、青海、海南、吉林、安徽、湖北、湖南、四川、河北等主要受第二、第三、第五主成分的影响，即投入相对指标、产出相对指标、人均资产指标对它们的影响大。

三、用聚类分析对各地区高技术产业竞争力进行分析

主成分分析给出了各地区高技术产业竞争力的大致位置，对应分析给出了各个主成分对各省份在高技术产业竞争力中所起的突出作用。但哪些省份高技术产业竞

争力相似？属于何种类别？这需要聚类分析解决。通过各种聚类方法的比较，最终选定在计算样品间距离时采用欧式距离的平方，样品和小类、小类和小类之间的距离采用离差平方和法。用 SPSS 软件对各省份进行聚类，聚类指标仍然是主成分分析中所选用的 17 项指标（对指标进行标准差标准化处理），结果如图 10-3 所示。

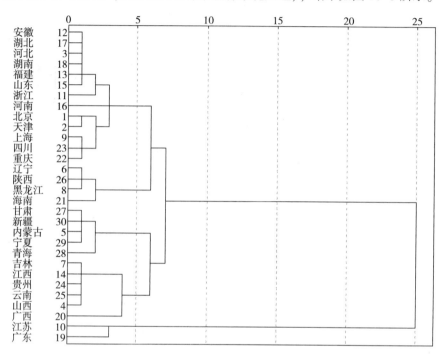

图 10-3　各地区竞争力聚类

根据图 10-3 显示结果，结合杰米尔曼准则，在此将 30 个省份分为五大类，结合主成分分析结果，将其类别按从高到低排序为：

第一类：广东、江苏；

第二类：重庆、四川、上海、天津、北京、河南、浙江、山东、福建、湖南、河北、湖北、安徽；

第三类：海南、黑龙江、陕西、辽宁；

第四类：青海、宁夏、内蒙古、新疆、甘肃；

第五类：广西、山西、云南、贵州、江西、吉林。

由于聚类分析集中了每一个指标的全部信息，而主成分分析只提取了原有指标 86%的信息，故聚类分析与主成分分析的结果稍有出入。

四、各地区高技术产业竞争力各层次主成分分析与评价

前面我们从动态的角度分析了各地区高技术产业竞争力各层次的表现，其静态表现如何，这也是我们所关心的问题。采用主成分分析法可以对高技术产业竞争力投入、产出、效益进行评价与分析。各地区高技术产业竞争力各层次评估结果如表 10-7 所示。

表 10-7　各地区高技术产业竞争力各层次评价结果

地区	投入综合得分	产出综合得分
北京	0.50	0.58
天津	0.01	0.67
河北	-0.12	-0.94
山西	-0.78	-1.31
内蒙古	-0.82	-1.34
辽宁	-0.17	-0.75
吉林	-0.90	-1.21
黑龙江	0.52	-0.71
上海	0.15	0.85
江苏	1.75	4.16
浙江	1.27	0.99
安徽	-0.05	-0.19
福建	0.32	0.66
江西	-0.61	-0.74
山东	0.76	0.53
河南	-0.27	1.44
湖北	0.19	-0.53
湖南	-0.04	-0.17
广东	3.35	7.29
广西	-0.96	-0.95
海南	-0.04	-1.45
重庆	-0.53	0.67
四川	-0.03	-0.22

地区	投入综合得分	产出综合得分
贵州	-0.44	-1.21
云南	-0.65	-1.46
陕西	0.49	-0.79
甘肃	-0.56	-0.76
青海	-1.19	-1.38
宁夏	-0.51	-0.68
新疆	-0.62	-1.02

　　根据投入指标进行主成分分析，提取四个主成分可以解释原有变量86.86%的信息，用方差贡献率做权重，将四个主成分综合，结果如表10-7所示，从表10-7可以看出，高技术产业投入高于平均水平的有11个省份，低于平均水平的有19个省份。得分最高的广东省为3.35分，得分最低的青海为-1.19分，高技术产业投入在各个省市的分布高度偏斜。将各省份投入能力得分按从高到低的顺序排列为：广东、江苏、浙江、山东、黑龙江、北京、陕西、福建、湖北、上海、天津、四川、海南、湖南、安徽、河北、辽宁、河南、贵州、宁夏、重庆、甘肃、江西、新疆、云南、山西、内蒙古、吉林、广西、青海。广东、江苏、浙江、山东四省总量指标投入大，R&D人员全时当量占比60.05%，R&D经费内部支出占比59.82%，投资额占比34.65%，且相对指标的数值也比较大；黑龙江、陕西、湖北总量指标的数值并不大，但各项相对指标或平均指标的数值表现好；而排名靠后的江西、新疆、云南、山西、内蒙古、吉林、广西、青海等省市，总量指标数值小，R&D人员全时当量占比3.0%，R&D经费内部支出占比2.65%，投资额占比13.43%，相对指标或平均指标数值也比较小。高技术产业的投入与我国经济发展水平的高低密切相关。其他经济总量较低的省份应该向黑龙江、陕西等省份学习和借鉴。

　　根据产出指标进行主成分分析，提取两个主成分可以解释原有变量83.03%的信息，用方差贡献率做权重，将两个主成分综合，结果如表10-7所示，从表10-7可知，高技术产业产出能力高于平均水平的有10个省份，低于平均水平的有20个省份。得分最高的广东省为7.29分，得分最低的云南为-1.46分，高技术产业产出在各个省市的分布高度偏斜。将各省份产出能力得分按从高到低的顺序排列为：广东、江苏、河南、浙江、上海、天津、重庆、福建、北京、山东、湖南、安徽、四川、湖北、宁夏、黑龙江、江西、辽宁、甘肃、陕西、河北、广西、新疆、吉林、贵州、山西、内蒙古、青海、海南、云南。其中，广东、江苏、浙江高技术产业投入排名靠前，产出排名也靠前；河南、重庆高技术产业投入排名靠后，但产出排名比较靠前，主要是其产出中的相对指标数值大；黑龙江、陕西总量指标不大，产出相对指标数值也不太突出，没有其投入指标表现得好；广西、新疆、吉林、贵州、山西、内蒙古、青海、海南、云南总量指标数值小，相对指标的数值也比较小，但总体上来看，投入与产出基本一致。

　　由于反映效益的指标只有两个，我们不进行主成分分析。各省份按劳动生产率从高到低排序为：天津、重庆、北京、山东、广西、上海、青海、吉林、宁夏、江苏、四川、安徽、湖北、湖南、福建、海南、内蒙古、江西、广东、云南、河南、陕西、贵州、河北、辽宁、浙江、黑龙江、山西、甘肃、新疆。其中，广西、青海、吉林、宁夏等省份高技术产业投入与产出表现都比较差，但其劳动生产率数值却比较大，说明这些地区在管理上有值得其他地区借鉴的地方。

　　将各省份资金利润率按从高到低的顺序排列为：广西、山东、吉林、湖南、江苏、江西、海南、黑龙江、福建、浙江、河北、重庆、天津、四川、河南、安徽、广东、贵州、陕西、湖北、辽宁、云南、甘肃、上海、北京、宁夏、青海、新疆、山西、内蒙古。其中，广西、吉林、江西、黑龙江等资金利润率数值也比较高，说明这些地方的资金得到了充分合理的利用。

　　小结：广东、江苏、浙江、山东四省份，竞争力投入水平高，主要得益于总量指标投入大；黑龙江、陕西、湖北投入总量指标的数值并不大，但各项相对指标或平均指标的数值表现好。广东、江苏、浙江3个省份，高技术产业投入排名靠前，产出排名也靠前，河南、重庆高技术产业投入排名靠后，但产出排名比较靠前，主要是因为其产出中的相对指标数值大。黑龙江、陕西其竞争力产出指标数值没有其投入指标表现得好。但总体看，投入与产出是密切相关的。天津、重庆、山东、广西、吉林等省份反映竞争力的效益指标表现比较好。

第十一章 高技术产业各地区分行业
竞争力的测算与分析

在第二篇高技术产业技术创新能力分析中，分析了各个行业技术创新能力，这是有意义的，但在高技术产业竞争力研究中分行业进行研究的意义并不大。故在此我们不进行研究。

在指标选取上，将上述主营业务收入占规模以上工业企业主营业务收入的比重去掉，因为分行业计算意义不大，故在此部分分析中共有16个指标。

一、各地区医药制造业竞争力的测算与分析

（一）各地区医药制造业竞争力综合指数的测算与分析

1. 各地区医药制造业竞争力综合指数的测算

搜集反映医药制造业竞争力的16个基期年（2013年）指标数值，计算其最小值、最大值及均值（西藏除外）。同样搜集反映医药制造业竞争力2016年16个指标，按照前述综合指数的编制方法，编制其综合指数，结果如表11-1所示。

表11-1 各地区医药制造业竞争力综合指数　　单位：%

地区	投入指数	产出指数	效益指数	加权综合指数	等权综合指数
北京	116.53	83.69	134.47	106.98	111.56
天津	141.99	143.25	134.21	140.93	139.81
河北	183.63	141.23	124.33	154.81	149.73
山西	80.48	83.14	37.24	72.89	66.95
内蒙古	82.84	31.06	91.02	63.77	68.31
辽宁	71.90	70.37	130.75	83.06	91.01
吉林	105.77	98.14	162.43	114.05	122.11
黑龙江	62.49	22.61	99.68	53.98	61.60
上海	141.10	131.51	144.09	137.86	138.90
江苏	285.08	427.55	246.82	334.42	319.82
浙江	200.70	353.82	104.02	242.61	219.51
安徽	128.84	129.17	132.25	129.65	130.09

续表

地区	投入指数	产出指数	效益指数	加权综合指数	等权综合指数
福建	108.22	72.78	118.67	96.13	99.89
江西	91.41	103.66	147.97	107.62	114.34
山东	304.31	464.95	217.42	351.19	328.89
河南	127.13	127.27	139.17	129.60	131.19
湖北	141.21	198.06	112.62	158.23	150.63
湖南	113.51	136.85	192.84	138.71	147.73
广东	171.42	206.52	128.57	176.89	168.83
广西	58.48	60.68	134.64	74.59	84.60
海南	111.37	17.90	113.62	74.43	80.96
重庆	111.50	119.51	122.85	116.97	117.95
四川	95.18	106.55	127.35	106.16	109.69
贵州	73.86	36.21	126.23	69.27	78.76
云南	97.54	32.95	95.59	71.31	75.36
陕西	81.71	41.86	162.42	81.91	95.33
甘肃	142.60	18.81	64.68	77.50	75.36
青海	110.77	29.27	56.13	67.24	65.39
宁夏	123.60	216.46	48.99	145.82	129.68
新疆	87.87	10.52	17.49	42.85	38.63

2. 各地区医药制造业竞争力综合指数分析

各地区医药制造业投入好于 2013 年平均水平的有 19 个省份，低于 2013 年平均水平的 11 个省份，且各个省份投入综合指数相差较为悬殊，指数最高的山东省为 304.31%，最低的广西省仅为 58.48%。对各省份投入指数从高到低排序为：山东、江苏、浙江、河北、广东、甘肃、天津、湖北、上海、安徽、河南、宁夏、北京、湖南、重庆、海南、青海、福建、吉林、云南、四川、江西、新疆、内蒙古、陕西、山西、贵州、辽宁、黑龙江、广西。其中，山东、江苏、浙江医药制造业投入总量指标数值大，2016 年 R&D 人员全时当量占 30 个省份的 39.47%，R&D 经费内部支出占 41.84%，投资额占 24.46%，其投入相对指标或平均指标的数值多处于上游地位，投入表现远远高于 2013 年的平均水平；河北、广东、天津、湖北、上海、安徽、河南、北京、湖南九省 2016 年 R&D 人员全时当量占 30 个省份的 38.78%，R&D 经费内部支出占 38.08%，投资额占 36.25%。除河南省相对指标或平均指标表现一般，北京、上海、安徽个别投入相对指标或平均指标表现不佳外，其他表现都比较好，其投入指数也高于 2013 年平均水平；但甘肃、宁夏、青海等投入总量低，但相对指标或平均指标数值表现突出，故高技术产业投入综合指数好于 2013 年平均水平。而低于 2013 年平均水平的 11 个省份，2016 年 R&D 人员全时当量占 30 个省份的 13.42%，R&D 经费内部支出占 30 个省份的 12.21%，投资额占 30 个省份的 23.31%。投入总量低，相对指标或平均指标的数值表现大多不突出，故其投入竞争力不如 2013 年平均水平。

各地区医药制造业产出好于 2013 年平均水平的有 15 个省份，低于 2013 年平均水平的有 15 个省份。且各个省份产出指数相差较为悬殊。指数最高的山东为 464.95%，最低的新疆仅为 10.52%。对各省份产出指数从高到低排序为：山东、江苏、浙江、宁夏、广东、湖北、天津、河北、湖南、上海、安徽、河南、重庆、四川、江西、吉林、北京、山西、福建、辽宁、广西、陕西、贵州、云南、内蒙古、青海、黑龙江、甘肃、海南、新疆。其中，山东、江苏、浙江投入总量大，其产出总量指标也大，2016 年其主营业务收入占 30 个省份的 34.28%，专利申请数占 35.65%，新产品销售收入占 42.66%，出口交货值占 53.38%，除江苏新产品出口销售率表现欠佳外，相对指标的数值均比较大，故其产出表现也是远远高于 2013 年的平均水平；排名靠前的宁夏投入总量小，产出总量也小，但各项产出相对指标数值大，故高技术产业产出竞争力好于 2013 年平均水平，但其竞争力是弱的；广东、湖北、天津、河北、湖南、上海、安徽、河南八省，2016 年其主营业务收入占 30 个省份的 32.44%，专利申请数占 34.83%，新产品销售收入占 35.59%，出口交货值占 29.73%，河南新产品销售收入占主营业务收入的比重比较小，其他几省数值处于中游或中上游。湖南、广东、上海新产品出口销售率比较小，其他几省数值处于中上游。故这几省产出表现也好于 2013 年平均水平；四川、江西投入综合表现低于 2013 年平均水平，但产出综合表现好于 2013 年平均水平；而北京、福建投入综合表现好于 2013 年平均水平，但产出综合表现却低于 2013 年平均水平；排名靠后的广西、陕西、贵州、云南、内蒙古、青海、黑龙江、甘肃、海南、新疆十个省份，投入总量小，产出总量也小，2016 年其主营业务收入占 30 个省份的 9.40%，专利申请数占 30 个省份的 8.24%，新产品销售收入占 30 个省市自治 5.05%，出口交货值占 30 个省市自治 3.35%，产出相对指标数值小，故其产出综合表现不如 2013 年平均水平。

各地区医药制造业效益好于 2013 年平均水平的有 22 个省份，低于 2013 年平均水平的有 8 个省份，且各个省份效益指数相差较为悬殊，指数最高的江苏为 246.82%，最低的新疆仅为 17.49%。对各省份效益指数从高到低排序为：江苏、山东、湖南、吉林、陕西、江西、上海、河南、广西、北京、天津、安徽、辽宁、广东、四川、贵州、河北、重庆、福建、海南、湖北、浙江、黑龙江、云南、内蒙古、甘肃、青海、宁夏、山西、新疆。其中，江苏、山东投入高，产出好，其效益表现也好；广东、浙江、河北、湖北投入高，产出好，但其效益表现不是太好，这点应该引起重视，应提高其经营管理水平，从而提高其效益；黑龙江、云南、内蒙古、甘肃、青海、宁夏、山西、新疆投入低，产出小，经济效益差。

各地区医药制造业竞争力综合表现（加权综合指数）好于 2013 年平均水平的有 17 个省份，低于 2013 年平均水平的有 13 个省份，且各个省份竞争力综合表现相差较为悬殊，指数最高的山东为 351.19%，最低的新疆仅为 42.85%。对各省份综合表现指数从高到低排序为：山东、江苏、浙江、广东、湖北、河北、宁夏、天津、湖南、上海、安徽、河南、重庆、吉林、江西、北京、四川、福建、辽宁、陕西、甘肃、广西、海南、山西、云南、贵州、青海、内蒙古、黑龙江、新疆。综合表现是上述投入、产出、效益三个方面综合的结果。从排序的结果看，山东、江苏、浙江、广东、湖北、河北总量指标数值大，其排名靠前。但宁夏等总量指标数值小，排名也靠前，这是由各项相对指标或平均指标表现突出所致。但总体来说，总量指标数值越大，其竞争力也越高，总量指标数值越小，竞争力就越低。

各地区医药制造业竞争力综合表现（等权综合指数）好于 2013 年平均水平的有 17 个省份，低于 2013 年平均水平的有 13 个省份，且各个省份综合指数相差较为悬殊，指数最高的山东为 328.89%，最低的新疆仅为 38.63%。对各省份综合指数从高到低排序为：山东、江苏、浙江、广东、湖北、河北、湖南、天津、上海、河南、安徽、宁夏、吉林、重庆、江西、北京、四川、福建、陕西、辽宁、广西、海南、贵州、云南、甘肃、内蒙古、山西、青海、黑龙江、新疆。其排序结果与加权排序结果有少许的差别。

小结：我国医药制造业竞争力投入主要集中在山东、江苏、浙江 3 个省份，除投资额外，其他投入总量占全国的 40% 左右，其投入相对指标数值多处于上游水平；其次是河北、广东、天津、湖北、上海、安徽、河南、北京、湖南 9 个省份，其投入总量占全国的 36% 以上，且多个相对指标数值表现也比较好。甘肃、宁夏、青海等投入总量低，但相对指标数值表现突出，故投入综合指数好于 2013 年平均水平。竞争力产出主要集中在山东、江苏、浙江 3 个省份，其产出总量占全国的 34% 以上，个别指标占比甚至达到了 53%，多数相对指标数值表现也比较好；其次是广东、湖北、天津、河北、湖南、上海、安徽、河南 8 个省份，其产出总量占全国的 30% 左右，除个别省份外，多个相对指标的数值表现处于中上游水平。四川、江西竞争力产出表现好于投入表现；北京、福建投入表现好于产出表现。江苏、山东投入高，产出好，其效益表现也好；广东、浙江、河北、湖北投入高，产出好，但其效益表现不是太好，这应该引起重视。陕西、江西、广西投入小，产出小，但效益表现较好。综合来说，山东、江苏、浙江、广东、湖北、河北、天津、湖南、上海、安徽、河南、重庆、北京、四川 14 个省市竞争能力强，宁夏、吉林、江西总量指标数值小，但相对指标表现突出，故其综合指数也高于 2013 年平均水平。

3. 各地区与医药制造业各层次竞争力综合得分的对应分析

通过综合指数了解了各省份医药制造业综合竞争力的强弱，医药制造业各个层次竞争力对各个省份所起的作用，同样可以通过对应分析反映出来，根据表 11-1 的数据，对其进行对应分析，结果如图 11-1 所示。

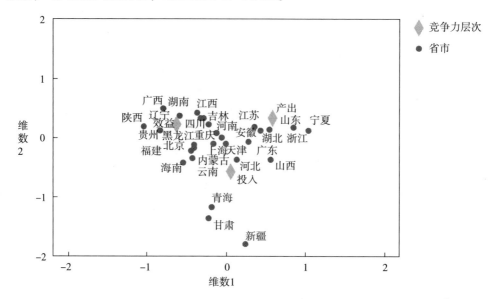

图 11-1　各省市与医药制造业竞争力层次对应分析

根据图 11-1 数据可以看出，医药制造业投入对安徽、河南、重庆、天津、上海、广东、山西、河北、北京、福建、内蒙古、海南、云南、青海、甘肃、新疆的作用突出；产出对江苏、山东、湖北、浙江、广东、宁夏、山西的作用突出；效益对广西、辽宁、湖南、江西、四川、吉林、黑龙江、贵州、陕西的作用突出；但从图 11-1 中也可以看出，青海、甘肃、新疆（尤其是新疆）是离群值。

（二）各地区医药制造业竞争力的主成分分析

1. 各地区医药制造业竞争力的主成分分析

用主成分分析法对各地区医药制造业竞争力进行分析，提取 4 个主成分分析可以解释原有变量 86.33% 的信息。①

第一主成分与 R&D 人员折合全时当量、R&D 经费内部支出、主营业务收入、专

① 由于高技术产业包含 6 大行业，用主成分分析各个地区竞争力的强弱，要列示出如表 10-3（KMO 和 Bartlett 的检验）、表 10-4（解释的总方差）、表 10-5（成分矩阵）和表 10-6（各地区竞争力各主成分得分及综合得分），就需要列出多达 24 张表格，需占用大量的篇幅，而表 10-3、表 10-4、表 10-5 的用处前面已进行了介绍，故分析各地区各个行业竞争力时不再列出各个表格，仅根据 SPSS 的输出结果进行判断分析。对表 10-6 中各主成分得分也不再列出，仅给出综合得分，但在分析问题时，仍按各主成分得分对各个省份进行排序，这可看出各个省份在竞争力中各主成分的表现。

利申请数、新产品销售收入、出口交货值、劳动生产率有正的高度的相关关系，与投资额、资产利润率有正的中度的相关关系，这九个指标中七个属于总量指标，两个相对指标是反映效益的相对指标，故第一主成分综合了全部总量指标及效益指标的信息，其方差贡献率为46.87%；第二主成分与R&D经费强度有正的高度的相关关系，与R&D人员强度、从业人员人均资产、新产品销售收入占主营业务收入的比重、新产品出口销售率有正的中度的相关关系，与资产利润率有负的中度的相关关系，这些指标为投入和产出及效益中的相对指标或平均指标，第二主成分综合了绝大多数相对指标或平均指标的信息，其方差贡献率21.03%；第三主成分与从业人员人均投资额有高度的正的相关关系，与新产品出口销售率有正的中度的相关关系，其方差贡献率为10.18%；第四主成分与政府资金占R&D经费内部支出比重、从业人员人均资产有正的中度的相关关系，其方差贡献率为8.46%；第二、三、四主成分包含了几乎所有的相对指标或平均指标。

2016年医药制造业第一主成分得分高于平均水平的有12个地区，低于平均水平的有18个地区，得分最高的江苏为8.19分，得分最低的新疆为-3.91分。将各省份第一主成分得分按从高到低的顺序排列为：山东、江苏、浙江、广东、湖北、湖南、河南、上海、河北、天津、四川、北京、安徽、吉林、重庆、江西、陕西、福建、辽宁、广西、海南、贵州、宁夏、黑龙江、云南、山西、内蒙古、甘肃、青海、新疆。其中，江苏、山东、浙江各总量指标占30个省份的比重如综合指数分析，总量指标数值越大，效益指标数值越高，故第一主成分得分遥遥领先其他省份；广东、湖北、湖南、河南、上海、河北、天津、四川、北京九省R&D人员折合全时当量占30个省份的38.39%、R&D经费内部支出占39.09%、投资额占36.40%、主营业务收入占37.00%、专利申请数占40.09%、新产品销售收入占36.87%、出口交货值占29.37%，其效益指标数值处于上游或中上游水平，故第一主成分得分也高于平均水平；安徽、重庆、江西总量指标数值处于中下游水平，但反映效益的指标数值比较高，故其得分尽管低于平均水平，但是处于中等位置。即排名靠前的省份多个总量指标数值大，效益指标数值也比较大；排名靠后的省份多个总量指标数值小，效益指标表现也不突出。

2016年医药制造业第二主成分得分高于平均水平的有15个地区，低于平均水平的有15个地区，得分最高的宁夏为4.97分，得分最低的河南为-2.97分。将各省份第二主成分得分按从高到低的顺序排列为：宁夏、浙江、天津、上海、广东、海南、北京、甘肃、山西、重庆、福建、河北、云南、湖北、新疆、辽宁、青海、安徽、江苏、山东、湖南、贵州、黑龙江、内蒙古、陕西、广西、四川、江西、吉林、河南。

2016年医药制造业第三主成分高于平均水平的有16个地区，低于平均水平的有14个地区，得分最高的宁夏为3.26分，得分最低的北京为-2.37分。将各省份第三主成分得分按从高到低的顺序排列为：宁夏、青海、河北、湖北、山西、内蒙古、山东、甘肃、安徽、江西、河南、重庆、吉林、浙江、新疆、江苏、广西、四川、湖南、福建、陕西、云南、贵州、广东、黑龙江、辽宁、天津、上海、海南、北京。

2016年医药制造业第四主成分得分高于平均水平的有11个地区，低于平均水平的有19个地区，得分最高的新疆为3.49分，得分最低的宁夏为-1.53分。将各省份第四主成分得分按从高到低的顺序排列为：新疆、青海、山东、广东、海南、甘肃、云南、江苏、吉林、安徽、上海、内蒙古、贵州、浙江、天津、河北、四川、北京、辽宁、黑龙江、江西、湖北、河南、山西、福建、重庆、广西、陕西、湖南、宁夏。

2016年医药制造业主成分综合得分高于平均水平的有11个地区，低于平均水平的有19个地区，得分最高的山东为4.51分，得分最低的新疆为-1.75分。具体得分如表11-2所示。将各省份医药制造业主成分综合得分从高到低排列为：山东、江苏、浙江、广东、天津、上海、湖北、河北、宁夏、湖南、北京、安徽、重庆、河南、四川、福建、吉林、海南、江西、甘肃、山西、辽宁、云南、陕西、贵州、内蒙古、广西、黑龙江、青海、新疆。其中，山东、江苏、浙江、广东等省份医药制造业总量指标数值大，主成分综合得分排名靠前；宁夏总量指标数值小，但各项相对指标数值突出，使其排名靠前。总的来说，经济发展水平越高，经济总量越大，医药制造业竞争力就越强；经济发展水平越低，经济总量越小，医药制造业竞争力就越弱。

小结：通过主成分分析可知，我国医药制造业竞争力优势主要集中在江苏、山东、浙江3个省份，其各项总量指标数值占全国的34%以上，其次是广东、湖北、湖南、河南、上海、河北、天津、四川、北京9个省份，其总量指标数值占全国的30%左右，有的指标甚至达到了40%，且多个相对指标的数值表现比较好。宁夏总量指标数值小，但各项相对指标数值突出。

表11-2　各地区各个行业竞争力主成分综合得分

地区	医药制造业	航空、航天器及设备制造业	电子及通信设备制造业	计算机及办公设备制造业	医疗仪器设备及仪器仪表制造业	信息化学品制造业
北京	0.01	-0.01	1.09	1.71	0.81	-1.02
天津	0.84	1.31	0.22	0.00	0.13	0.13
河北	0.58	-0.89	-0.60	-1.18	-0.65	0.60
山西	-0.85	剔除	-1.21	-0.98	-0.71	-1.72
内蒙古	-1.39	剔除	剔除	剔除	-1.05	-0.53
辽宁	-0.88	0.15	-0.66	-1.19	-0.50	-1.64
吉林	-0.70	剔除	-0.88	剔除	-1.09	剔除
黑龙江	-1.40	1.12	-0.54	剔除	-0.51	剔除
上海	0.74	-0.22	0.24	-0.17	0.22	-0.66
江苏	4.30	0.86	1.88	1.88	6.14	5.28

地区	医药 制造业	航空、航天器 及设备制造业	电子及通信 设备制造业	计算机及办公 设备制造业	医疗仪器设备及 仪器仪表制造业	信息化学品 制造业
浙江	2.87	−1.01	1.02	−0.13	2.10	0.61
安徽	−0.07	−1.07	0.23	0.01	−0.41	−0.67
福建	−0.51	剔除	0.49	0.74	−0.59	−0.60
江西	−0.76	0.25	−0.87	−1.21	−0.93	−0.39
山东	4.51	−0.76	0.05	2.52	0.80	1.08
河南	−0.27	−0.47	0.41	−1.15	−0.41	0.16
湖北	0.74	−0.63	0.04	−0.66	−0.51	0.54
湖南	0.24	−0.72	−0.32	−0.55	−0.10	−0.92
广东	1.43	0.92	5.30	1.72	1.88	−0.12
广西	−1.40	剔除	−1.98	−0.59	−1.06	剔除
海南	−0.73	剔除	剔除	剔除	剔除	剔除
重庆	−0.09	−1.06	−0.39	0.20	−0.49	0.21
四川	−0.49	0.40	−0.10	−0.27	−0.82	−0.50
贵州	−1.24	−0.35	−1.16	剔除	−1.07	剔除
云南	−0.91	剔除	−1.56	−0.69	−0.92	剔除
陕西	−1.02	2.19	−0.32	剔除	−0.29	0.24
甘肃	−0.81	剔除	−0.36	剔除	0.38	剔除
青海	−1.53	剔除	剔除	剔除	剔除	−0.49
宁夏	0.54	剔除	剔除	剔除	−0.37	0.22
新疆	−1.75	剔除	剔除	剔除	剔除	0.19

2. 各地区与医药制造业各主成分的对应分析

仍然按照极差标准化的方法对主成分得分进行处理，根据处理的结果进行对应分析，结果如图11-2所示。

由图11-2可以看出，第一主成分对湖南、重庆、福建、宁夏、浙江、山西、陕西、湖北、江苏、河北、山东的作用突出，即这些省份主要受总量指标及效益指标的影响；第二主成分对天津、上海、北京、浙江、宁夏、福建、重庆、辽宁、广东、海南的作用突出，即这些省份主要受多数相对指标或平均指标的数值的影响；第三主成分对广西、河北、江苏、湖北、山东、安徽、四川、内蒙古、河南、江西、吉林、贵州、黑龙江、甘肃的作用突出，即主要受人均投资额及新产品出口销售率的影响；第四主成分对青海、新疆、云南、甘肃、贵州、黑龙江、海南的影响，即主要受政府资金占R&D经费内部支出比重及人均资产的影响。当然处于图1-2中的省市会同时受这几个主成分的影响。

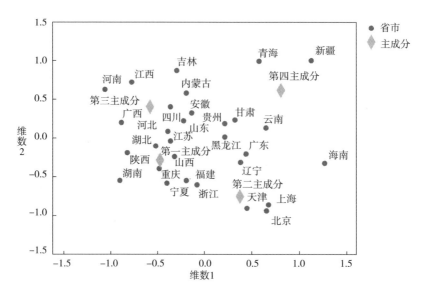

图 11-2　各地区与医药制造业竞争力主成分对应分析

（三）各地区医药制造业竞争力的聚类分析

经过多种聚类方法的比较，最远距离聚类结果清晰，且和实际情况相符，故采用最远距离法聚类，单位和单位之间的距离用的是欧式距离的平方，其聚类结果如图 11-3 所示。

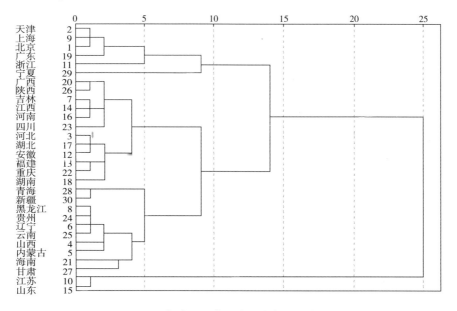

图 11-3　各地区医药制造业竞争力聚类分析

根据图11-3显示的数据，可以将30个省份分为五类：

第一类：江苏、山东；

第二类：浙江、广东、北京、上海、天津；

第三类：宁夏；

第四类：湖南、重庆、福建、安徽、湖北、河北、四川、河南、江西、吉林、陕西、广西；

第五类：甘肃、海南、内蒙古、山西、云南、辽宁、贵州、黑龙江、新疆、青海。

这和主成分分析的结果有少许差别。

二、各地区航空、航天器及设备制造业竞争力的测算与分析

（一）各地区航空、航天器及设备制造业竞争力综合指数的测算与分析

1. 各地区航空、航天器及设备制造业竞争力综合指数的测算

搜集各地区航空、航天器及设备制造业竞争力资料时发现，内蒙古、吉林、广西、海南、西藏、甘肃、青海、宁夏、新疆这九个省份多项指标数值为零，故将其剔除，云南有七项指标为零，山西、福建有四项指标为零，故在分析问题时也将其剔除，在此部分仅对剩余的19个省份进行分析。

而2013年只能对17个省份进行分析，又由于江西省 R&D 人员强度存在极端数值（871），人均投资额、人均资产总计等也均出现极端值，故将其剔除。故在此部分根据16个省份各指标数值计算其最小值、最大值及均值。

按照前述综合指数的编制方法，编制航空、航天器及设备制造业竞争力综合指数，结果如表11-3所示。

表 11-3 各地区航空、航天器及设备制造业竞争力综合指数　　　　单位：%

	投入指数	产出指数	效益指数	加权综合指数	等权综合指数
北京	74.70	112.30	73.95	89.59	86.98
天津	65.81	292.33	157.30	174.72	171.81
河北	69.80	34.99	40.51	50.02	48.43
辽宁	73.96	253.05	40.42	138.89	122.48
黑龙江	433.07	573.85	21.63	407.09	342.85
上海	94.16	96.53	56.95	87.66	82.54
江苏	65.10	353.25	151.98	197.74	190.11

续表

	投入指数	产出指数	效益指数	加权综合指数	等权综合指数
浙江	36.10	114.71	8.95	62.11	53.25
安徽	43.65	18.99	55.76	36.21	39.46
江西	237.94	403.29	79.75	272.44	240.33
山东	44.58	140.92	78.58	89.92	88.03
河南	59.09	74.59	101.47	73.76	78.38
湖北	51.21	49.91	82.70	56.99	61.27
湖南	91.68	42.14	61.20	65.77	65.01
广东	49.23	428.67	188.35	228.83	222.08
重庆	153.35	10.78	278.55	121.36	147.56
四川	108.86	184.94	70.70	131.66	121.50
贵州	61.93	112.07	30.33	75.67	68.11
陕西	208.87	312.49	47.87	218.12	189.74

2. 各地区航空、航天器及设备制造业竞争力综合指数分析

各地区航空、航天器及设备制造业投入好于 2013 年平均水平的有 5 个省份,低于平均水平的有 14 个省份,且各个省份技术创新投入指数相差较为悬殊,指数最高的黑龙江为 443.07%,最低的浙江省仅为 36.10%。对各省份投入综合指数从高到低排序为:黑龙江、江西、陕西、重庆、四川、上海、湖南、北京、辽宁、河北、天津、江苏、贵州、河南、湖北、广东、山东、安徽、浙江。其中,陕西省投入总量大,2016 年 R&D 人员全时当量占 19 个省份的 32.52%,R&D 经费内部支出占 24.10%,投资额占 19.55%,其投入总量之大可见一斑,除从业人员人均投资额较小外,其他投入相对指标或平均指标数值表现都比较好,其投入表现远远高于 2013 年平均水平;黑龙江 R&D 人员全时当量占 19 个省份的 6.64%,R&D 经费内部支出占 9.78%,投资额占 1.01%,这些指标远不如陕西,但 R&D 人员强度、R&D 经费强度异常大,远远高于陕西省,其他相对指标或平均指标的数值表现也比较好,故其综合表现好于陕西省;江西总量指标数值处于倒数水平,但从业人员人均资产及人均投资额远远高于其他省市,其他相对指标的数值表现也比较好;重庆总量指标非常小,但从业人员人均投资额远远高于其他省市,其他相对指标或平均指标的数值也比较大;四川 R&D 人员全时当量占 19 个省份的 4.83%,R&D 经费内部支出占 7.68%,投资额占 13.82%,其相对指标或平均指标的表现都比较好,故综合指数也比较高;北京、天津、上海、河南、贵州这五个省市的投入总量也大,2016 年 R&D 人员全时当量占 19 个省份的 31.97%,R&D 经费内部支出占 32.79%,投资额占

20.76%，部分投入相对指标或平均指标的数值表现也比较好，但也有个别指标数值表现较差；浙江、山东、安徽其投入总量小，2016 年 R&D 人员全时当量占 19 个省份的 1.93%，R&D 经费内部支出占 1.10%，其投入相对指标或平均指标数值表现也不突出，故综合指数整体较差。

各地区航空、航天器及设备制造业产出好于 2013 年平均水平的有 12 个省份，低于平均水平的有 7 个省份，且各个省份产出指数相差较为悬殊，指数最高的黑龙江为 573.85%，最低的重庆为 10.78%。对各省份产出综合指数从高到低排序为：黑龙江、广东、江西、江苏、陕西、天津、辽宁、四川、山东、浙江、北京、贵州、上海、河南、湖北、湖南、河北、安徽、重庆。其中，产出好于 2013 年平均水平的广东省，投入总量处于中下水平，但其 2016 年专利申请数却占 19 个省份的 23.81%，主营业务收入占 5.32%，新产品销售收入占 4.06%，新产品出口交货值占 23.90%，相对指标数值也比较大，故其产出综合指数排名靠前；黑龙江投入总量处于中上水平，专利申请数占 19 个省份的 7.4%，其产出综合指数排名第一主要是由于新产品销售收入占主营业务收入的比重出现了异常值，新产品出口销售率也是最大值所致；江西投入总量小，产出总量也小，但新产品销售收入占主营业务收入的比重出现异常值，致使产出综合指数高。江苏、陕西、天津、辽宁、四川、北京、贵州这七个省份投入总量指标数值大，其产出总量指标数值也大，2016 年主营业务收入占 19 个省市的 79.60%，专利申请数占 46.40%，新产品销售收入占 81.88%，出口交货值占 64.11%，投入总量、产出总量、新产品销售收入占主营业务收入的比重都较大，故产出好于 2013 年平均水平；安徽、重庆投入总量处于倒数的水平；产出总量也处于倒数，而且其产出相对指标数值也小，故排名靠后。其他排名靠后的省份，投入总量没有突出表现，产出也不突出，且新产品出口销售率均不到 1%，产品在国际市场没有竞争力。

各地区航空、航天器及设备制造业效益好于 2013 年平均水平的有 5 个省份，低于平均水平的有 14 个省份，且各个省份效益指数相差较为悬殊，指数最高的重庆为 278.55%，最低的浙江仅为 8.95%。对各省份效益指数从高到低排序为：重庆、广东、天津、江苏、河南、湖北、江西、山东、北京、四川、湖南、上海、安徽、陕西、河北、辽宁、贵州、黑龙江、浙江。其中，重庆效益指数排第一是资产利润率出现了极值所致；广东、天津、江苏指数高是劳动生产率高，资产利润率也比较高的结果；河南这两项指标的数值也比较大；陕西投入及产出总量非常大，但其效益却不及 2013 年的平均水平，这应该引起政府和企业的重视，应该总结经验和不足，提高其经验管理水平，提高其效益；排名靠后的浙江、安徽等投入和产出总量低，反映效益的指标数值均处于最低水平。

各地区航空、航天器及设备制造业竞争力综合指数（加权综合指数）好于 2013 年平均水平的有 9 个省份，低于平均水平的有 10 个省份，且各个省份综合指数相差较为悬殊，指数最高的黑龙江为407.09%，最低的安徽仅为36.21%。对各省份竞争力综合指数从高到低排序为：黑龙江、江西、广东、陕西、江苏、天津、辽宁、四川、重庆、山东、北京、上海、贵州、河南、湖南、浙江、湖北、河北、安徽。综合指数是上述投入、产出、效益综合的结果。其中，黑龙江是总量指标比较大，R&D人员强度、R&D经费强度、新产品销售收入占主营业务收入的比重异常大，故排名最前；江西投入总量与产出总量倒数，但其加权综合指数排名靠前是其投入与产出相对指标或平均指标数值表现好所致；广东投入指标表现差，但产出指标及效益指标数值表现非凡；陕西是投入与产出总量指标表现突出，但部分相对指标或平均指标表现较差；江苏、天津、辽宁、四川总量指标数值处于中上水平，且一些相对指标或平均值表现异常或有较好的表现；重庆是总量指标数值倒数，但部分相对指标或平均指标数值好，人均投资额出现异常值所致；浙江、河北、安徽等省市各项总量指标数值小，相对指标的数值表现也不突出，故排名倒数。

从等权综合指数看，各地区航空、航天器及设备制造业竞争力综合指数好于2013年平均水平的有9个省份，低于平均水平的有10个省份，且各个省份技术创新综合指数相差较为悬殊，指数最高的黑龙江为342.85%，最低的安徽为39.46%。对各省份综合指数从高到低排序为：黑龙江、江西、广东、江苏、陕西、天津、重庆、辽宁、四川、山东、北京、上海、河南、贵州、湖南、湖北、浙江、河北、安徽。排序结果与加权排序结果有少许出入。

小结：我国航空、航天器及设备制造业竞争力投入主要集中在陕西、黑龙江、四川3个省份，其投入总量占全国的40%左右，投入相对指标数值表现也比较好；其次是北京、天津、上海、河南、贵州这5个省份，除投资额占比（20.76%）较小外，其他投入总量指标占全国的比重为32%左右，部分投入相对指标数值表现也比较好；江西、重庆投入总量数值小，但相对指标数值表现突出。竞争力产出主要集中于广东、江苏、陕西、天津、辽宁、四川、北京、贵州这8个省份，其产出总量占全国的70%以上，有的指标甚至达到85%以上，其多数相对指标数值也比较大；黑龙江主要是专利申请数占比较高，相对指标数值表现突出所致；江西投入总量与产出总量小，但产出相对指标表现好。从效益方面看，重庆、广东、天津、江苏、河南数值表现比较好；陕西投入及产出总量非常大，但其效益却不及2013年的平均水平，这应该引起政府和企业的重视。综合来说，黑龙江、广东、江苏、陕西、天津、辽宁、四川等省份竞争力好于2013年平均水平，是总量指标数值在起主要作用；江西、重庆竞争力好于2013年平均水平，是相对指标数值在起主要作用。

3. 各地区与航空、航天器及设备制造业竞争力各层次的对应分析

根据表11-3数据资料，进行对应分析，其输出结果如图11-4所示。

根据图11-4可以看出，投入对河北、湖南、上海、黑龙江、陕西、江西、贵州、四川、北京的作用突出；产出对浙江、辽宁、山东、江苏、天津、广东、陕西、

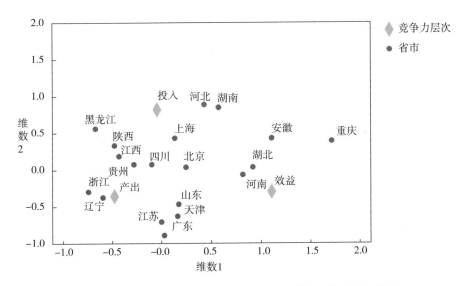

图 11-4　各地区与航空、航天器及设备制造业竞争力对应分析

江西、贵州、四川、北京的作用突出；效益对河南、湖北、安徽、重庆、北京的作用突出。

(二)　各地区航空、航天器及设备制造业竞争力的主成分分析

1. 各地区航空、航天器及设备制造业竞争力的主成分分析

用主成分分析法对上述 19 个省份航空、航天器及设备制造业竞争力进行分析，提取 5 个主成分，可以解释原有变量 86.02% 的信息。

第一主成分与主营业务收入、新产品销售收入有高度的正的相关关系，与 R&D 人员折合全时当量、R&D 经费内部支出、投资额、出口交货值有正的中度的相关关系，与专利申请数有低度正的相关关系（相关系数 0.49），这些指标都是总量指标，且包含了全部总量指标，故称该主成分为总量指标主成分，其方差贡献率为 29.31%；第二主成分与 R&D 人员强度、R&D 经费强度有正的高度的相关关系，与新产品出口销售率有正的中度的相关关系，这一主成分的方差贡献率为 20.04%；第三主成分与从业人员人均资产总计、新产品销售收入占主营业务收入的比重、劳动生产率有正的中度的相关关系，其方差贡献率为 16.75%；第四主成分与专利申请数、出口交货值、资产利润率有正的中度的相关关系，与政府资金占 R&D 经费内部支出的比重有负的中度的相关关系，方差贡献率为 11.51%；第五主成分与从业人员人均投资额有正的中度的相关关系，与投资额的相关系数为 0.44，方差贡献率为 8.41%。

2016 年航空、航天器及设备制造业竞争力第一主成分得分高于平均水平的有 8

个省份，低于平均水平的有 11 个省份，得分最高的陕西为 5.72 分，得分最低的重庆为-2.82 分。将各省份第一主成分得分按从高到低的顺序排列为：陕西、天津、四川、江苏、辽宁、广东、北京、上海、贵州、河南、湖南、湖北、河北、江西、安徽、山东、黑龙江、浙江、重庆。其中，高于平均水平的 8 个省份总量指标数值大，R&D 人员折合全时当量占 19 个省份的 68.94%，R&D 经费内部支出占 72.09%，投资额占 60.91%，主营业务收入占 86.46%，专利申请数占 66.33%，新产品销售收入占 85.25%，出口交货值占 93.20%，故其第一主成分得分高于平均水平；江西、安徽、山东、浙江、重庆投入与产出总量指标数值小，故排名靠后；黑龙江投入与产出的部分指标数值比较大，但其投资额、主营业务收入、出口交货值低，故导致其排名靠后。总之，总量指标数值大，第一主成分得分就高。

2016 年航空、航天器及设备制造业竞争力第二主成分得分高于平均水平的有 6 个省份，低于平均水平的多达 13 个省份，得分最高的黑龙江为 6.51 分，得分最低的重庆为-2.25 分，将各省份第二主成分得分按从高到低的顺序排列为：黑龙江、陕西、广东、辽宁、上海、贵州、湖南、北京、四川、江西、浙江、山东、河北、河南、江苏、湖北、安徽、天津、重庆。

2016 年航空、航天器及设备制造业竞争力第三主成分得分高于平均水平的有 6 个省份，低于平均水平的多达 13 个省份，得分最高的江西为 4.26 分，得分最低的广东为-2.07 分。将各省份第三主成分得分按从高到低的顺序排列为：天津、江西、黑龙江、江苏、广东、重庆、辽宁、山东、浙江、北京、四川、安徽、湖北、河北、贵州、河南、上海、湖南、陕西。

2016 年航空、航天器及设备制造业竞争力第四主成分得分高于平均水平的有 7 个省份，低于平均水平的多达 12 个省份，得分最高的广东为 4.20 分，得分最低的辽宁为-1.45 分。将各省份第四主成分按从高到低的顺序排列为：广东、江苏、重庆、山东、河南、黑龙江、湖北、陕西、浙江、北京、贵州、四川、安徽、河北、天津、江西、上海、湖南、辽宁。

2016 年航空、航天器及设备制造业竞争力第五主成分得分高于平均水平的有 5 个省份，低于平均水平的有 14 个省份，得分最高的江西为 2.80 分，最低的天津为 1.60 分。将这 19 个省份航空、航天器及设备制造业技术创新能力第五主成分得分按从高到低的顺序排列为：江西、陕西、重庆、四川、河南、湖北、北京、湖南、河北、上海、安徽、黑龙江、江苏、贵州、广东、辽宁、山东、浙江、天津。

2016 年航空、航天器及设备制造业竞争力主成分综合得分（见表 11-2）高于平均水平的有 8 个省份，低于平均水平的有 11 个省份，得分最高的陕西为 2.19 分，得分最低的安徽为-1.07 分。将各省份竞争力主成分综合得分按从高到低的顺序排列为：陕西、天津、黑龙江、广东、江苏、四川、江西、辽宁、北京、上海、贵州、河南、湖北、湖南、山东、河北、浙江、重庆、安徽。主成分综合表现是总量指标、相对指标或平均指标综合的结果。其中，陕西第一主成分、第二主成分、第五主成分得分远远高于其他省份，故总体表现非凡；天津第一、第三主成分表现突出，广东、江苏、四川、辽宁第一主成分数值表现好，其相对指标或平均指标数值表现也比较好，故其竞争力好于平均水平；黑龙江总量指标数值处于中等水平，但多数相对指标或平均指标的数值表现突出；江西总量指标数值排名倒数，但多个相对指标或平均指标的数值表现突出，故综合排名靠前；北京、上海的总量指标的表现也比较好，但相对指标或平均指标的表现相对较差，故竞争力小于平均水平。总量指标数值越大，代表总体竞争力越强。若总量指标数值小，相对指标或平均指标数值大，尽管总体排名靠前，但竞争力仍然较弱。

小结：2016 年我国航空、航天器及设备制造业竞争力优势主要集中于陕西、天津、四川、江苏、辽宁、广东、北京、上海 8 个省份，各项总量指标占全国的60%以上，有的指标甚至达到了 93%，黑龙江总量指标数值处于中等水平，但多个相对指标或平均指标的数值表现突出；江西总量指标数值排名倒数，但多个相对指标或平均指标的数值表现突出。总量指标数值越大，总体竞争力就越强，若总量指标数值小，即使因为相对指标数值大导致了总体排名靠前，但竞争力仍然较弱。

2. 各地区与航空、航天器及设备制造业竞争力各主成分的对应分析

对主成分得分仍然按照极差标准化的方法进行处理，根据处理的结果进行对应分析，结果如图 11-5 所示。

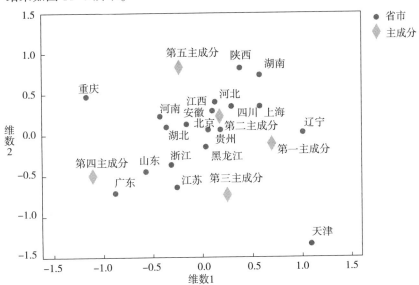

图 11-5 各地区与航空、航天器及设备制造业竞争力主成分对应

根据图 11-5 可以看出，第一主成分、第二主成分、第五主成分对辽宁、陕西、湖南、河北、四川、上海、江西、安徽、河南、湖北、北京、贵州、黑龙江的作用突出；第三、第四主成分对广东、山东、浙江、江苏的作用突出；重庆是一离群单位，但可以看出第四、第五主成分对其作用突出，天津也是一离群单位，但可以看出第一、第三主成分对其作用突出。

（三）各地区航空、航天器及设备制造业竞争力的聚类分析

在此部分分析中，单位与单位之间的距离采用欧式距离的平方，单位与小类、小类与小类之间的距离采用离差平方和法，其聚类结果如图 11-6 所示。

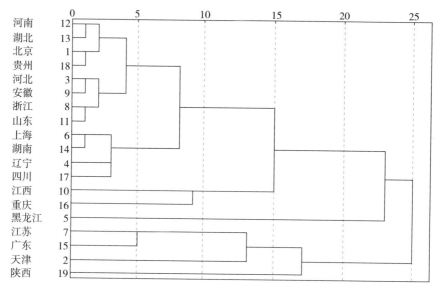

图 11-6　各地区航空、航天器及设备制造业竞争力聚类分析

根据图 11-6 数据显示，可以将 19 个省份分为六类：

第一类：陕西；

第二类：天津；

第三类：黑龙江；

第四类：广东、江苏；

第五类：重庆、江西；

第六类：四川、辽宁、湖南、上海、山东、浙江、安徽、河北、贵州、北京、湖北、河南。

这和使用最长距离法的结果差别不大，最长距离法把重庆、江西各自分成了一类。和主成分分析的排序结果有少许差别。

三、各地区电子及通信设备制造业竞争力的测算与分析

（一）各地区电子及通信设备制造业竞争力综合指数的测算与分析

1. 各地区电子及通信设备制造业竞争力综合指数的测算

搜集各地区电子及通信设备制造业技术创新能力资料时发现，西藏除投资额指标外，其他各项指标均为0，海南4项指标为0，宁夏5项指标为0，新疆有两项指标数值为0，且总量指标数据太小，内蒙古、青海均有一项指标数值为0，且总量指标数据也太小，不足以和其他省份抗衡，故将它们剔除。

2013年只能对25个（海南、西藏、青海、宁夏、新疆、内蒙古剔除）省份进行分析，根据25个省份各指标数据计算最小值、最大值及均值。

按照前述综合指数的编制方法，编制电子及通信设备制造业竞争力综合指数，结果如表11-4所示。

表 11-4　各地区电子及通信设备制造业竞争力综合指数　　单位：%

省市	投入指数	产出指数	效益指数	加权综合指数	等权综合指数
北京	195.82	101.07	183.41	155.44	160.10
天津	86.86	130.91	156.85	118.48	124.87
河北	84.30	47.81	63.04	65.45	65.05
山西	30.54	21.05	44.49	29.53	32.03
辽宁	75.61	42.88	79.73	63.34	66.07
吉林	89.92	42.81	104.04	73.90	78.92
黑龙江	164.84	37.37	40.26	88.94	80.82
上海	115.31	159.11	98.17	129.40	124.20
江苏	227.94	456.72	115.49	296.96	266.72
浙江	170.80	180.36	88.76	158.22	146.64
安徽	169.00	90.00	104.32	124.46	121.10
福建	150.95	155.47	107.70	144.11	138.04
江西	71.69	51.57	103.58	70.02	75.61
山东	107.31	145.47	177.26	136.57	143.35
河南	86.63	237.58	62.42	142.17	128.87
湖北	184.12	73.79	112.46	125.66	123.46

续表

省市	投入指数	产出指数	效益指数	加权综合指数	等权综合指数
湖南	89.51	89.24	128.09	97.12	102.28
广东	480.08	1096.25	90.52	648.63	555.62
广西	41.79	28.68	289.13	86.02	119.87
重庆	100.43	67.43	212.55	109.66	126.81
四川	119.36	92.31	132.77	111.22	114.81
贵州	43.22	12.26	93.70	40.93	49.73
云南	62.21	16.49	168.18	65.12	82.29
陕西	126.03	29.80	111.56	84.64	89.13
甘肃	95.94	63.69	58.26	75.50	72.63

2. 各地区电子及通信设备制造业竞争力综合指数分析

各地区电子及通信设备制造业竞争力投入好于 2013 年平均水平的有 13 个省份，低于平均水平的有 12 个省份，且各个省份投入指数相差较为悬殊，指数最高的广东为 480.08%，最低的山西仅为 30.54%。对各省份投入综合指数从高到低排序为：广东、江苏、北京、湖北、浙江、安徽、黑龙江、福建、陕西、四川、上海、山东、重庆、甘肃、吉林、湖南、天津、河南、河北、辽宁、江西、云南、贵州、广西、山西。其中，广东省 2016 年 R&D 人员全时当量占 25 个省份的 40.38%，R&D 经费内部支出占 45.74%，投资额占 10.85%，其投入总量之大可见一斑，R&D 人员强度及 R&D 经费强度也处于中上水平，虽然其他几个相对指标或平均指标的数值表现较差，但由于总量指标数值表现十分突出，其投入指数远远高于 2013 年平均水平；江苏、湖北、浙江、安徽、福建、四川、上海、山东八个省份，2016 年 R&D 人员全时当量占 25 个省份的 45.36%，R&D 经费内部支出占 41.29%，投资额占 51.06%，投入总量大，其部分相对指标或平均指标的数值也比较大，故投入指数好于 2013 年平均水平；北京投入总量指标的数值处于中等水平，但相对指标或平均指标（除从业人员人均资产小外）的数值大，故排名靠前；黑龙江投入总量小，但政府资金占 R&D 经费内部支出的比重远高于其他省市，其他相对指标或平均指标的数值表现也非常好，故投入指数也好于 2013 年平均水平。陕西、重庆的投入总量指标数值处于中下水平，但各项相对指标或平均指标的数值表现比较好，故投入指数也好于 2013 年平均水平；广西、贵州、云南三省其投入总量小，2016 年 R&D 人员全时当量占 25 个省份的 0.4%，R&D 经费内部支出占 25 个省份的 0.3%，投资额占 2.3%，除政府资金占比高之外，其投入相对指标或平均指标数值也小，投入综合指数整体表现差。其他排名靠后的省份总量指标数值处于中下或下游水平，尽管有些相对指标数值表现较好，但其综合排名仍然靠后。

各地区电子及通信设备制造业竞争力产出好于 2013 年平均水平的有 9 个省份，低于 2013 年平均水平的有 16 个省份，且各个省份产出综合指数相差较为悬殊。指数最高的广东为 1096.25%，最低的贵州为 12.56%。对各省份产出综合指数从高到低排序为：广东、江苏、河南、浙江、上海、福建、山东、天津、北京、四川、安徽、湖南、湖北、重庆、甘肃、江西、河北、辽宁、吉林、黑龙江、陕西、广西、山西、云南、贵州。其中，广东投入总量高，其产出总量也高，2016 年主营业务收入占 25 个省市的 35.33%，专利申请数占 46.06%，新产品销售收入占 44.14%，出口交货值占 39.19%，新产品销售收入占主营业务收入的比重、新产品出口销售率数值也比较大，故产出综合指数远高于 2013 年平均水平；江苏、浙江、上海、福建、山东五省，投入总量大，2016 年 R&D 人员全时当量占 25 个省份的 36.41%，R&D 经费内部支出占 31.93%，投资额占 33.39%，其产出总量也大，2016 年主营业务收入占 25 个省市的 36.17%，专利申请数 31.92%，新产品销售收入占 29.43%，出口交货值占 38.42%，产出相对指标的数值也比较大，投入与产出基本一致，故排名靠前；而河南投入总量处于中等水平，2016 年 R&D 人员全时当量占 25 个省份的 1.80%，R&D 经费内部支出占 1.30%，投资额占 7.92%，投入相对指标数值也较小，投入综合指数不及 2013 年平均水平，但产出总量指标数值可观，2016 年主营业务收入占 25 个省份的 4.69%，新产品销售收入占 8.23%，出口交货值占 7.37%，产出相对指标的数值大，说明河南省新产品开发比较好，且主要用于出口；北京投入综合表现好于 2013 年平均水平，产出综合表现也好于 2013 年平均水平，投入与产出总量匹配，新产品销售收入占主营业务收入的比重也高；天津投入综合表现低于 2013 年平均水平，但产出综合表现好于 2013 年平均水平，产出总量高于投入总量，且产出的两个相对指标的数值大。排名靠后的省份投入总量小，产出总量也小，且产出相对指标的数值也低，故排名靠后。

各地区电子及通信设备制造业竞争力效益好于 2013 年平均水平的有 15 个省份，低于平均水平的有 10 个省份，且各个省份效益指数相差较为悬殊，指数最高的广西为 289.13%，最低的黑龙江仅为 40.26%。对各省份效益指数从高到低排序为：广西、重庆、北京、山东、云南、天津、四川、湖南、江苏、湖北、陕西、福建、安徽、吉林、江西、上海、贵州、广东、浙江、辽宁、河北、河南、甘肃、山西、黑龙江。其中，广西、云南资金利润率数值表现突出，劳动生产率也比较高；北京劳动生产率出现了极端大的数值，但资金利润率数值较小；重庆反映效益的两个指标值都比较大，其他高于平均水平的省份这两个指标的数值均比较大；投入与产出非常大的广东，效益指标表现一般，故应加强其管理水平，提供其效益；排名靠后的河南、甘肃、山西、黑龙江等省市，这两项指标的数值表现均比较小。

各地区电子及通信设备制造业竞争力综合指数（加权综合指数）好于 2013 年平

均水平的有 13 个省份,低于平均水平的有 12 个省份,且各个省份综合指数相差较为悬殊,指数最高的广东为 648.63%,最低的山西仅为 29.53%。对各省份竞争力综合指数从高到低排序为:广东、江苏、浙江、北京、福建、河南、山东、上海、湖北、安徽、天津、四川、重庆、湖南、黑龙江、广西、陕西、甘肃、吉林、江西、河北、云南、辽宁、贵州、山西。综合指数是上述投入、产出、效益综合的结果。其中,综合指数非常大的广东、江苏两省投入与产出总量非常大,2016 年 R&D 人员全时当量占 25 个省份的 55.62%,R&D 经费内部支出占 56.86%,投资额占 26.64%,主营业务收入占 55.54%,专利申请数占 58.19%,新产品销售收入占 58.19%,出口交货值占 60.35%,其投入与产出总量占据整个行业的一半以上,且多数相对指标或平均指标的数值表现也比较好,故综合指数遥遥领先于其他省份;浙江、上海、福建、山东等投入与产出总量比较大,多项相对指标或平均指标的数值也比较大,故综合指数高于平均水平;重庆总量指标数值小,但相对指标或平均指标的数值比较大,故综合指数也好于 2013 年平均水平。排名靠后的省份,总量指标数值小,相对指标或平均指标的数值表现也不突出,故综合得分低于平均水平。

从等权综合指数来看,各地区电子及通信设备制造业竞争力综合指数好于 2013 年平均水平的有 15 个省份,低于平均水平的有 10 个省份,且各个省份技术创新综合指数相差较为悬殊,指数最高的广东为 555.62%,最低的山西仅为 32.03%。对各省份竞争力综合指数从高到低排序为:广东、江苏、北京、浙江、山东、福建、河南、重庆、天津、上海、湖北、安徽、广西、四川、湖南、陕西、云南、黑龙江、吉林、江西、甘肃、辽宁、河北、贵州、山西。这样的排序结果与加权排序结果有少许出入,广西、湖南该指数表现较好主要是效益指标数值表现突出所致。

小结:我国电子及通信设备制造业竞争力投入主要集中在广东,除投资额占全国的比重(10.85%)较低外,其他投入总量占全国 40% 以上,但其投入相对指标表现较差;其次是江苏、湖北、浙江、安徽、福建、四川、上海、山东 8 个省份,投入总量占全国的 41% 以上,投资额占比高达 51%,部分相对指标数值也比较大;黑龙江投入总量小,但相对指标表现好。竞争力产出主要集中于广东,其各项产出总量指标占全国的 40% 左右,产出相对指标数值也比较大;其次是江苏、浙江、上海、福建、山东五个省份,产出总量指标占全国的 30% 左右,出口交货值占比高达 38.42%,产出相对指标的数值也比较大;河南、天津产出总量表现好于投入总量表现。广西、云南投入与产出总量都很小,但效益方面表现非凡。综合来说,广东、江苏其总量指标数值大,其综合指数远高于 2013 年平均水平;其次是浙江、福建、山东、上海、湖北、安徽、四川等省份,总量指标数值也比较大,综合指数也高于 2013 年平均水平。重庆总量指标数值小,但相对指标数值比较大,故其综合指数也高于 2013 年平均水平。

3. 各地区与电子及通信设备制造业竞争力层次的对应分析

根据表 11-4 数据资料,进行对应分析,其输出结果如图 11-7 所示。

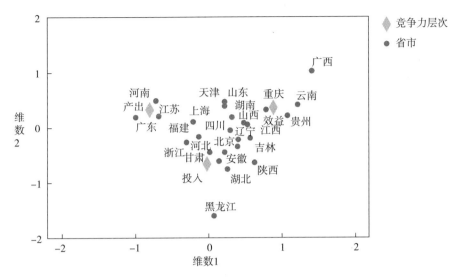

图 11-7　各地区与电子及通信设备制造业竞争力层次对应分析

从图 11-7 可以看出，电子及通信设备制造业竞争力投入对湖北、安徽、河北、陕西、甘肃、北京、辽宁、吉林、四川、福建、浙江、上海、黑龙江的作用突出；产出对广东、江苏、河南、上海的作用突出；效益对广西、云南、贵州、重庆、山西、江西、湖南、天津、山东的作用突出。

(二) 各地区电子及通信设备制造业竞争力的主成分分析

1. 各地区电子及通信设备制造业竞争力的主成分分析

用主成分分析法对上述 25 个省份的电子及通信设备制造业竞争力进行分析，提取 5 个主成分，可以解释原有变量 84.65% 的信息。

第一主成分与 R&D 人员折合全时当量、R&D 经费内部支出、主营业务收入、专利申请数、新产品销售收入、出口交货值有高度的正的相关关系，与投资额有正的中度的相关关系，这一主成分包含了所有的总量指标，反映了各个省份总量指标的信息，其方差贡献率为 42.72%；第二主成分与 R&D 人员强度、从业人员人均资产有高度的正的相关关系，与 R&D 经费强度、政府资金占比、新产品销售收入占主营业务收入的比重有正的中度的相关关系，与资产利润率有负的中度的相关关系，这一主成分包含了大多数相对指标或平均指标（共 9 个相对指标或平均指标，第二主成分包含了 6 个），反映的是相对指标或平均指标的信息（尤其是投入指标），方差贡献率为 19.91%；第三主成分与新产品出口销售率有高度的正的相关关系，与新产品销售收入占主营业务收入的比重的相关系数为 0.49，故这一主成分主要反映的是与新产品有关的相对指标的信息，方差贡献率为 8.58%；第四主成分与劳动生产率存在高度的正的相关关系，这一主成分主要反映的是人的劳动效益的信息，其方差贡献率为 7.62%；第五主成分与从业人员人均投资额有中度的正的相关关系，与投资额的相关系数为 0.42，故第五主成分主要反映的是投资的基本信息，其方差贡献率为 5.83%。

2016 年电子及通信设备制造业竞争力第一主成分得分高于平均水平的有 7 个省份，低于平均水平的有 18 个省份，得分最高的广东为 10.98 分，得分最低的云南为 -1.87 分。将各省份第一主成分得分按从高到低的顺序排列为：广东、江苏、浙江、河南、福建、上海、山东、天津、四川、安徽、湖南、北京、湖北、江西、河北、甘肃、辽宁、重庆、陕西、山西、黑龙江、贵州、吉林、广西、云南。其中，高于平均水平的七个省份总量指标数值大，R&D 人员折合全时当量占 25 个省份的 78.59%，R&D 经费内部支出占 78.94%，投资额占 52.16%，主营业务收入占 76.18%，专利申请数占 78.59%，新产品销售收入占 81.81%，出口交货值占 84.99%，除投资额占比较小外，其他各项总量指标的占比均达到 2/3 以上，可见电子及通信设备制造业主要集中于这七个省份；黑龙江、贵州、吉林、广西、云南五省份总量指标数值很小，上述各项总量指标的占比依次为 0.64%、0.47%、3.13%、1.53%、0.64%、0.36%、0.51%。总之，总量指标数值大，第一主成分得分就高。

2016 年电子及通信设备制造业竞争力第二主成分得分高于平均水平的有 11 个省份，低于平均水平的有 14 个省份，得分最高的北京为 5.01 分，得分最低的广西为 -3.80 分。将各省份第二主成分得分按从高到低的顺序排列为：北京、黑龙江、浙江、湖北、安徽、甘肃、陕西、福建、天津、四川、上海、辽宁、河北、湖南、广东、吉林、重庆、山东、河南、贵州、江苏、山西、江西、云南、广西。

2016 年电子及通信设备制造业竞争力第三主成分得分高于平均水平的有 12 个省份，低于平均水平的有 13 个省份，得分最高的河南为 3.73 分，得分最低的黑龙江为 -1.58。将各省份第三主成分得分按从高到低的顺序排列为：河南、天津、福建、上海、甘肃、重庆、江苏、北京、山东、辽宁、吉林、湖南、河北、江西、浙江、山西、安徽、贵州、四川、陕西、云南、湖北、广西、广东、黑龙江。

2016 年电子及通信设备制造业竞争力第四主成分得分高于平均水平的有 14 个省份，低于平均水平的有 11 个省份，得分最高的北京为 2.67 分，得分最低的黑龙江为 -2.07 分。将各省份第四主成分得分按从高到低的顺序排列为：北京、重庆、山东、陕西、江苏、湖北、广西、天津、贵州、云南、广东、吉林、安徽、辽宁、四川、江西、上海、山西、湖南、福建、河北、河南、甘肃、浙江、黑龙江。

2016 年电子及通信设备制造业竞争力第五主成分得分高于平均水平的有 11 个省份，低于平均水平的有 14 个省份，得分最高的安徽为 2.02 分，最低的北京为 -1.66 分。将各省份第五主成分得分按从高到低的顺序排列为：安徽、吉林、陕西、重庆、福建、河北、江苏、湖北、江西、浙江、湖南、四川、河南、山东、辽宁、广东、天津、贵州、甘肃、黑龙江、山西、云南、上海、广西、北京。

2016 年电子及通信设备制造业竞争力综合得分（见表 11-2）高于平均水平的有 11 个省份，低于平均水平的有 14 个省份，得分最高的广东为 5.30 分，得分最低的广西为-1.98 分。将各省份综合得分按从高到低的顺序排列为：广东、江苏、北京、浙江、福建、河南、上海、安徽、天津、山东、湖北、四川、湖南、陕西、甘肃、重庆、黑龙江、河北、辽宁、江西、吉林、贵州、山西、云南、广西。其中，广东省第一主成分即总量指标数值非常大，即使其他各主成分表现不好，但总体表现仍然非常好；江苏总量指标数值大，第一主成分得分高，除第二主成分得分低于平均水平外，其他各个主成分得分都好于平均水平，综合得分排名第二；北京总量指标数值较小，投资额及人均投资额数值也小，但其他各项相对指标或平均指标的数值表现好，故综合表现好；浙江、福建、河南、上海、山东总量指标数值表现好，部分相对指标或平均指标的数值表现也好，故综合排名也靠前；安徽、天津总量指标数值不大，但多数相对指标或平均指标的数值比较大，故综合表现也好。排名靠后的省份，总量指标数值小，尽管部分相对指标或平均指标数值表现好，但不足以抵消总量指标数值小的不足。总量指标数值越大，总体竞争力越强，若总量指标数值小、相对指标或平均指标数值大，尽管总体排名靠前，但竞争力仍然较弱。总之，该行业的竞争力强的省份是广东、江苏、浙江、福建、河南、上海、山东等。

小结：2016 年电子及通信设备制造业竞争优势主要集中于广东、江苏、浙江、河南、福建、上海、山东 7 个省份，除投资额占全国的比重（52%）较低外，其他各项总量指标占全国的比重均在 76% 以上，出口交货值占比甚至达到 85%，北京、安徽、天津总量指标数值处于中等或中等偏下水平，但多数相对指标数值比较大，故综合表现也较好。

2. 各地区与电子及通信设备制造业竞争力各主成分的对应分析

在此部分仍然按照极差标准化的方法对主成分得分进行处理，根据处理的结果进行对应分析，结果如图 11-8 所示。

从图 11-8 可以看出，第一主成分对广东、江苏的作用突出；第二主成分、第三主成分、第五主成分对浙江、黑龙江、甘肃、河北、福建、河南、湖北、安徽、吉林、湖南、陕西、辽宁、江西、天津、上海、四川的作用突出；第四主成分对山东、北京、山西、贵州、云南、重庆、广西的作用突出。

(三) 各地区电子及通信设备制造业竞争力的聚类分析

在此部分的分析中，单位与单位之间的距离采用欧式距离的平方，单位与小类、小类与小类之间的距离采用离差平方和法，其聚类结果如图 11-9 所示。

根据图 11-9 显示结果，可以将 25 个省份分为七类：

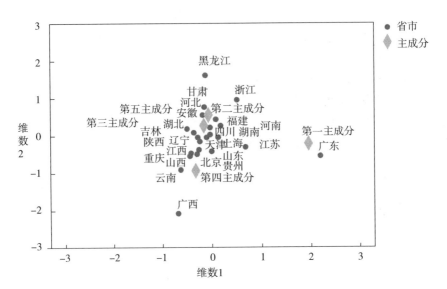

图 11-8　各地区与电子及通信设备制造业各主成分对应分析

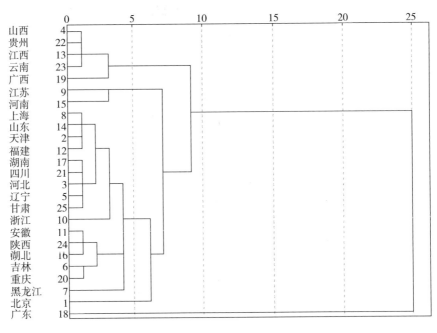

图 11-9　各地区电子及通信设备制造业竞争力聚类分析

第一类：广东；

第二类：河南、江苏；

第三类：北京；

第四类：浙江、甘肃、河北、辽宁、四川、湖南、福建、天津、上海、山东；

第五类：重庆、吉林、湖北、陕西、安徽；

第六类：黑龙江；

第七类：广西、云南、江西、山西、贵州。

这与主成分分析的结果有一定出入。

四、各地区计算机及办公设备制造业竞争力的测算与分析

（一）各地区计算机及办公设备制造业竞争力综合指数的测算与分析

1. 各地区计算机及办公设备制造业竞争力综合指数的测算

搜集 2013 年反映各地区计算机及办公设备制造业竞争力的指标，其中，海南、西藏、青海、宁夏、新疆无数据，甘肃 15 项指标无数据，贵州 12 项指标无数据，山西 6 项指标无数据，重庆 4 项指标无数据，且总量小，故仅对 22 个省份计算其最小值、最大值及平均值，这与技术创新能力分析时的省份一致。

搜集各地区计算机及办公设备制造业 2016 年竞争力资料时发现，海南、西藏、宁夏、青海各项指标均无数据，甘肃、新疆除投资额一项指标外，其他均无数据；吉林、贵州七项指标无数据，且总量指标小；黑龙江五项指标无数据，总量小；内蒙古、陕西两项指标无数据，总量指标数据小，无法与其他省份抗衡，故在分析时将其剔除。

按照前述综合指数的编制方法，编制计算机及办公设备制造业竞争力综合指数，结果如表 11-5 所示。

表 11-5 各地区计算机及办公设备制造业竞争力综合指数　　　　单位：%

	投入指数	产出指数	效益指数	加权综合指数	等权综合指数
北京	259.24	132.39	240.54	204.76	210.72
天津	117.23	129.05	253.54	149.22	166.61
河北	89.68	7.39	37.38	46.30	44.82
山西	54.15	12.46	-0.74	26.50	21.96
辽宁	36.40	24.87	33.69	31.25	31.66
上海	56.68	195.17	123.73	125.48	125.19
江苏	186.26	484.35	113.74	290.99	261.45
浙江	106.16	167.96	56.80	121.01	110.31
安徽	132.44	154.33	129.75	140.65	138.84

续表

	投入指数	产出指数	效益指数	加权综合指数	等权综合指数
福建	161.08	163.33	131.01	155.97	151.81
江西	63.46	60.96	97.31	69.23	73.91
山东	252.48	286.73	174.01	250.49	237.74
河南	77.19	10.41	98.80	54.80	62.13
湖北	111.34	8.52	193.57	86.66	104.47
湖南	136.75	27.41	65.05	78.67	76.40
广东	184.60	330.17	71.90	220.29	195.56
广西	57.89	153.33	371.95	158.88	194.39
重庆	119.41	252.32	99.61	168.62	157.11
四川	151.88	64.17	104.95	107.41	107.00
云南	66.72	26.63	55.09	48.36	49.48

2. 各地区计算机及办公设备制造业竞争力综合指数分析

各地区计算机及办公设备制造业竞争力投入好于 2013 年平均水平的有 12 个省份，低于平均水平有 8 个省份，且各个省份指数相差较为悬殊，指数最高的北京为259.24%，最低的辽宁仅为 36.40%。对各省份投入指数从高到低排序为：北京、山东、江苏、广东、福建、四川、湖南、安徽、重庆、天津、湖北、浙江、河北、河南、云南、江西、广西、上海、山西、辽宁。其中，北京 2016 年 R&D 人员全时当量数值小，仅占 20 个省份的 2.28%，但 R&D 经费内部支出占 20 个省份的 11.30%，投资额占 0.56%，从业人员人均资产出现了极大值，R&D 人员强度及 R&D 经费强度数值也处于中上水平，故投入指数远高于 2013 年平均水平；山东 2016 年 R&D 人员全时当量占 20 个省份的 21.56%，R&D 经费内部支出占 17.50%，投资额占 11.33%，其投入总量之大可见一斑，投入相对指标或平均指标数值基本都处于中上水平，其投入表现远远高于 2013 年平均水平；江苏 R&D 人员全时当量占 20 个省份的13.53%，R&D 经费内部支出占 10.15%，投资额占 21.31%，投入相对指标数值处于下游水平；广东投入总量大，2016 年 R&D 人员全时当量占 20 个省份的 22.44%，R&D 经费内部支出占 21.39%，投资额占 7.25%，投入相对指标或平均指标数值处于下游水平，但由于投资总量大，故 2016 年投入表现远远高于 2013 年平均水平；福建R&D 人员全时当量占 20 个省份的 12.23%，R&D 经费内部支出占 12.90%，投资额占1.84%，R&D 人员强度及人均资产数值大，故投入指数大。从总体上看，计算机及办公设备制造业主要集中于广东、山东、江苏、福建四省，这四省的 R&D 人员全时当量占 20 个省市的 69.77%，R&D 经费内部支出占 61.94%，投资额占 41.74%；排名靠后的河北、河南、云南、江西、广西、山西、辽宁七省市，其 R&D 人员全时当量占 20 个省份的 3.07%，R&D 经费内部支出仅占 20 个省份的 2.16%，投资额占 20.08%，且相对指标及平均指标表现也比较差，故综合指数低于 2013 年平均水平，但从投资额的占比上看还是比较大的，说明这些省份注重计算机及办公设备制造业的投资；上海投入总量不是太小，主要是由相对指标或平均指标的数值较小所致。

各地区计算机及办公设备制造业产出好于 2013 年平均水平的有 11 个省份，低于平均水平的有 9 个省份，且各个省份产出综合指数相差悬殊，指数最高的江苏为 484.35%，最低的河北仅为 7.39%。对各省份投入指数从高到低排序为：江苏、广东、山东、重庆、上海、浙江、福建、安徽、广西、北京、天津、四川、江西、湖南、云南、辽宁、山西、河南、湖北、河北。其中，江苏投入总量不如广东、山东，投入排名靠前主要是因为投资额出现了极大值，产出总量指标数值表现好，主营业务收入大，排在第二位，占 20 个省份的 20.52%，新产品销售收入出现了极大值，占 39.31%，专利申请数占 9.40%，出口交货值占 27.46%，其他 3 个产出指标数值表现也非常好，故产出指数远远高于其他省份；广东投入总量大，产出总量也大，主营业务收入大，排在第一位，占 20 个省份的 20.82%，专利申请数排第二位，占 22.21%，新产品销售收入占 13.36%，出口交货值占 21.78%，但两个相对指标的数值处于中下游水平；山东投入总量大，产出总量也大，主营业务收入占 20 个省份的 7.07%，专利申请数排在第一位，占 20 个省份的 31.53%，新产品销售收入占 18.23%，新产品销售收入占比出现最大值，出口交货值、新产品出口销售率处于下游水平，但由于多个产出指标数值大，故排名靠前；安徽产出总量处于中下游，但两个产出相对指标数值表现比较好；广西投入与产出总量都处于下游水平，但新产品出口销售率出现极大值，致使其产出综合指数排名靠前。排名靠后的省份，投入总量小，产出总量也小，相对指标的数值表现也不突出。

各地区计算机及办公设备制造业效益好于 2013 年平均水平的有 10 个省份，低于平均水平的也有 10 个省份，且各个省份效益指数相差悬殊，指数最高的广西为 371.95%，最低的山西出现了负值，为 -0.74%。对各省份效益指数从高到低排序为：广西、天津、北京、湖北、山东、福建、安徽、上海、江苏、四川、重庆、河南、江西、广东、湖南、浙江、云南、河北、辽宁、山西。其中，广西资产利润率数值最大，劳动生产率数值排名第三，故效益综合指数遥遥领先；天津、江苏、山东这两项指标的数值均比较大；北京、湖北、福建、安徽、上海、四川其劳动生产率都比较高，故其效益综合指数高于 2013 年平均水平；排名靠后的江西、河南资金利润率并不低，但由于劳动生产率比较低，故效益指数低于 2013 年平均水平；重庆、广东、湖南、浙江、云南、河北、辽宁、山西反映效益的两项指标数值都比较低。

各地区计算机及办公设备制造业竞争力综合指数（加权指数）好于 2013 年平均

水平的有 12 个省份，低于平均水平的有 8 个省份，且各个省份综合指数相差较为悬殊，指数最高的江苏为 290.99%，最低的山西仅为 26.5%。对各省份综合指数从高到低排序为：江苏、山东、广东、北京、重庆、广西、福建、天津、安徽、上海、浙江、四川、湖北、湖南、江西、河南、云南、河北、辽宁、山西。其中，排名靠前的江苏、山东投入、产出、效益各个方面表现都非常突出；广东投入、产出两个方面表现突出，但效益指标表现一般，故应加强企业管理，提高其劳动生产率及资金利润率；北京、重庆等排名靠前的省份，投入与产出综合指数排名均比较靠前，部分省市的效益比较差，但综合的结果仍然比较好；广西投入与产出总量指标都很小，但由于新产品出口销售率、资产利润率数值最大，劳动生产率数值也比较高，故综合排名比较靠前，但实际上并没有竞争优势。排名靠后的省份，投入、产出、效益等各个方面表现都不突出。

各地区计算机及办公设备制造业竞争力综合指数（等权指数）好于 2013 年平均水平的有 13 个省份，低于平均水平的有 7 个省份，且各个省份综合指数相差较为悬殊，指数最高的江苏为 261.45%，最低的山西仅为 21.96%。对各省份综合指数从高到低排序为：江苏、山东、北京、广东、广西、天津、重庆、福建、安徽、上海、浙江、四川、湖北、湖南、江西、河南、云南、河北、辽宁、山西。这与加权综合指数的排序结果有少许差别。

小结：我国计算机及办公设备制造业竞争力投入主要集中在广东、山东、江苏、福建 4 个省份，除投资额占全国的比重（42%）较低外，其他投入总量占全国的 61% 以上；北京 R&D 经费内部支出占全国的比重大，其他总量指标数值占比较小。竞争力产出主要集中在江苏、广东、山东 3 个省份，产出总量占全国的 50% 左右，新产品销售收入占全国的比重达到 70% 以上，产出相对指标数值表现也比较好；安徽产出总量处于中下游水平，广西产出总量处于下游水平，但相对指标数值表现好，故产出综合指数也好于 2013 年平均水平。广西、天津、江苏、山东、北京、湖北、福建、安徽、上海、四川效益综合指数好于 2013 年平均水平。综合来说，江苏、山东、广东具有绝对的竞争优势，其次是北京、重庆、福建等省份，广西投入与产出总量指标都很小，但相对指标数值表现突出，故综合指数也好于 2013 年平均水平。

3. 各地区与计算机及办公设备制造业竞争力各层次的对应分析

根据表 11-5 数据资料进行对应分析，由于山西效益指数为 -0.74，为了避免数值为负数，故取值为 0.001，这并不影响分析结果。其输出结果如图 11-10 所示。

从图 11-10 可以看出，竞争力投入对河北、湖南、四川、云南、北京、辽宁、河南、安徽、山东、福建、山西的作用突出，其中，山西为离群单位；竞争力产出对上海、江苏、广东、浙江、重庆、安徽、山东、福建的作用突出；竞争力效益对广西、天津、江西、湖北、河南的作用突出。

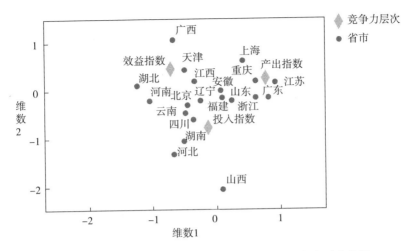

图 11-10　各地区与计算机及办公设备制造业竞争力对应分析

(二) 各地区计算机及办公设备制造业竞争力的主成分分析

1. 各地区计算机及办公设备制造业竞争力的主成分分析

用主成分分析法对上述 20 个省份计算机及办公设备制造业竞争力进行分析，因为其相关系数矩阵不可能是单位矩阵，故可以进行主成分分析，提取 5 个主成分，可以解释原有变量 82.67% 的信息。

第一主成分与 R&D 人员折合全时当量、R&D 经费内部支出、主营业务收入、新产品销售收入有正的高度的相关关系，与投资额、专利申请数、出口交货值有正的中度的相关关系，与新产品销售收入占主营业务收入的比重有正的中度的相关关系，这几个指标除新产品销售收入占主营业务收入的比重外，都是总量指标，故这一主成分主要反映总量指标的信息，其方差贡献率为 35.58%；第二主成分与 R&D 人员强度、R&D 经费强度有正的高度的相关关系，与新产品销售收入占主营业务收入的比重有正的中度的相关关系，与出口交货值有负的中度的相关关系，故这一主成分的经济含义并不十分明确，但主要突出的是 R&D 投入强度，其方差贡献率为 19.61%；第三主成分与政府支出占 R&D 经费内部支出比重、从业人员人均资产、劳动生产率有正的中度的相关关系，与从业人员人均投资额有负的中度的相关关系，方差贡献率为 11.35%；第四主成分与新产品出口销售率、劳动生产率、资金利润率有正的中度的相关关系，后两个是反映效益的指标，故这一主成分突出反映了各地区的效益状况，其方差贡献率为 9.84%；第五主成分与从业人员人均投资额有正的中度的相关关系，其方差贡献率为 6.29%。

2016 年各地区计算机及办公设备制造业竞争力第一主成分得分高于平均水平的有 7 个省份，低于平均水平的有 13 个省份，得分最高的江苏省为 5.85 分，得分最低的河北为-2.33分。将各省份第一主成分得分按从高到低的顺序排列为：江苏、广东、山东、重庆、福建、北京、上海、浙江、安徽、天津、四川、广西、湖南、江西、云南、河南、辽宁、山西、湖北、河北。其中，江苏排名靠前主要因为投资额、新产品销售收入、出口交货值出现了极大值，其他几个总量指标数值也比较大，其各项总量指标占20个省份的比为：R&D人员折合全时当量为13.53%，R&D经费内部支出为10.15%，投资额为21.31%，主营业务收入为20.52%，专利申请数为9.40%，新产品销售收入达39.31%，出口交货值为27.46%；山东、广东两省投入与产出总量都非常大，这两省R&D人员折合全时当量占20个省份的44.00%，R&D经费内部支出占38.89%，投资额占18.58%，主营业务收入占27.87%，专利申请数占53.74%，新产品销售收入占31.60%，出口交货值占22.70%；重庆、福建、北京、上海R&D人员折合全时当量占20个省份的23.23%，R&D经费内部支出占30.30%，投资额占18.12%，主营业务收入占29.34%，专利申请数占23.13%，新产品销售收入占21.05%，出口交货值占29.73%。重庆排在福建的前面，主要是投资额、主营业务收入、新产品销售收入、出口交货值这四个总量指标值远高于福建，但其他3个总量指标值低于福建；排名靠后的广西、湖南、江西、云南、河南、辽宁、山西、湖北、河北九省份R&D人员折合全时当量仅占6.19%，R&D经费内部支出占5.20%，投资额占27.98%，主营业务收入占7.9%，专利申请数占3.38%，新产品销售收入占1.17%，出口交货值占4.17%，从占比看，投资额占比比较大，说明这些省份注重对计算机及办公设备制造业的投入。从总量指标来看，其竞争实力最强的是江苏、广东、山东三省，重庆、福建也具有很强的竞争实力。

各地区计算机及办公设备制造业竞争力第二主成分得分高于平均水平的有9个省份，低于平均水平的有11个省份，得分最高的山东为3.74分，得分最低的江苏为-2.45分。将各省份第二主成分得分按从高到低的顺序排列为：山东、北京、福建、湖南、山西、天津、浙江、云南、河北、湖北、安徽、广东、河南、辽宁、四川、江西、上海、广西、重庆、江苏。

各地区计算机及办公设备制造业竞争力第三主成分得分高于平均水平的有7个省份，低于平均水平的有13个省份，得分最高的四川为3.22分，得分最低的山东为-1.57分。将各省份第三主成分得分按从高到低的顺序排列为：四川、北京、上海、安徽、辽宁、广东、云南、福建、重庆、湖北、广西、山西、天津、江苏、浙江、江西、河南、湖南、河北、山东。

各地区计算机及办公设备制造业竞争力第四主成分得分高于平均水平的有11个省份，低于平均水平的有9个省份，得分最高的广西为3.21分，得分最低的四川为-1.97分。将各省份第四主成分得分按从高到低的顺序排列为：广西、北京、天津、湖北、安徽、上海、重庆、江苏、福建、江西、浙江、山东、河南、云南、湖南、河北、辽宁、山西、广东、四川。

各地区计算机及办公设备制造业竞争力第五主成分得分高于平均水平的有 11 个省份，低于平均水平的有 9 个省份，得分最高的湖北为 2.74 分，得分最低的山西为−1.45 分。将各省第五主成分得分按从高到低的顺序排列为：湖北、河北、北京、河南、山东、湖南、江苏、安徽、四川、江西、重庆、广东、上海、云南、辽宁、广西、浙江、福建、天津、山西。

各地区计算机及办公设备制造业竞争力综合得分（见表 11-2）高于平均水平的有 7 个省份，低于平均水平的有 13 个省份，综合得分最高的山东为 2.52 分，得分最低的江西为−1.21 分。将各省份综合得分按从高到低的顺序排列为：山东、江苏、广东、北京、福建、重庆、安徽、天津、浙江、上海、四川、湖南、广西、湖北、云南、山西、河南、河北、辽宁、江西。其中，山东、江苏、广东其综合得分远远高于其他省份，主要是总量指标数值大，即第一主成分得分高所致；北京综合得分比较高是各个主成分得分均高于平均水平所致；福建、重庆总量指标的数值也比较大，第一主成分得分高于平均水平，部分相对指标的数值表现也比较好，故综合得分好于平均水平；安徽总量指标数值较小，第一主成分得分低于平均水平，但第三、第四、第五主成分得分高于平均水平。排名靠后的省份总量指标数值小，第一主成分得分低于平均水平，多数相对指标或平均指标的数值也小。总体来看最具有竞争力的是山东、江苏、广东。

小结：2016 年计算机及办公设备制造业竞争优势主要集中于山东、江苏、广东 3 个省份，除投资额占全国的比重（40%）较小外，其他各项总量指标数值占全国的比重均在 50% 左右，新产品销售收入占全国的比重达到 70% 以上，且多数相对指标数值表现也比较好；其次是重庆、福建、北京、上海 4 个省份，各项总量指标数值占全国的比重在 20% 左右，R&D 经费内部支出占 30%，多数相对指标数值表现也比较好；安徽总量指标数值较小，但相对指标数值表现突出，故综合表现也比较好。

2. 各地区与计算机及办公设备制造业竞争力各主成分的对应分析

在此部分仍然按照极差标准化的方法对其主成分得分进行处理，根据处理的结果进行对应分析，结果如图 11-11 所示。

根据图 11-11 数据显示，第一主成分对广东、江苏、重庆作用突出；第三主成分对辽宁、四川、上海的作用突出；第二、四、五主成分对山东、江西、河南、湖南、河北、湖北、天津、浙江、广西、福建、安徽、北京、云南、山西的作用突出。

(三) 各地区计算机及办公设备制造业竞争力的聚类分析

在此部分的分析中，单位与单位之间的距离采用欧式距离的平方，单位与小类、小类与小类之间的距离采用离差平方和法，其聚类结果如图 11-12 所示。

根据图 11-12 数据显示，可以将 20 个省份分为六类：

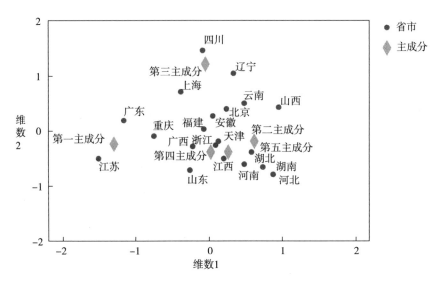

图 11-11　各地区与计算机及办公设备制造业竞争力对应分析

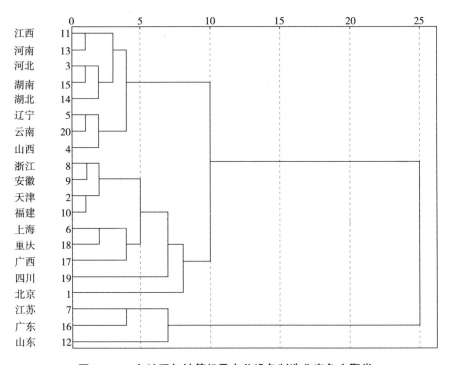

图 11-12　各地区与计算机及办公设备制造业竞争力聚类

第一类：山东；

第二类：广东、江苏；

第三类：北京；

第四类：广西、重庆、上海、福建、天津、安徽、浙江；

第五类：四川；

第六类：山西、云南、辽宁、湖北、湖南、河北、河南、江西。

若用最长距离法分六类，其结果一致。其分类结果与主成分分析结果也基本一致。

从上述一系列的分析看，我国计算机及办公设备制造业的竞争力主要集中在山东、广东、江苏、北京等省份。

五、各地区医疗仪器设备及仪器仪表制造业竞争力的测算与分析

（一）各地区医疗仪器设备及仪器仪表制造业竞争力综合指数的测算与分析

1. 各地区医疗仪器设备及仪器仪表制造业竞争力综合指数的测算

收集各地区医疗仪器设备及仪器仪表制造业竞争力资料时发现，2016 年海南七项指标无数据，且有数据的总量指标数值小，西藏除投资额外其他指标均无数据，青海三项指标无数据，即使有数据，总量指标数值也很小，新疆四项指标无数据，即使有数据，总量指标数值也很小，故将这些省份剔除，故只能对 27 个省份进行分析。

收集 2013 年的指标时，海南十项指标无数据，且总量指标数值小，西藏除投资额外其他指标均无数据，青海五项指标无数据，新疆四项指标无数据，且总量指标数值小，故同样对 27 个省份计算各指标的最小值、最大值及平均值。

按照前述综合指数的编制方法，编制各地区医疗仪器设备及仪器仪表制造业竞争力指数，结果如表 11-6 所示。

表 11-6　医疗仪器设备及仪器仪表制造业竞争力综合指数　　单位：%

	投入指数	产出指数	效益指数	加权综合指数	等权综合指数
北京	145.61	171.69	113.38	149.60	143.56
天津	145.77	64.52	95.02	103.12	101.77
河北	108.87	50.80	100.82	84.03	86.83
山西	102.49	14.35	77.04	62.14	64.63
内蒙古	54.82	2.02	149.50	52.64	68.78
辽宁	113.09	59.27	80.95	85.13	84.44

续表

	投入指数	产出指数	效益指数	加权综合指数	等权综合指数
吉林	136.74	9.33	245.40	107.51	130.49
黑龙江	137.76	28.49	43.45	75.19	69.90
上海	109.67	157.73	136.44	134.25	134.61
江苏	391.75	795.84	206.81	516.40	464.80
浙江	182.53	340.19	86.93	226.47	203.22
安徽	98.87	83.73	161.97	105.43	114.85
福建	68.16	99.21	154.03	97.75	107.13
江西	54.61	69.91	127.52	75.31	84.01
山东	175.94	172.15	187.97	176.83	178.69
河南	87.91	99.47	131.22	101.20	106.20
湖北	89.63	67.88	109.46	84.90	88.99
湖南	116.60	97.19	144.19	114.35	119.33
广东	170.57	356.76	95.20	229.97	207.51
广西	66.24	32.00	128.46	64.99	75.57
重庆	89.51	63.83	98.53	81.04	83.96
四川	68.95	48.66	86.02	64.25	67.88
贵州	79.85	18.75	93.95	58.23	64.19
云南	45.41	36.53	55.09	43.79	45.67
陕西	157.26	53.67	92.22	102.81	101.05
甘肃	210.93	206.13	32.60	173.34	149.88
宁夏	121.89	42.37	118.05	89.31	94.10

2. 各地区医疗仪器设备及仪器仪表制造业竞争力综合指数分析

各地区医疗仪器设备及仪器仪表制造业竞争力投入好于 2013 年平均水平的有 16 个省份，低于平均水平的 11 个省份，且各个省份投入指数相差较为悬殊，指数最高的江苏为 391.75%，最低的云南省仅为 45.41%。对各省份投入指数从高到低排序为：江苏、甘肃、浙江、山东、广东、陕西、天津、北京、黑龙江、吉林、宁夏、湖南、辽宁、上海、河北、山西、安徽、湖北、重庆、河南、贵州、四川、福建、广西、内蒙古、江西、云南。其中，江苏投入总量大，2016 年 R&D 人员全时当量占 27 个省份的 26.03%，R&D 经费内部支出占 29.50%，投资额占 24.45%，其投入总量占据全国投入总量的 1/4，R&D 人员强度数值及从业人员人均资产数值表现较好，其他投入相对指标或平均指标数值处于较低水平，但由于投入总量大，其投入表现远远高于2013年平均水平；甘肃省投入总量很小，2016年各项投入总量指标均不到27个省份的0.1%，但各项相对指标或平均指标数值表现都非常好，尤其是从业人员人均投资额及人均资产都出现了最大值，故投入综合指数好于2013年平均水平；浙江、山东、广东投入总量也大，2016年R&D人员全时当量占27个省份的35.00%，R&D经费内部支出占32.43%，投资额占20.31%，投入强度指标表现比较好，人均指标的数值不理想，但由于总量突出，2013年投入综合指数仍远远高于其他省份；黑龙江、山西、宁夏投入总量处于下游水平，但相对指标或平均指标数值表现却比较好，其投入表现也好于2013年平均水平；陕西、天津、北京、湖南、辽宁、上海六省市2016年R&D人员全时当量占27个省份的20.28%，R&D经费内部支出占22.16%，投资额占10.39%，投入总量比较大，除个别相对指标或平均指标的数值较小外，其数值处于中上水平。河南投入总量指标处于中上水平，但相对指标或平均指标的数值较小，故其投入综合指数低于2013年平均水平。其他排名靠后的省份各项指标的数值都不大，故排名靠后。

各地区医疗仪器设备及仪器仪表制造业竞争力产出好于2013年平均水平的有7个省份，低于平均水平的多达20个省份，且各个省份指数相差较为悬殊，指数最高的江苏为795.84%，最低的内蒙古仅为2.02%。对各省份投入指数从高到低排序为：江苏、广东、浙江、甘肃、山东、北京、上海、河南、福建、湖南、安徽、江西、湖北、天津、重庆、辽宁、陕西、河北、四川、宁夏、云南、广西、黑龙江、贵州、山西、吉林、内蒙古。其中，江苏、广东、浙江投入总量大，产出总量也大，2016年主营业务收入占27个省份的53.76%，专利申请数占55.66%，新产品销售收入占62.01%，出口交货值占67.65%，除江苏产出相对指标数值处于中等水平外，广东、浙江产出相对指标的数值处于上游水平，故其产出综合指数遥遥领先；甘肃投入总量排名倒数，产出总量也排名倒数，但新产品销售收入占主营业务收入的比重、新产品出口销售率都排列第一，故其产出综合指数比较高，但由于总量小，其总体竞争力小；北京、上海、山东投入总量与产出总量均比较大，2016年主营业务收入占27个省份的18.53%，专利申请数占14.92%，新产品销售收入占16.09%，出口交货值占20.05%，除山东省产出相对指标数值处于中下游外，北京、上海产出相对指标的数值处于中上游水平，综合得分也高于2013年平均水平；四川、宁夏、云南、广西、黑龙江、贵州、山西、吉林、内蒙古九省份，投入总量小，产出总量也小，2016年主营业务收入占27个省份的4.16%，专利申请数占5.21%，新产品销售收入占2.25%，出口交货值占1.31%，多数省市产出相对指标数值也比较小（个别省份的个别指标值稍大），故其产出综合指数小于2013年平均水平。

各地区医疗仪器设备及仪器仪表制造业竞争力效益好于2013年平均水平的有15个省份，低于平均水平的有12个省份，且各个省份效益指数相差较为悬殊，指数最高的吉林为245.40%，最低的甘肃仅为32.60%。对各省份效益指数从高到低排序为：吉林、江苏、山东、安徽、福建、内蒙古、湖南、上海、河南、广西、江西、宁夏、北京、湖北、河北、重庆、广东、天津、贵州、陕西、浙江、四川、辽宁、山西、云南、黑龙江、甘肃。其中，吉林、安徽、福建、内蒙古、广西、江西、宁夏、湖北、河北投入与产出水平低，但反映效益的两个指标数值却处于上游或中上游水平，故效益指标好于 2013 年平均水平，这是值得其他省市学习和借鉴的；江苏、山东、上海、河南、北京投入与产出总量大，反映效益的指标数值也比较大；广东、浙江投入与产出总量大，但反映效益的指标数值却处于下游水平，效益指数小于 2013 年平均水平，应该查找原因，找出问题的症结，提高经营管理水平；贵州、山西、云南、黑龙江、甘肃等投入与产出总量低，反映效益的指标数值处于下游水平，尤其是资金利润率更小，其综合指数远低于 2013 年平均水平。

各地区医疗仪器设备及仪器仪表制造业竞争力加权综合指数好于 2013 年平均水平的有 13 个省份，低于平均水平的有 14 个省份，且各个省份综合指数相差较为悬殊，指数最高的江苏为 516.40%，最低的云南仅为 43.79%。对各省份综合指数从高到低排序为：江苏、广东、浙江、山东、甘肃、北京、上海、湖南、吉林、安徽、天津、陕西、河南、福建、宁夏、辽宁、湖北、河北、重庆、江西、黑龙江、广西、四川、山西、贵州、内蒙古、云南。其中，江苏、山东投入与产出总量大，且多项相对指标或平均指标的数值比较大，投入、产出、效益综合指数远远高于平均水平，故综合指数远高于平均水平；广东、浙江投入和产出综合指数远高于平均水平，效益指标数值小，但加权综合指数仍远远高于 2013 年平均水平；甘肃总量指标数值均非常小，除了反映效益的指标数值外的其他相对指标或平均指标的数值均比较大，其综合得分也比较高，但由于总量指标数值小，其综合竞争力实际上是比较小的；北京、上海各个方面的综合指数都好于 2013 年平均水平，故总的综合指数也好于 2013 年平均水平。其他几个好于平均水平的省份产出指数都低于平均水平，但由于投入或效益指数比较高，故综合指数均好于平均水平。加权综合指数低于平均水平的省份，其产出综合指数均低于 2013 年平均水平，个别省份的投入或效益指数高于 2013 年平均水平，但综合的结果仍低于 2013 年平均水平。

各地区医疗仪器设备及仪器仪表制造业竞争力综合指数（等权综合指数）好于 2013 年平均水平的有 14 个省份，低于 2013 年平均水平的有 13 个省份，各个省份综合指数相差较为悬殊，指数最高的江苏为 464.8%，最低的云南仅为 45.67%。对各省份综合指数从高到低排序为：江苏、广东、浙江、山东、甘肃、北京、上海、吉林、湖南、安徽、福建、河南、天津、陕西、宁夏、湖北、河北、辽宁、江西、重庆、广西、黑龙江、内蒙古、四川、山西、贵州、云南。与加权综合指数的排序稍微有些差别。

小结：我国医疗仪器设备及仪器仪表制造业竞争力投入主要集中在江苏，投入总量占全国的 1/4 左右，部分投入相对指标数值表现也比较好；其次是浙江、山东、广东 3 省份，除投资额占全国的比重（20%）较小外，其他投入总量指标数值占全国的 32% 以上，且部分投入相对指标数值表现也比较好；再次是陕西、天津、北京、湖南、辽宁、上海 6 个省份，除投资额占全国的比重（10%）较小外，其他投入总量指标数值占全国的 20% 左右，其相对指标数值表现也比较好；最后是甘肃、黑龙江、山西、宁夏 4 个省份，其投入总量处于下游水平，但投入相对指标表现好。竞争力产出主要集中在江苏、广东、浙江 3 个省份，其产出总量指标数值占全国的一半以上，出口交货值甚至占 67.65%，产出相对指标的数值表现也比较好；北京、上海、山东 3 个省份，其产出总量指标数值占全国的比重为 16% 左右，出口交货值占 20.05%，部分产出相对指标数值也比较大；甘肃产出总量排名倒数，但产出相对指标数值表现突出；吉林、安徽、福建、内蒙古、广西、江西、宁夏等省份投入与产出水平低，但效益综合指数好于 2013 年平均水平。综合来说，江苏、广东、浙江 3 省具有绝对的竞争优势，其次是山东、北京、上海；甘肃投入与产出相对指标数值表现突出，故综合指数也好于 2013 年平均水平。

3. 各地区与医疗仪器设备及仪器仪表制造业竞争力各层次的对应分析

根据表 11-6 数据资料进行对应分析，其输出结果如图 11-13 所示。

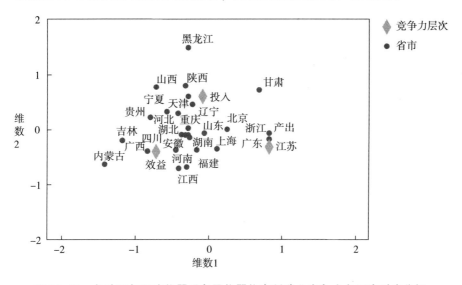

图 11-13　各地区与医疗仪器设备及仪器仪表制造业竞争力各层次对应分析

根据图 11-13 可以看出，山西、陕西、天津、辽宁、河北、宁夏、贵州、黑龙江、甘肃主要受投入综合表现的影响；浙江、江苏、广东、北京、上海主要受产出综合表现的影响；吉林、广西、内蒙古、江西、福建、安徽、河南主要受效益综合表现的影响；山东、重庆、云南、四川、湖北、湖南处于中间位置，就是说这几个省份同时受投入、产出、效益的影响。

（二）各地区医疗仪器设备及仪器仪表制造业竞争力的主成分分析

1. 各地区医疗仪器设备及仪器仪表制造业竞争力的主成分分析

用主成分分析法对上述 27 个省份医疗仪器设备及仪器仪表制造业竞争力进行分析，提取 4 个主成分，可以解释原有变量 82.50% 的信息。

根据成分矩阵，第一主成分与 R&D 人员折合全时当量、R&D 经费内部支出、投资额、主营业务收入、专利申请数、新产品销售收入、出口交货值有正的高度的相关关系，它综合了总量指标的信息，其方差贡献率为 43.50%；第二主成分与 R&D 经费强度、新产品销售收入占主营业务收入的比重存在正的高度的相关关系，与 R&D 人员强度、从业人员人均资产、新产品出口销售率存在正的中度的相关关系，与劳动生产率存在负的中度的相关关系，与资产利润率也是负的低度的相关关系，它综合了除政府资金占比和人均投资额外的相对指标或平均指标的信息，其方差贡献率为 20.88%；第三主成分与从业人员人均投资额有正的中度的相关关系，且与人均资产有正的低度的相关关系，它综合了人均指标的信息，其方差贡献率为 10.91%；第四主成分与新产品出口销售率有负的中度的相关关系，与资产利润率有负的低度的相关关系，与 R&D 人员强度、政府资金占比、劳动生产率有正的低度的相关关系，这一主成分的方差贡献率为 7.21%。但提取四个主成分分析问题，政府资金占 R&D 经费内部支出的比重的信息没有充分地体现出来，这一变量的共同度仅为 0.45，与第三主成分的相关系数最大，为 0.40。资产利润率的信息体现的也不太充分，其变量共同度为 0.64，与第四主成分的相关系数最大，为 -0.48。

2016 年各地区医疗仪器设备及仪器仪表制造业竞争力第一主成分得分高于平均水平的有 8 个省份，低于平均水平的多达 19 个省份，得分最高的江苏为 11.14 分，得分最低的甘肃为 -2.59 分。将各省份第一主成分得分按从高到低的顺序排列为：江苏、广东、浙江、山东、上海、北京、河南、安徽、湖南、福建、江西、湖北、重庆、天津、四川、河北、辽宁、广西、陕西、内蒙古、吉林、云南、宁夏、贵州、山西、黑龙江、甘肃。其中，江苏、广东、浙江、山东 4 省 R&D 人员折合全时当量占 27 个省份的 61.03%、R&D 经费内部支出占 61.94%、投资额占 44.76%、主营业务收入占 64.40%、专利申请数占 60.77%、新产品销售收入占 67.01%、出口交货值占 74.07%，除投资额占比较小外，其他六个总量指标占比均在 60% 以上，故其第一主成分得分大；上海、北京、河南、安徽四省市 R&D 人员折合全时当量占 27 个省份的 15.41%、R&D 经费内部支出占 16.98%、投资额占 15.23%、主营业务收入占 16.25%、专利申请数占 14.91%、新产品销售收入占 16.02%、出口交货值占 15.13%，总量指标占比均在 15% 左右，故其第一主成分得分也比较大；排名靠后的广西、内蒙古、吉林、云南、宁夏、贵州、山西、黑龙江、甘肃九省份 R&D 人员折合全时当量占 27 个省份的 2.68%、R&D 经费内部支出占 1.97%、投资额占 7.68%、主营业务收入占 2.91%、专利申请数占 2.35%、新产品销售收入占 1.60%、出口交货值占 0.98%，总量指标小，故第一主成分得分低。

2016 年各地区医疗仪器设备及仪器仪表制造业竞争力第二主成分得分高于平均水平的有 11 个省份，低于平均水平的有 16 个省份，得分最高的甘肃为 5.39 分，得分最低的吉林为 -3.61 分。将各省份第二主成分得分按从高到低的顺序排列为：甘肃、天津、浙江、北京、黑龙江、广东、陕西、宁夏、山西、辽宁、上海、江苏、云南、重庆、湖南、福建、河北、湖北、四川、贵州、山东、广西、内蒙古、安徽、河南、江西、吉林。

2016 年各地区医疗仪器设备及仪器仪表制造业竞争力第三主成分得分高于平均水平的有 8 个省份，低于平均水平的有 19 个省份，得分最高的甘肃为 4.10 分，最低的天津为 -1.79 分。将各省份第三主成分得分按从高到低的顺序排列为：甘肃、吉林、江苏、宁夏、贵州、安徽、山东、湖南、山西、内蒙古、河北、江西、广西、北京、湖北、陕西、河南、辽宁、上海、四川、广东、云南、重庆、浙江、福建、黑龙江、天津。

2016 年各地区医疗仪器设备及仪器仪表制造业竞争力第四主成分得分高于平均水平的有 14 个省份，低于平均水平的有 13 个省份，得分最高的黑龙江为 1.93 分，得分最低的福建为 -1.92 分。将各省份第四主成分得分按从高到低的顺序排列为：黑龙江、山西、吉林、陕西、天津、江苏、宁夏、内蒙古、辽宁、贵州、山东、湖南、云南、北京、上海、重庆、河北、浙江、四川、广西、湖北、安徽、广东、河南、甘肃、江西、福建。

2016 年各地区医疗仪器设备及仪器仪表制造业竞争力综合得分（见表 11-2）高于平均水平的有 8 个省份，低于平均水平的有 19 个省份，综合得分最高的江苏为 6.14 分，最低的吉林为 -1.09 分。将各省份综合得分按从高到低的顺序排列为：江苏、浙江、广东、北京、山东、甘肃、上海、天津、湖南、陕西、宁夏、安徽、河南、重庆、辽宁、黑龙江、湖北、福建、河北、山西、四川、云南、江西、内蒙古、广西、贵州、吉林。其中，江苏第一主成分表现异常突出，第三主成分表现又好于平均水平，故综合得分也遥遥领先于其他省份；浙江、广东第一主成分、第二主成分表现非常好，故综合得分也远远好于平均水平；北京第一主成分得分略好于平均水平，但第二主成分表现突出；山东第一主成分得分表现突出，第三主成分得分表现较好，故综合得分也高于平均水平；甘肃第一主成分表现最差，但由于第二、第三主成分表现异常突出，故综合得分也好于平均水平，但由于总量指标数值太小，仍不具有竞争优势；上海第一主成分、第二主成分均好于平均水平，综合表现也好于平均水平；天津第一主成分得分差于平均水平，但由于第二主成分表现非常好，综合表现也好于平均水平；排名靠后的重庆、辽宁、湖北、福建、河北、四川、云南、内蒙古、广西等前三个主成分得分均为负值，综合得分也为负值，贵州、吉林前两个主成分得分远远低于平均水平，故综合得分倒数。

小结：2016 年我国医疗仪器设备及仪器仪表制造业竞争优势主要集中于江苏、广东、浙江、山东 4 个省份，除投资额占全国的比重（44.76%）较小外，其他各项总量指标数值占全国的比重均在 60% 以上，出口交货值占全国的比重甚至达到了74%，且部分相对指标数值表现也比较好；其次是上海、北京、河南、安徽 4 个省份，各项总量指标数值占全国的比重在 15% 左右，部分相对指标数值表现也比较好；甘肃总值指标数值小，但相对指标数值表现突出，故综合表现也比较好。

2. 各地区与医疗仪器设备及仪器仪表制造业竞争力各主成分的对应分析

在此部分仍然按照极差标准化的方法对其主成分得分进行处理，根据处理的结果进行对应分析，结果如图 11-15 所示。

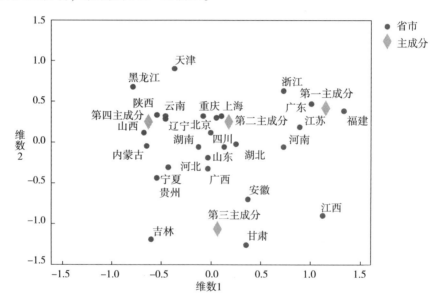

图 11-14　各地区与医疗仪器设备及仪器仪表制造业竞争力各主成分对应分析

根据图 11-14 数据显示，第一主成分对江苏、浙江、广东、福建、河南作用突出，第二主成分对吉林、甘肃、安徽、江西作用突出；第二、第四主成分对广西、河北、湖南、山东、四川、湖北、北京、上海、重庆、天津、贵州、宁夏、内蒙古、山西、云南、辽宁、陕西、黑龙江的作用突出。

(三) 各地区医疗仪器设备及仪器仪表制造业竞争力的聚类分析

在此部分的分析中，单位与单位之间的距离采用欧式距离的平方，单位与小类、小类与小类之间的距离采用离差平方和法，其聚类结果如图 11-15 所示。

根据图 11-15 数据显示，可以将 27 个省份分为七类：

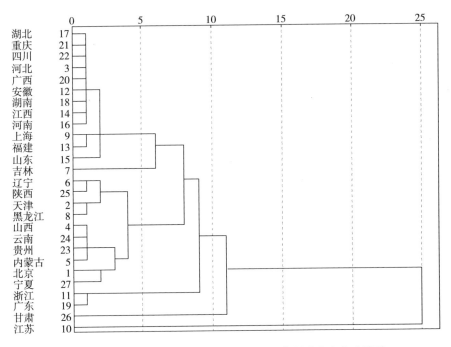

图 11-15　各地区医疗仪器设备及仪器仪表制造业竞争力聚类

第一类：江苏；

第二类：广东、浙江；

第三类：山东、福建、上海、河南、江西、湖南、安徽、广西、河北、四川、重庆、湖北。

第四类：黑龙江、天津、陕西、辽宁；

第五类：甘肃；

第六类：宁夏、北京、内蒙古、贵州、云南、山西；

第七类：吉林。

当然，还可以再细分，这和最长距离法分类结果基本相同，但无论用哪种方法聚类，都和主成分分析的排序结果有一些出入。

六、各地区信息化学品制造业竞争力的测算与分析

（一）各地区信息化学品制造业竞争力的主成分分析

由于信息化学品制造业 2013 年没有列示出各个省份的具体数据，故无法编制综合指数，在此仅就截面数据进行分析。

1. 各地区信息化学品制造业竞争力的主成分分析

在搜集资料时发现，海南、西藏、甘肃各项指标均无数据，吉林十项指标无数据，黑龙江九项指标无数据，贵州除投资额外的各项指标均无数据，云南三项指标无数据，且总量小，广西四项指标无数据，且总量小，故对 23 个省份进行分析。本来重庆、山西也有四项指标无数据，且总量小；青海、新疆两项指标无数据，且总量小，本可以剔除，但为了和第二篇分析对应，我们仍保留下来。

搜集 2016 年反映各地区信息化学品制造业竞争力的指标数据，用主成分分析法进行分析，提取 5 个主成分，可以解释原有变量 84.36% 的信息。

根据成分矩阵，第一主成分与 R&D 人员折合全时当量、R&D 经费内部支出、投资额、主营业务收入、专利申请数、新产品销售收入、出口交货值存在正的高度的相关关系，这些指标综合了总量指标的信息，其方差贡献率为 42.26%；第二主成分与政府资金占 R&D 经费内部支出比重、从业人员人均资产、劳动生产率有正的中度的相关关系，与新产品销售收入占主营业务收入的比重有正的低度的相关关系，与 R&D 经费强度、新产品出口销售率有负的低度的相关关系，这些指标都是相对指标或平均指标，但并不是全部的相对指标或平均指标，其经济含义不好解释，其方差贡献率为 13.65%；第三主成分与从业人员人均投资额、资产利润率有正的中度的相关关系，与 R&D 经费强度有负的中度的相关关系，与 R&D 人员强度、政府资金占 R&D 经费内部支出比重、新产品出口销售率有正的低度的相关关系，与从业人员人均资产有负的低度的相关关系，其经济含义也不好解释，其方差贡献率为 11.38%；第四主成分与 R&D 人员强度、R&D 经费强度、从业人员人均投资、新产品销售收入占主营业务收入的比重有正的中度的相关关系，其方差贡献率为 10.38%；第五主成分与新产品销售收入占主营业务收入的比重有正的中度的相关关系，与政府资金占 R&D 经费内部支出比重、从业人员人均投资有负的低度的相关关系，与劳动生产率、资产利润率有正的低度的相关关系，方差贡献率为 6.69%。

2016 年各地区信息化学品制造业竞争力第一主成分得分高于平均水平的有 8 个省份，低于平均水平的有 15 个省份，得分最高的江苏为 11.17 分，得分最低的山西为 -2.01 分，将各省份第一主成分得分按从高到低的顺序排列为：江苏、山东、浙江、湖北、河南、河北、江西、陕西、广东、宁夏、新疆、重庆、内蒙古、四川、福建、天津、安徽、上海、青海、湖南、北京、辽宁、山西。其中，排名第一的江苏省总量指标数值大，R&D 人员折合全时当量占 23 个省份的 26.95%，R&D 经费内部支出占 34.57%，投资额占 25.46%，主营业务收入占 41.87%，专利申请数占 31.24%，新产品销售收入占 45.42%，出口交货值占 63.79%，总量指标之大可见一斑，故第一主成分得分远远高于其他省份；山东、浙江、湖北、河南、河北五省总量指标的数值也比较大，R&D 人员折合全时当量占 23 个省份的 42.21%，R&D 经费内部支出占 28.90%，投资额占 38.73%，主营业务收入占 22.92%，专利申请数占

32.63%，新产品销售收入占 23.44%，出口交货值占 14.01%，故第一主成分得分也高于平均水平；江西、陕西总量指标数值处于中等水平，R&D 人员折合全时当量占 23 个省份的 5.33%，R&D 经费内部支出占 9.99%，投资额占 6.49%，主营业务收入占 13.68%，专利申请数占 9.62%，新产品销售收入占 10.45%，出口交货值占 11.55%，其第一主成分得分也高于平均水平；排名靠后的天津、安徽、上海、青海、湖南、北京、辽宁、山西 8 个省份 R&D 人员折合全时当量仅占 23 个省份的 6.53%，R&D 经费内部支出占 7.12%，投资额占 6.76%，主营业务收入占 6.03%，专利申请数占 8.28%，新产品销售收入占 4.08%，出口交货值占 5.30%，第一主成分得分低，排名靠后。

2016 年各地区信息化学品制造业技术竞争力第二主成分得分高于平均水平的有 9 个省份，低于平均水平的有 14 个省份，得分最高的陕西为 3.12 分，得分最低的山西为 -1.87 分。将各省份第二主成分得分按从高到低的顺序排列为：陕西、青海、天津、重庆、新疆、宁夏、浙江、安徽、四川、河北、内蒙古、湖北、江苏、广东、山东、江西、福建、河南、辽宁、湖南、上海、北京、山西。

2016 年各地区信息化学品制造业竞争力第三主成分得分高于平均水平的有 12 个省份，低于平均水平的有 11 个省份，得分最高的山东为 2.81 分，最低的辽宁为 -2.68 分。将各省份第三主成分得分按从高到低的顺序排列为：山东、河北、福建、河南、湖南、安徽、宁夏、青海、上海、广东、天津、四川、湖北、重庆、江西、新疆、浙江、北京、江苏、内蒙古、陕西、山西、辽宁。

各地区信息化学品制造业竞争力第四主成分得分高于平均水平的有 11 个省份，低于平均水平的有 12 个省份，得分最高的新疆为 2.82 分，得分最低的青海为 -2.27 分。将各省份第四主成分得分按从高到低的顺序排列为：新疆、天津、河北、湖北、浙江、内蒙古、宁夏、山东、北京、湖南、上海、辽宁、河南、山西、陕西、江苏、广东、重庆、四川、安徽、江西、福建、青海。

各地区信息化学品制造业竞争力第五主成分得分高于平均水平的有 9 个省份，低于平均水平的有 14 个省份，得分最高的重庆为 3.04 分，得分最低的青海为 -2.16 分。将各省份第五主成分得分按从高到低的顺序排列为：重庆、北京、上海、湖北、广东、浙江、陕西、福建、四川、山东、河北、河南、安徽、宁夏、江苏、天津、江西、辽宁、内蒙古、山西、新疆、湖南、青海。

2016 年各地区信息化学品制造业竞争力综合得分（见表 11-2）高于平均水平的有 11 个省份，低于平均水平的有 12 个省份，综合得分最高的江苏为 2.28 分，得分最低的山西为 -1.72 分。将各省份综合得分按从高到低的顺序排列为：江苏、山东、浙江、河北、湖北、陕西、宁夏、重庆、新疆、河南、天津、广东、江西、青海、四川、内蒙古、福建、上海、安徽、湖南、北京、辽宁、山西。其中，江苏第一主成分即总量指标数值表现突出，尽管第二、第三、第四、第五主成分得分为负值，但其综合表现仍然非常好，其综合得分远远高于其他省份；山东、浙江、河北、湖北其总量指标的数值表现也非常好，第一主成分得分高，部分相对指标或平均指标的数值表现也比较好，其综合得分较高；福建、上海、安徽、湖南、北京、辽宁、山西第一主成分得分远低于平均水平，尽管个别相对指标或平均指标的数值较大，但其综合得分远低于平均水平。

小结：2016 年我国信息化学品制造业竞争优势主要集中于江苏，各项总量指标数值占全国的比重均在 25%以上，出口交货值占比甚至达到了 63.79%，总量指标之大可见一斑；其次是山东、浙江、湖北、河南、河北 5 个省份，除出口交货值占全国的比重（14%）较小外，其他各项总量指标数值占全国的比重均在 22%以上，R&D人员折合全时当量占比达到了 42.21%，部分相对指标数值表现也比较好；再次是江西、陕西两个省份。宁夏、新疆总量指标数值小，但相对指标数值表现好，故其综合表现也比较好。

2. 各地区与信息化学品制造业竞争力各主成分的对应分析

在此部分的分析中，仍然按照极差标准化的方法对其主成分得分进行处理，根据处理的结果进行对应分析，结果如图 11-16 所示。

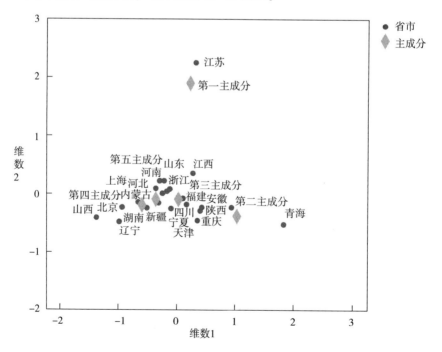

图 11-16　各地区与信息化学品制造业各主成分对应分析

根据图 11-16 数据显示，第一主成分对江苏作用突出；第二主成分对青海、陕西、安徽、重庆、天津作用突出；第三、第四、第五主成分对山东、浙江、河北、湖北、宁夏、重庆、新疆、河南、天津、广东、江西、四川、内蒙古、福建、上海、安徽、湖南、北京、辽宁、山西、陕西的作用突出。

（二）各地区信息化学品制造业竞争力的聚类分析

在此部分的分析中，单位与单位之间的距离采用欧式距离的平方，单位与小类、小类与小类之间的距离采用离差平方和法，其聚类结果如图 11-17 所示。

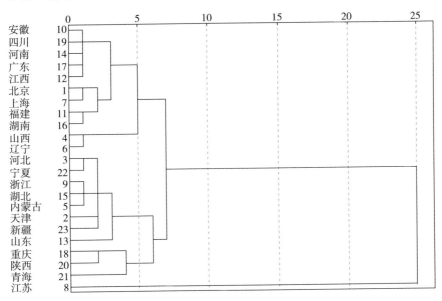

图 11-17　各地区信息化学品制造业竞争力的聚类

根据图 11-16 数据显示，可以将 23 个省份分为八类：

第一类：江苏；

第二类：山东；

第三类：新疆、天津、内蒙古、湖北、浙江、宁夏、河北；

第四类：陕西、重庆；

第五类：江西、广东、河南、四川、安徽；

第六类：青海；

第七类：湖南、福建、上海、北京；

第八类：辽宁、山西。

这和主成分分析结果有一些出入。

本篇结语：本篇首先阐述了竞争力理论，在其理论的指导下，总结并借鉴他人高技术产业竞争力的研究成果，根据指标体系建立的原则，选取了 17 个指标构成竞争力评价指标体系，运用该指标体系，分别从动态及静态两个方面，对我国各地区及各地区分行业高技术产业竞争能力进行了测度与分析。结果显示，我国高技术产业各地区及各地区分行业竞争能力存在极大的差别，且在分析问题时我们不能仅仅观测各地区高技术产业总体的竞争优势，更应该关注各地区分行业的竞争优势，这样各个省份才能找准自己的优势产业及其发展方向。总体来看，经济发达的东部地区高技术产业的竞争优势好于中西部地区，但个别行业的个别省份除外。

根据聚集经济理论及我国高技术产业发展的空间布局及行业布局，在努力克服聚集不经济的前提下，还是需要集中在各地区分行业高技术产业竞争优势明显的省份进行集中发展。但同时又要根据我国东北振兴计划、中部崛起计划、西部大开发计划及"一带一路"倡议，对竞争优势不突出的省份给予必要的关怀。

附表 1　2016 年高技术产业技术创新能力相关指标

地区	R&D 人员折合全时当量（人年）	R&D 人员强度（人年/百人）	R&D 经费内部支出（万元）	R&D 经费强度（万元/万元）
北京	23138	8.800	1299264	3.016
天津	17609	7.921	698875	1.857
河北	14151	6.781	409416	2.230
山西	3774	2.683	83719	0.839
内蒙古	1267	3.049	90426	2.222
辽宁	7653	4.491	361213	2.475
吉林	3123	2.022	117146	0.567
黑龙江	6254	9.886	243612	4.995
上海	28283	5.623	1338172	1.909
江苏	115597	4.937	3882343	1.264
浙江	69990	9.881	2132658	3.624
安徽	19258	6.671	635542	1.772
福建	27895	7.183	1117716	2.503
江西	8807	2.198	300891	0.769
山东	51955	6.926	2224899	1.814
河南	21161	2.676	575937	0.778
湖北	21218	6.018	1030278	2.446
湖南	20480	6.552	637668	1.742
广东	201218	5.167	9201115	2.436
广西	2387	1.641	85092	0.410
海南	1731	10.603	40681	2.502
重庆	10314	3.461	442088	0.903
四川	21368	4.460	1006821	1.680
贵州	4805	4.360	192664	1.912
云南	2007	4.189	63001	1.363
西藏	39	3.162	1972	2.031
陕西	21725	8.379	837638	3.498
甘肃	1728	6.192	39084	1.993
青海	221	2.357	9619	0.746
宁夏	1135	8.482	34421	1.952
新疆	390	2.635	23494	2.608

续表

地区	研发人员人均 R&D 经费内部支出（万元/人年）	仪器和设备支出占 R&D 经费内部支出的比重（%）	技术改造经费支出（万元）	技术改造经费强度（万元/万元）
北京	56.153	6.701	40906	0.095
天津	39.688	11.439	10947	0.029
河北	28.933	15.521	32259	0.176
山西	22.181	2.108	1607	0.016
内蒙古	71.359	9.148	5235	0.129
辽宁	47.202	4.641	104665	0.717
吉林	37.507	8.976	29386	0.142
黑龙江	38.952	19.035	46267	0.949
上海	47.314	7.699	19265	0.027
江苏	33.585	11.017	1009461	0.329
浙江	30.471	6.196	298952	0.508
安徽	33.002	16.169	70675	0.197
福建	40.068	9.762	858407	1.922
江西	34.163	10.461	34794	0.089
山东	42.824	10.674	440998	0.360
河南	27.217	12.723	64008	0.086
湖北	48.556	19.769	59409	0.141
湖南	31.136	7.874	408201	1.115
广东	45.727	5.854	498221	0.132
广西	35.648	7.813	18489	0.089
海南	23.496	8.031	3731	0.229
重庆	42.862	14.784	40384	0.082
四川	47.118	6.358	169392	0.283
贵州	40.100	7.889	30692	0.364
云南	31.388	12.925	14560	0.315
西藏	50.168	3.221	140	0.144
陕西	38.556	6.748	180158	0.752
甘肃	22.625	9.385	4852	0.247
青海	43.468	19.247	828	0.064
宁夏	30.327	9.082	7550	0.428
新疆	60.318	10.641	6094	0.676

续表

地区	专利 申请数（件）	新产品 销售收入（万元）	新产品销售收入占 主营业务收入的比重（%）	新产品 出口销售率（%）
北京	6775	17684341	41.045	10.363
天津	2982	15989132	42.497	42.862
河北	1553	3889455	21.184	17.923
山西	195	509415	5.107	13.121
内蒙古	99	865188	21.261	4.763
辽宁	2192	4394298	30.115	7.926
吉林	368	1897942	9.178	7.347
黑龙江	1065	967718	19.841	43.858
上海	7645	11463989	16.353	46.044
江苏	26383	91082746	29.661	44.202
浙江	13831	31928403	54.252	21.753
安徽	6816	11080797	30.887	17.630
福建	5914	15729219	35.220	53.320
江西	2799	5662500	14.469	11.413
山东	13983	29452545	24.016	20.384
河南	2743	28514336	38.524	90.121
湖北	6045	8266544	19.627	11.390
湖南	3878	13214244	36.092	13.548
广东	64880	155428245	41.157	42.811
广西	510	1067959	5.140	29.586
海南	265	82804	5.093	1.691
重庆	2469	11034041	22.537	50.418
四川	7760	10609341	17.699	4.026
贵州	1122	1371352	13.608	1.345
云南	446	517995	11.209	4.543
西藏	3	696	0.717	0.000
陕西	2478	4693512	19.601	3.322
甘肃	232	620541	31.640	28.866
青海	177	208856	16.192	0.855
宁夏	193	645101	36.581	20.161
新疆	112	369177	40.978	0.090

续表

地区	研发人员人均专利申请数 （件/人年）	R&D 人员产出效率 （万元/人年）	新产品开发产出效率 （万元/万元）
北京	0.293	764.302	11.247
天津	0.169	907.988	29.595
河北	0.110	274.863	9.971
山西	0.052	134.969	8.611
内蒙古	0.078	682.756	15.330
辽宁	0.286	574.230	10.573
吉林	0.118	607.672	15.092
黑龙江	0.170	154.731	4.002
上海	0.270	405.333	6.302
江苏	0.228	787.935	18.477
浙江	0.198	456.187	13.567
安徽	0.354	575.402	13.766
福建	0.212	563.868	14.446
江西	0.318	642.925	11.950
山东	0.269	566.889	13.261
河南	0.130	1347.482	64.155
湖北	0.285	389.597	6.826
湖南	0.189	645.214	20.334
广东	0.322	772.438	11.895
广西	0.214	447.406	12.874
海南	0.153	47.825	1.674
重庆	0.239	1069.802	22.957
四川	0.363	496.506	8.812
贵州	0.234	285.425	6.102
云南	0.222	258.069	5.705
西藏	0.076	17.720	0.451
陕西	0.114	216.039	5.242
甘肃	0.134	359.214	17.208
青海	0.800	943.769	13.188
宁夏	0.170	568.370	26.339
新疆	0.288	947.822	19.519

续表

地区	有研发机构的企业数（个）	有研发机构的企业数占企业总数的比重（％）	政府经费占R&D经费内部支出的比重（％）
北京	231	29.057	13.211
天津	106	19.887	4.523
河北	159	25.118	7.048
山西	60	45.113	1.818
内蒙古	23	21.101	2.189
辽宁	74	16.087	40.449
吉林	42	9.502	8.473
黑龙江	50	28.736	27.686
上海	137	13.824	17.963
江苏	3187	63.651	1.903
浙江	1204	46.397	2.410
安徽	451	32.260	9.885
福建	231	26.923	6.307
江西	229	21.523	2.649
山东	444	20.118	3.734
河南	249	19.746	3.171
湖北	171	16.087	15.910
湖南	241	23.466	13.462
广东	2848	43.349	2.672
广西	44	13.836	6.133
海南	15	28.846	10.117
重庆	165	24.336	4.135
四川	189	17.073	17.378
贵州	61	18.485	14.984
云南	51	23.944	6.162
西藏	1	11.111	5.579
陕西	107	20.381	38.433
甘肃	19	15.702	11.447
青海	12	26.667	26.746
宁夏	13	40.625	5.819
新疆	13	27.083	4.815

附表2　2016年高技术产业各行业技术创新能力相关指标

高技术行业	R&D 人员折合全时当量（人年）	R&D 人员强度（人/百人）	R&D 经费内部支出（万元）	R&D 经费强度（万元/万元）
一、医药制造业	130570	5.784	4884712	1.732
1. 化学药品制造	66477	7.01	2522862	1.996
2. 中成药生产	27624	4.394	927503	1.374
3. 生物药品制造	20107	8.793	831891	2.532
二、航空、航天器及设备制造业	37397	9.298	1803214	4.743
4. 飞机制造	24961	9.459	1272791	5.22
5. 航天器制造	4721	17.966	256885	11.221
三、电子及通信设备制造业	416806	5.131	17670281	2.024
6. 通信设备制造	148024	7.454	7780852	2.545
7. 广播电视设备制造	13670	5.855	480139	2.418
8. 雷达及配套设备制造	5770	12.79	180443	3.938
9. 视听设备制造	28632	4.685	1290209	1.608
10. 电子器件制造	80484	4.825	3599953	2.036
11. 电子元件制造	85007	3.383	2366864	1.386
12 其他电子设备制造	24113	4.712	758520	1.452
四、计算机及办公设备制造业	49005	3.763	1786469	0.904
13. 计算机整机制造	19732	4.816	845519	0.745
14. 计算机零部件制造	7045	1.968	240395	0.849
15. 计算机外围设备制造	9178	3.442	334965	1.159
16. 办公设备制造	3910	3.342	133699	1.147
五、医疗仪器设备及仪器仪表制造业	86292	7.472	2499046	2.145
17. 医疗仪器设备及器械制造	20715	6.254	726982	2.534
18. 仪器仪表制造	65576	7.961	1772064	2.018
六、信息化学品制造业	10612	5.929	513741	1.672

续表

高技术行业	人均R&D经费内部支出（万元/人年）	仪器和设备支出占R&D经费内部支出的比重（%）	技术改造经费支出（万元）	技术改造经费强度（万元/万元）
一、医药制造业	37.411	12.337	934249	0.331
1. 化学药品制造	37.951	11.978	565828	0.448
2. 中成药生产	33.576	12.939	224742	0.333
3. 生物药品制造	41.373	12.077	75164	0.229
二、航空、航天器及设备制造业	48.218	7.255	464799	1.223
4. 飞机制造	50.991	7.716	379480	1.556
5. 航天器制造	54.413	5.835	23701	1.035
三、电子及通信设备制造业	42.394	8.308	2516940	0.288
6. 通信设备制造	52.565	5.305	297624	0.097
7. 广播电视设备制造	35.123	6.862	45269	0.228
8. 雷达及配套设备制造	31.275	10.567	27064	0.591
9. 视听设备制造	45.062	4.300	103234	0.129
10. 电子器件制造	44.729	14.272	1171936	0.663
11. 电子元件制造	27.843	10.500	489383	0.287
12 其他电子设备制造	31.457	8.317	42553	0.081
四、计算机及办公设备制造业	36.455	5.776	264704	0.134
13. 计算机整机制造	42.850	6.621	171485	0.151
14. 计算机零部件制造	34.122	6.733	17694	0.062
15. 计算机外围设备制造	36.497	5.004	53354	0.185
16. 办公设备制造	34.191	5.287	19004	0.163
五、医疗仪器设备及仪器仪表制造业	28.961	8.518	261769	0.225
17. 医疗仪器设备及器械制造	35.094	9.457	71882	0.251
18. 仪器仪表制造	27.023	8.133	189887	0.216
六、信息化学品制造业	48.410	7.108	74068	0.241

高技术行业	专利申请数（件）	新产品销售收入（万元）	新产品销售收入占主营业务收入的比重（%）	新产品出口销售率（%）	人均专利申请数（件/人年）
一、医药制造业	17785	54227527	19.225	9.03	0.136
1. 化学药品制造	7040	28629123	22.648	10.60	0.106
2. 中成药生产	3487	13037869	19.320	2.70	0.126
3. 生物药品制造	2970	5807141	17.675	15.87	0.148
二、航空、航天器及设备制造业	7897	15336596	40.342	8.95	0.211
4. 飞机制造	3817	12922610	53.001	8.16	0.153
5. 航天器制造	835	683497	29.856	0.53	0.177
三、电子及通信设备制造业	117749	318206468	36.448	43.45	0.283
6. 通信设备制造	38585	154306437	50.463	50.08	0.261
7. 广播电视设备制造	4441	4884347	24.594	25.08	0.325
8. 雷达及配套设备制造	1359	2024145	44.175	7.50	0.236
9. 视听设备制造	8598	31026890	38.662	33.91	0.300
10. 电子器件制造	28096	52854160	29.887	46.44	0.349
11. 电子元件制造	16923	39478279	23.117	45.62	0.199
12. 其他电子设备制造	8117	11263320	21.556	20.11	0.337
四、计算机及办公设备制造业	13995	54641230	27.652	59.82	0.286
13. 计算机整机制造	6792	36421772	32.078	61.79	0.344
14. 计算机零部件制造	1869	6384728	22.544	58.62	0.265
15. 计算机外围设备制造	2636	6149683	21.286	61.72	0.287
16. 办公设备制造	1389	2092145	17.933	41.87	0.355
五、医疗仪器设备及仪器仪表制造业	26393	25014346	21.468	12.43	0.306
17. 医疗仪器设备及器械制造	7467	4628268	16.135	17.79	0.360
18. 仪器仪表制造	18926	20386078	23.210	11.21	0.289
六、信息化学品制造业	2094	11816267	38.466	11.43	0.197

续表

	R&D 人员 产出效率 （万元/人年）	新产品 开发产出效率 （万元/万元）	有研发 机构的 企业数 （个）	有研发机构 的企业数占 企业总数的 比重（%）	政府经费占 R&D 经费内 部支出的比 重（%）
一、医药制造业	415.315	10.892	2310	30.633	4.579
1. 化学药品制造	430.665	11.307	933	38.538	4.145
2. 中成药生产	471.983	13.496	479	29.207	5.962
3. 生物药品制造	288.809	7.020	380	39.625	5.410
二、航空、航天器及设备制造业	410.102	8.032	149	35.059	46.254
4. 飞机制造	517.706	10.252	75	46.296	57.874
5. 航天器制造	144.778	2.511	8	30.769	29.338
三、电子及通信设备制造业	763.440	13.992	5592	36.352	4.800
6. 通信设备制造	1042.445	14.754	655	35.521	1.952
7. 广播电视设备制造	357.294	8.968	286	41.270	1.448
8. 雷达及配套设备制造	350.835	8.154	37	57.813	19.090
9. 视听设备制造	1083.648	19.643	349	33.206	3.031
10. 电子器件制造	656.701	12.048	1237	40.785	11.113
11. 电子元件制造	464.414	13.554	1955	34.036	2.083
12 其他电子设备制造	467.108	10.421	449	34.301	14.267
四、计算机及办公设备制造业	1115.011	22.238	614	35.594	3.858
13. 计算机整机制造	1845.823	29.026	72	38.298	1.803
14. 计算机零部件制造	906.265	19.872	190	32.423	0.612
15. 计算机外围设备制造	670.053	15.811	170	34.274	12.123
16. 办公设备制造	535.021	12.023	93	38.589	4.025
五、医疗仪器设备及仪器仪表制造业	289.882	8.243	1996	37.882	5.840
17. 医疗仪器设备及器械制造	223.422	4.959	532	36.715	5.826
18. 仪器仪表制造	310.877	9.702	1464	38.325	5.847
六、信息化学品制造业	1113.461	25.278	166	36.484	1.902

附表3 2016年各地区高技术产业竞争力部分指标

地区	投资额 （亿元）	从业人员人均投资额 （万元/人）	从业人员人均资产 （万元/人）	主营业务收入 （亿元）
北京	193.903	7.375	251.679	4308.5
天津	429.809	19.334	188.670	3762.5
河北	979.407	46.931	105.029	1836.1
山西	226.408	16.094	95.488	997.4
内蒙古	321.2	77.28	228.819	406.9
辽宁	194.413	11.41	143.125	1459.2
吉林	565.6	36.62	109.801	2067.8
黑龙江	139.291	22.018	122.238	487.7
上海	241.014	4.792	132.439	7010.2
江苏	3526.566	15.06	92.730	30707.9
浙江	850.87	12.013	108.499	5885.2
安徽	1453.142	50.336	125.060	3587.6
福建	987.868	25.438	100.447	4466.0
江西	1317.848	32.885	80.030	3913.6
山东	1866.556	24.881	107.864	12263.5
河南	1822.494	23.048	84.241	7401.6
湖北	1305.214	37.018	124.530	4211.9
湖南	943.87	30.195	67.608	3661.3
广东	1651.212	4.24	81.492	37765.2
广西	382.304	26.289	57.815	2077.6
海南	36.265	22.209	166.149	162.6
重庆	1031.05	34.602	97.393	4896.0
四川	916.097	19.121	116.884	5094.4
贵州	217.19	19.707	99.635	1007.8
云南	113.159	23.615	167.580	462.1
西藏	3.739	30.082	267.138	9.7
陕西	703.318	27.125	135.314	2394.5
甘肃	145.968	52.324	164.383	196.1
青海	76.856	81.867	231.226	129.0
宁夏	86.091	64.333	227.481	176.4
新疆	57.946	39.198	219.048	90.1

续表

地区	主营业务收入占规模以上工业企业主营业务收入比重（%）	新产品销售收入占主营业务收入的比重（%）	高技术产业的出口交货值（亿元）	劳动生产率（万元/人）	资产利润率（万元/万元）
北京	21.82	41.04	645.4	163.86	4.85
天津	14.53	42.50	1224.2	169.24	7.06
河北	3.88	21.18	191.3	87.98	7.42
山西	7.01	5.11	619.5	70.90	3.50
内蒙古	2.03	21.26	19.1	97.91	2.48
辽宁	6.62	30.11	277.4	85.64	5.89
吉林	8.83	9.18	27.5	133.88	11.20
黑龙江	4.30	19.84	6.3	77.10	8.58
上海	20.43	16.35	4226.2	139.38	5.02
江苏	19.61	29.66	12196.3	131.14	9.49
浙江	8.99	54.25	1465.7	83.09	8.02
安徽	8.50	30.89	800.3	124.27	6.61
福建	10.50	35.22	2002.5	115.00	8.43
江西	10.88	14.47	398.3	97.66	8.80
山东	8.14	24.02	1934.7	163.47	11.77
河南	9.29	38.52	2718.8	93.61	6.68
湖北	9.19	19.63	766.3	119.46	5.92
湖南	9.36	36.09	501.1	117.13	9.76
广东	29.24	41.16	17333.9	96.98	6.60
广西	9.35	5.14	355.2	142.87	26.46
海南	9.74	5.09	2.5	99.57	8.76
重庆	20.86	22.54	2340.3	164.31	7.27
四川	14.43	17.70	1781.5	125.12	7.03
贵州	9.02	13.61	69.2	91.44	6.09
云南	4.55	11.21	55.4	96.44	5.41
西藏	5.65	0.72	0.0	78.11	10.44

续表

地 区	主营业务收入占规模以上工业企业主营业务收入比重（%）	新产品销售收入占主营业务收入的比重（%）	高技术产业的出口交货值（亿元）	劳动生产率（万元/人）	资产利润率（万元/万元）
陕西	11.39	19.60	420.6	92.35	6.02
甘肃	2.50	31.64	37.4	70.30	5.29
青海	5.75	16.19	0.2	137.39	4.04
宁夏	4.84	36.58	25.1	131.78	4.09
新疆	1.09	40.98	2.4	60.94	3.58

注：竞争力指标体系与技术创新能力指标体系中共有的不再列出。

参考文献

［1］胡学刚．高技术企业的界定［J］．安徽农业大学学报（社会科学版），2000（4）．

［2］邢以群，周建华．高技术企业经营管理论［M］．浙江：浙江大学出版社，2000.

［3］赵文彦．新兴产业的摇篮——高技术开发区研究［M］．北京：科学技术文献出版社，1990.

［4］罗匡．略论高技术的本质［J］．安徽大学学报（哲学社会科学版），1993（2）．

［5］刘铁民，高技术．世界与中国［M］．北京：春秋出版社，1988.

［6］王大珩．高技术词典［M］．北京：清华大学出版社，2000.

［7］魏心镇，王缉慈．新的产业空间：高技术产业开发区的发展与布局［M］．北京：北京大学出版社，1993.

［8］楚尔鸣，李勇．高新技术产业经济学［M］．北京：中国经济出版社，2005.

［9］台湾中华征信所．国际贸易金融大辞典［M］．北京：经济科学出版社，1997.

［10］孙静娟，戴忻．对我国高技术产业统计界定的思考［J］．统计与决策，2008（4）．

［11］袁志生．关于我国高技术产业发展的思考［J］．中国科技产业月刊，1999（9）．

［12］王敏．我国高技术产业技术创新溢出效应研究［D］．武汉大学博士学位论文，2014.

［13］傅家骥．技术创新学［M］．北京：清华大学出版社，1998.

［14］彭玉冰，白国红．谈企业技术创新与政府行为［J］．经济问题，1999.

［15］宋刚，唐蔷．复杂性科学视野下的科技创新［J］．科学对社会的影响，2008（2）．

［16］史清琪，尚勇．中国产业技术创新能力研究［M］．北京：中国轻工业出版社，2000.

［17］张倩男，赵玉林．高技术产业技术创新能力的实证分析［J］．工业经济技术，2007（4）．

［18］周明，李宗植．基于产业集群的高技术产业创新能力研究［J］．科研管理，2011（1）．

［19］李丹，王欣．辽宁省高技术产业创新能力评价研究［J］．科技管理研究，2016（7）．

［20］赵宗更，吴国蔚，董慧，李荣平．高技术产业技术创新能力评价指标体系研究［J］．河北工业科技，2005（2）：60-63．

［21］陈国宏，肖细凤，李美娟．区域技术创新能力评价指标识别研究［J］．中国科技论坛，2008（11）：67-71．

［22］曾昭宁，樊雯．高技术产业技术创新能力评价指标体系的研究［J］．西安石油大学学报（社会科学版），2014（1）：6-10．

［23］段珊，蒋泰维，张洁因，王稼利．区域企业技术创新发展评价研究［J］．中国软科学，2014（5）：85-96．

［24］马澜．江苏高技术产业创新能力的实证研究［J］．科技和产业，2012（11）：77-70．

［25］王洪庆，侯毅．中国高技术产业技术创新能力评价研究［J］．中国科技论坛，2017（3）：58-63．

［26］符想花．基于现代统计分析的区域高技术产业技术创能力比较研究［J］．商业时代，2012（10）：123-124．

［27］赵玉林，程萍．中国省级区域高技术产业技术创新能力实证分析［J］．商业经济与管理，2013（6）：77-85．

［28］陈文娟，任泽中，金丽馥．基于面板数据的江苏省高技术产业科技竞争力实证分析［J］．科技进步与对策，2014（5）：56-59．

［29］肖鹏，刘兰凤，蔚峰，张治栋．区域高技术产业技术创新能力的比较研究［J］．统计与决策，2016（9）：114-116．

［30］卢锐，陆芸．我国高技术产业技术创新能力提升路径研究［J］．常州大学学报（社会科学版），2018（2）：48-54．

［31］王敏，辜胜阻．中国高技术产业技术创新能力的实证研究［J］．中国科技论坛，2015（3）：67-73．

［32］林本初，冯莹．有关竞争力问题的理论综述［J］．经济学动态，2003（3）：56-59．

［33］金碚．产业国际竞争力研究［J］．经济研究，1996（11）：39-44．

［34］金碚．企业竞争力测评的理论与方法［J］．中国工业经济，2003（3）：5-13．

［35］穆荣平．中国高技术产业国际竞争力评价指标研究［J］．中国科技论坛，2000（5）：28-32．

［36］谢章澍，朱斌．高技术产业竞争力评价指标体系的构建［J］．科研管理，

2001（3）：1-6.

［37］温海峰．构建高技术产业竞争力评价体系的思考［J］．财贸研究，2004（6）：63-69.

［38］陈来运．创新与发展——高技术产业竞争力研究［M］．北京：经济科学出版社，2008.

［39］唐中赋，顾培亮．高技术产业发展水平的综合评价［J］．经济理论与经济管理，2003（10）：23-28.

［40］王建刚，于英川．我国高新技术产业竞争力比较研究［J］．工业技术经济，2004（1）：92-95.

［41］王昌林．高技术产业发展战略与政策研究［M］．北京：北京理工大学出版社，2007.

［42］吴永林．影响力：北京高技术产业发展问题研究［M］．北京：中国经济出版社，2009.

［43］方毅，徐光瑞．我国地区高技术产业竞争力评价［J］．中国科技论坛，2009（5）：69-73.

［44］符想花．基于多元统计分析的区域高技术产业发展水平比较研究［J］．经济经纬，2010（1）：64-67.

［45］林秀梅，徐光瑞．我国高技术产业竞争力省际比较［J］．当代经济研究，2010（5）：20-24.

［46］李伟铭，刘骋，王浩．我国区域高技术产业竞争力差异与空间分布特征研究［J］．中国科技论坛，2013（4）：65-71.

［47］赵宏志，刘凤朝，王元地．我国区域高技术产业竞争力评价研究［J］．科学·经济·社会，2014（3）：74-80.

［48］赵丹琪，陈为．长江中游城市群高技术产业竞争力评价及比较优势分析［J］．科技管理研究，2017（16）：73-83.